U0934239

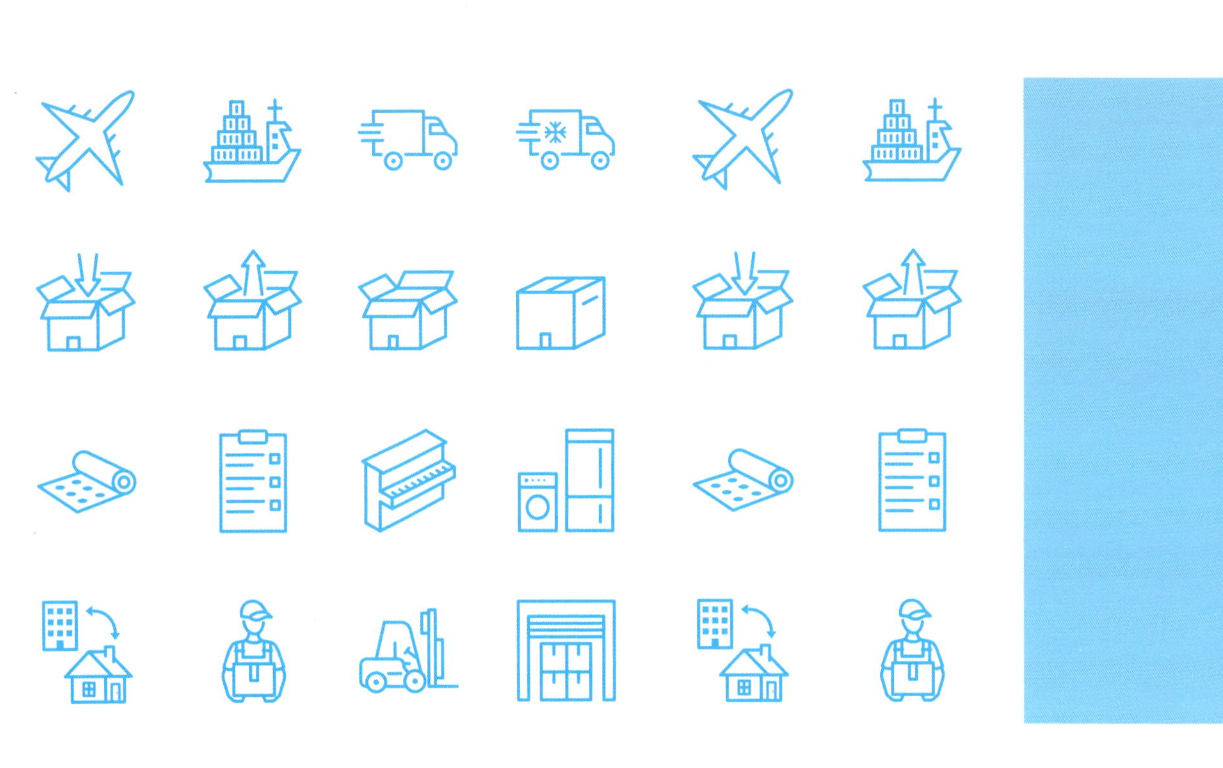

高职高专经管类
精品课程规划教材

国际物流与货运代理

主　编　钟聪儿
副主编　程晓玲　王志雄

GUOJI
WULIU
YU
HUOYUN
DAILI

厦门大学出版社
XIAMEN UNIVERSITY PRESS
国家一级出版社
全国百佳图书出版单位

图书在版编目(CIP)数据

国际物流与货运代理/钟聪儿主编.—厦门:厦门大学出版社,2021.4
ISBN 978-7-5615-8078-3

Ⅰ.①国… Ⅱ.①钟… Ⅲ.①国际物流—高等职业教育—教材 ②国际货运—货运代理—高等职业教育—教材 Ⅳ.①F259.1 ②F511.41

中国版本图书馆 CIP 数据核字(2021)第 040117 号

出 版 人 郑文礼
责任编辑 姚五民 肖 越
封面设计 李嘉彬
技术编辑 朱 楷

出版发行 厦门大学出版社
社　　址 厦门市软件园二期望海路 39 号
邮政编码 361008
总　　机 0592-2181111 0592-2181406(传真)
营销中心 0592-2184458 0592-2181365
网　　址 http://www.xmupress.com
邮　　箱 xmup@xmupress.com
印　　刷 厦门集大印刷厂

开本 787 mm×1 092 mm 1/16
印张 15.25
插页 2
字数 335 千字
版次 2021 年 4 月第 1 版
印次 2021 年 4 月第 1 次印刷
定价 45.00 元

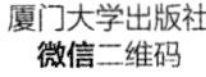
厦门大学出版社
微信二维码

厦门大学出版社
微博二维码

“国际物流与货运代理”课程是高职院校物流管理专业的核心技能课。课程内容主要包括国际物流与货运代理的基本理论以及实际业务操作。为了适应高职物流管理专业人才培养方案以及行业对货运代理人才的职业技能需求，本教材在编写前对多家国际货运代理企业的服务内容和岗位职责进行了调研，同时邀请了校企合作企业专家对货运代理相关的岗位进行工作任务和职业技能分析，并以此为依据确定课程的工作任务和课程内容。

本教材以货运代理企业的工作过程为主线，通过“项目导向，任务驱动”构建课程内容体系，在编写过程中紧扣课程标准，以“理论够用、重在实操”为指导思想，充分汲取高职院校在应用型人才培养方面的成功经验和货代行业的实践经验，突出教材的实用性和前沿性。全书共分为五个项目，每一个项目下都设有不同的学习任务：项目一，认识国际物流与货运代理；项目二，认识国际海上货运代理；项目三，认识国际航空货运代理；项目四，认识国际陆运及多式联运；项目五，认识国际物流报关报检。本教材具有以下几方面特点：

1.体系清晰，突出重点

全书五大项目内容设置体现了“行业认知—货代业务”的逻辑顺序，海上货运代理和航空货运代理为重点学习项目，充分体现了“理论先行、重在实操”的思想。

2.体现校企合作课程改革成果

教材结合货代行业实际，就国际海上货运代理和国际航空货运代理两个项目，以货代企业的主要岗位为主线进行编写，侧重岗位的职业技能要求。同时，教材通过安排若干个学习情境，以实际工作任务为引领，以工作过程为线索，指导学生在做中学，教师在做中教。基本知识及技能点均分解在各学习情境中，随业务进程而展开。

3.注重教材的时效性

书中的案例、数据等均为校企合作企业提供的最新资料，很大程度上避免了教学内容与工作实际的脱节。

4.融入思政元素

引导学生在学习过程中明确作为一名货运代理人应具备的职业道德和素养，增强职业责任感。

本教材由钟聪儿（厦门城市职业学院）担任主编，负责编写项目一，副主编张欣（厦门海洋职业技术学院）、俞丹俊（福建船政学院）负责编写项目二，王明严（海南经贸职业技术学院）、王志雄（厦门汉连物流有限公司）负责编写项目三，程晓玲（厦门城市职业学院）负责编写项目四，张欣负责编写项目五。同时感谢校企合作企业厦门汉连物流有限公司的支持与帮助。

本教材的编写过程中，借鉴了国内外诸多专家和学者的观点，参考了大量的学术专著、教材及网络资料，书末的参考文献已列出来源，但难免挂一漏万，在此向所有作者表示感谢。

由于编者水平有限，教材中难免存在不足之处，恳请各位专家和读者批评指正。

项目一　认识国际物流与货运代理

项目二　认识国际海上货运代理

项目三 认识国际航空货运代理

项目四 认识国际陆运及多式联运

项目五　认识国际物流报关报检

项目一 认识国际物流与货运代理

项目描述

国际贸易与跨境电商的快速发展为国际物流尤其是国际货运代理提供了强大的发展动力。对国际物流及货运代理行业进行全面深入的认识是商贸物流专业群学生从事国际物流相关职业的前提。本项目的学习任务主要包括对国际物流、国际货运代理企业及其业务范围、国际货运代理的法律责任及风险划分三方面的认识。

学习目标

知识目标

1.理解国际物流的定义、特点、功能；

2.掌握国际物流的构成要素；

3.了解国际货运代理的基本概念、分类等；

4.熟悉国际货运代理法律地位；

5.了解国际货运代理业的风险细分。

能力目标

1.利用资源查询国际物流最新的发展资讯(信息查询能力)；

2.利用所学知识，阐述国际物流行业的产生与发展(沟通与表达能力)；

3.区分和判断国际物流的主体构成(辨识能力)；

4.能够在教师的指导下模拟组建货代公司，并模拟货代公司的招聘(应用能力)。

德育目标

1.培养学生养成良好的货代从业人员职业道德；

2.培养学生的倾听和表达能力。

学习情境分析

邱丹红是厦门城市职业学院物流管理专业大三学生，面对即将到来的毕业顶岗实习，她决定根据自己的兴趣和今后的就业方向选择国际货运代理行业。经过一番了解和对比，邱丹红将简历投向了校企合作单位——厦门汉连物流有限公司。她希望通过半年的顶岗实习，将在校的理论学习和企业的实践结合起来，为毕业后顺利入职打下基础。

◆ 任务一 ◆
认识国际物流

任务导入

邱丹红在正式进入实习前,已通过网络查询、图书查阅、询问等途径对国际物流行业及其相关企业进行了解。他了解到厦门汉连物流有限公司是一家专业从事海陆空进出口国际运输、内贸水运、国内空运、报关服务、卡车配送、仓储、代办减免税及加工贸易手册等一条龙服务的物流企业,那么它算得上是一家从事国际物流相关业务的企业吗?

任务分析

在对国际物流的相关概念、构成要素等知识点进行学习后能明确区分该企业是否属于国际物流相关企业。

任务实施

模块一　国际物流概述

学习思考:国际物流是怎么产生的?其发展如何?

一、国际物流的定义

国际物流(International Logistics)是跨越不同国家(地区)之间的物流活动。物品从一国的供应地到另一国接收地的实体流动过程中,将运输、储存、配送、装卸搬运、包装、流通加工、信息处理等功能有机结合,实现高效率、高效益的管理运作,从而满足客户的要求。

1.广义的国际物流

广义的国际物流包括国际贸易物流、非贸易物流、国际物流投资、国际物流合作、国际物流交流等领域。其中,国际贸易物流主要是指定组织货物在国际上的合理流动;非贸易物流是指国际展览与展品物流、国际邮政物流等;国际物流合作是指不同国别的企业完成重大的国际经济技术项目的国际物流;国际物流投资是指不同国家物流企业共同投资建设国际物流企业；国际物流交流则主要是指物流科学、技术、教育、培训和管理方面的国际交流。

2.狭义的国际物流

狭义的国际物流是指当生产消费分别在两个或在两个以上的国家（或地区）独立进行时，为了克服生产和消费之间的空间距离和时间间隔，对货物（商品）进行物流性移动的一项国际商品或交流活动，从而完成国际商品交易的最终目的，即实现卖方交付单证、货物，买方收取货物的这一过程。

二、国际物流的内涵

1.国际物流表现为不同的物流形式

国际物流按照物流服务的提供者表现为第一方物流、第二方物流、第三方物流、第四方物流；按照物品的流动方向可以表现为正向物流和逆向物流；按照物流服务的用途表现为供应物流、生产物流、销售物流、回收物流或废弃物流，生产物流由于是在企业内部完成，通常属于国内物流。

2.国际物流是国内物流的跨国延伸

国际物流与国内物流在操作流程上有一定的相同之处，但是国际物流服务范围远远超过国内物流，表现在服务时间更长、服务环节更多、服务费用更高、承担风险更大并增加“报关报检”环节。

3.国际物流与国际贸易相互影响

国际贸易是多数国际物流的前提，国际贸易的规模和发展速度影响着国际物流的发展。然而，国际物流在特定时期，可以脱离国际贸易而独立出现，比如，展品物流、快递物流或应急物流。国际物流是国际贸易的物质基础，为国际贸易提供运输、仓储等基础功能。

三、国际物流的特点

1.物流市场广阔

国际物流是跨越国界的物流活动，市场广阔。它的需求层次多样，包括以运输和仓储为主的简单物流需求，以附加流通加工、包装、装卸搬运、配送的增值需求以及附加物流信息咨询、物流方案设计、物流人才培训的一体化物流需求。

2.环境差异性

环境差异性包括气候、地理等自然环境差异性；语言、习俗等人文环境差异性；操作习惯、设施设备等行业环境差异性；法律、法规环境差异性。

3.高风险性

由于国际物流环境差异性大，因此风险性很高，体现为自然风险、经济风险和其他风险。

4.标准化程度要求高

国际物流对标准化要求非常高,比如集装箱、托盘等运输工具和装卸桥、叉车等装卸工具必须有统一的技术标准,否则无法实现国际间的转运业务。

四、国际物流的功能

1.运输功能

国际运输是国际物流的核心功能,是国际物流的两大支柱之一。国际运输是国内运输的延伸和扩展,具有货量大、路线长、环节多、涉及面广、手续繁杂、风险性大、时间性强、内外运两端性和联合运输等特点。国际运输方式以远洋、航空运输为主,铁路、公路运输为辅,国际多式联运是主要的运输组织形式。

2.储存保管功能

储存是国际物流的第二大支柱性功能,承担国际货物和物品的存储和转运。存储和转运地点即国际物流的节点,可以是货物和物品供应和接收地的仓库或流通仓库;可以是港口、机场、陆路货运站等国际转运点;可以是大型物流中心或物流园区;可以是具有保税功能的保税区或保税仓库。

3.配送功能

配送是国际物流的末端环节,是国际物流实现"门到门"服务的必备功能,其运输方式以公路、铁路或内河运输为主,配送节点以公路零担货运站、公路集装箱货运站、铁路货运站、内河港以及配送中心为主。配送环节的运输不同于国际运输,多为短距离、少批量的运输。

4.装卸搬运功能

装卸搬运是连接国际运输、储存与配送作业的纽带和桥梁,是保证国际物流连续性的必要功能。装卸搬运主要体现在装船卸船、装车卸车、进库出库以及堆场、货运站和库内的搬倒清点、查库、转运转装等活动。

5.包装功能

包装是国际物流顺利完成的重要环节,且与国际物流的各项活动密不可分。包装的材料、规格、方法等不同程度地影响着国际物流的安全性和便利性。

6.流通加工功能

流通加工是国际物流企业利润的增长点,为国际物流企业提高收入、降低成本,为其在日益激烈的国际物流市场竞争中提供核心竞争力。

7.信息处理功能

信息处理功能是国际物流必不可少的重要功能,国际物流信息包括产品销售与购买、订货和接受、货款发放等商品交易信息,运输、储存保管、配送等物流信息,消费者需求、竞争者动态等市场信息。国际物流信息具有分布广、数量大、品种多、时效性强的特点,信息流具有双向反馈和动态追踪性的特点。

8.报关功能

报关功能是国际物流的特定功能，是国内物流所不具备的。在国际物流中，不仅进出口货物需要报关，运输工具和物品也需要报关。报关的准确性直接影响通关的效率，是国际物流能够顺利跨国境的重要条件。

9.出入境检验检疫功能

出入境检验检疫是国际物流必须经历的环节，也是国际物流特有的功能，是国内物流所不具备的。在国际物流中，不仅进出口商品需要检验检疫，出入境交通工具、人员、行李物品或邮寄物品也需要检验检疫。出入境检验检疫是否合格直接决定能否顺利通关，影响国际物流的完成情况。

10.保险功能

国际物流具有高风险性的特点，在国际物流中对货物、运输工具、物品进行保险尤为重要。

知识链接

国际物流的产生与发展

自然资源不均衡、经济发展不平衡、产品差异化及需求个性化是国际物流产生的动因，而经济全球化、供应链管理理念、全球运输与金融管制的解除、信息技术与通信技术的进步则是国际物流发展的推动力。国际物流的发展经历了量变、质变和信息化高速发展三大历史阶段，今后的发展趋势体现在：第三方物流占据国际物流的主导地位；实物流、信息流和资金流“三流合一”；物流企业向集约化与协同化方向发展；物流服务向一体化和协作化方向发展；物流合作向长期性和多样化发展；物流产业向绿色化、环保化方向发展。

模块二 国际物流的构成要素

学习思考：国际物流有哪些构成要素？

如图 1-1 所示，国际物流主要由需求方、供给方、行业组织、政府方、中间方等主体构成。

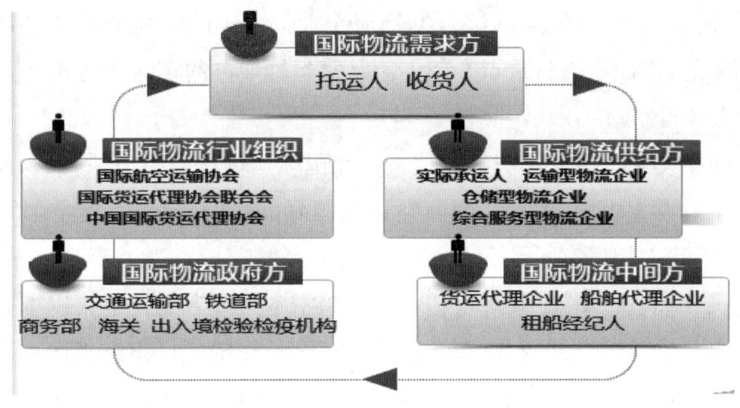

图 1-1 国际物流的主体

一、国际物流需求方

国际物流的需求方指接受国际物流服务的主体。需求方一般是货主，在国际贸易合同中包括买卖双方，在国际运输合同中则包括托运人和收货人。

1.托运人(Shipper)

一般来讲，托运人是指在货物运输合同中将货物托付承运人按照合同约定的时间运送到指定地点并向承运人支付相应报酬的一方当事人。这里定义的托运人既是运输合同的当事人，又是将货物交给承运人的人，这一定义基本适用于任何运输方式。

我国《海商法》第 42 条规定："托运人是指本人或者委托他人以本人名义或者委托他人为本人与承运人订立海上货物运输合同的人。"

对于托运人的含义需要从两方面理解，一是与承运人订立海上运输合同的人，二是将货物交给承运人的人，其托运人法律地位的取得是基于不同的原因——缔约或交货。在 CFR 或 CIF 贸易术语下，与承运人订立海上运输合同的人和将货物交给承运人的人都能是贸易合同的卖方，此时两种理解不发生矛盾。但是在 FOB 贸易术语下，与承运人订立海上运输合同的人是贸易合同的买方，而将货物交给承运人的人则是贸易合同的卖方，此时会出现托运人应该是卖方还是买方的争执，需要在实际业务中加以鉴别。

2.收货人(Consignee)

收货人是指有权提取货物的人。注意，收货人不仅是提取货物的人，而是"有权"提取货物的人。收货人的提货权主要体现在持有真实、未失效、通过合法流转得到的提单上。

二、国际物流供给方

国际物流的供给方指提供国际物流服务的主体，具体包括专门从事运输业务的承运人、提供国际运输业务为主的运输型物流企业、提供国际仓储业务为主的仓储型物流企业以及提供综合物流服务的综合型物流企业。由于国际物流业务是从国际运输业务发展而来的，因此本教材重点介绍专门从事运输业务的实际承运人。

1.承运人(Carrier)

承运人包括实际承运人和契约承运人。在国际运输业务中，实际承运人可以理解为拥有运输工具并提供国际海运、国际空运及国际陆运的船公司、航空公司和陆路运输企业；契约承运人相对实际承运人而言不拥有运输工具。

根据我国《海商法》第 42 条规定："承运人是指本人或者委托他人以本人名义与托运人订立海上货物运输合同的人。"《海商法》第 72 条规定："货物由承运人接受或者装船后，应托运人的要求，承运人应当签发提单。"由此可见，承运人既是海上运输合同的当事人，又是提单的签发人。承运人可能是拥有船舶并提供海上运输服务的实际承运人，也可能是不拥有船舶的契约承运人(如无船承运人、多式联运经营人等)。

另外，《海商法》第 42 条规定："实际承运人是指接受承运人委托，从事货物运输或者部分运输的人，包括接受转委托从事此项运输的其他人。"此时，实际承运人不是海上运输合同的当事人，与托运人之间没有直接的合同关系。在国际多式联运业务中，分程承运人接受承运人(多式联运经营人)委托从事货物运输或部分运输，即属于实际承运人。运输公司甲与托运人签订运输合同，后又转委托给运输公司乙从事此项运输业务，则此时运输公司甲为承运人，而运输公司乙为实际承运人。

由此可见，实际承运人可以划分成两类，一种是拥有运输工具，与托运人直接签订运输合同并签发提单同时能够直接提供运输服务的企业；第二种是拥有运输工具，但不直接与托运人签订运输合同，而是接受承运人委托或者转委托从事运输业务的企业。

2.运输型物流企业

运输型物流企业指拥有一定数量的运输工具，以从事货物运输业务为主并具备一定规模的企业。运输型物流企业不但可以提供门到门、门到站、站到门、站到站等运输服务和其他物流服务，而且具备网络化信息服务功能，货主可以通过信息系统对货物进行实时状态查询和监控。

3.仓储型物流企业

仓储型物流企业应具备四个条件：一是以仓储业务为主，为客户提供货物储存、保管、中转等仓储服务，具备一定规模；二是企业能为客户提供配送服务以及商品经销、流通加工等其他服务；三是企业自有一定规模的仓储设施、设备，自有或租用必要的货运车辆；四是具备网络化信息服务功能，应用信息系统可对货物进行状态查询和监控。

4.综合服务型物流企业

综合服务型物流企业应符合以下要求：从事多种物流服务业务，可为客户提供运输、货运代理、仓储、配送等多种物流服务，具备一定规模；根据客户需求为客户制定整合物流资源的运作方案，为客户提供契约性的综合物流服务；按照业务要求，企业自有或租用必要的运输设备、仓储设施及设备；企业具有一定运营范围的货物集散、分拨网络;企业配置有专门的机构和人员,建立了完备的客户服务体系,能及时、有效地提供客户服务;具备网络化信息服务功能,应用信息系统可对物流服务全过程进行状态查询和监控。

三、国际物流中间方

国际物流的中间方指连接国际物流需求方和供给方的中间机构或企业,包括为物流需求方(货主)提供代理服务的货运代理企业,为供给方(专指船公司)提供代理服务的船舶代理企业,以及为海运需求方和供给方提供信息并代理签订租船合同的租船经纪人。

1.货运代理企业

国际货运代理企业主要代理货主委托的相关业务,包括租船订舱、货物进出口报关、报检报验、货物包装、门到门运输、交收货物、缮制单证等。货运代理企业类型主要有出口国货主(卖方)货运代理企业和进口国货主(买方)货运代理企业,具体包括国际海运代理、国际空运代理和国际多式联运代理等。

2.船舶代理企业

国际船舶代理企业包括货物出口港船舶代理企业和进口港船舶代理企业。船舶代理企业主要代理与船舶有关的业务,有以下四方面:①船舶进出港业务,包括申报海关和办理相关的联检手续,安排拖轮引航、船舶靠泊、检验、修理、扫舱、洗脸、熏舱,并且办理海上救助、海事处理以及买卖船舶和期租船在港的交接手续等;②货运业务,包括安排货物装卸、货舱检验、理货、交接中转、储运、理赔,同时代船公司承揽货载、签发提单、计收运费、代付各种款项和费用,同港方签订滞期、速遣协议和结算,代货主租船订舱和缮制货物运输单证等;③供应业务,包括办理燃料、淡水、物料、伙食供应以及代购、转送船用备件和物料等;④其他服务性业务,包括办理船员调换、遣返、出入境手续、就医、参观游览、船员家属探望、船员信件传递以及船公司或船长临时委托办理的其他事项等。

3.租船经纪人

租船经纪人是指接受出租人或承租人的委托代办租船交易的谈判和签订租船合同并收取一定佣金的人。租船经纪人掌握大量的货源和运力信息,了解市场行情变化,拥有丰富的租船业务经验,进行租船业务及时、迅速,交易条件合理,因此在实践中委托租船经纪人进行租船交易已成为一种习惯。

四、国际物流政府方

国际物流的政府方指代表国家对国际物流市场进行调控的工商、财政、税务、物价、金融、公安、监理、城建、标准、仲裁等机构以及各级交通运输部门。此外,国际物流的政府方还包括国际物流报关、报检、检验检疫业务涉及的海关以及出入境检验检疫机构。

五、国际物流行业组织

国际物流行业组织范围广泛，包括国际贸易、国际运输与仓储、国际货运代理等领域的行业组织。

知识链接

目前，国际物流行业组织主要有国际贸易与物流采购协会（International Trading & Logistics Purchase Union，ILPU）、波罗的海国际海事协会（the Baltic and International Maritime Conference，BIMCO）、班轮公会（Freight Conference，FC）、国际航空运输协会（International Air Transport Association，IATA）、国际仓储物流联盟（International Federation of Warehousing and Logistics，IFWL）、国际货运代理协会联合会（International Federation of Freight Forwarders Association，FIATA）、中国国际货运代理协会（China International Freight Forwarders Association，CIFA）。

◆任务二◆
认识国际货运代理

任务导入

厦门汉连物流有限公司的主要业务范围包括：海陆空国际运输、报关报检、保税仓储、卡车运输等。邱丹红在校期间虽然学习了“仓储与配送”“国际物流与货运代理”“运输管理实务”“海关报关实务”等课程，但是对于国际货运代理具体的业务范围、法律责任、风险细分等内容掌握还不全面，还需要从具体的工作中去学习。

任务分析

正确区分国际货运代理和国际货运代理人、熟悉国际货运代理的业务范围、掌握代理人型和当事人型国际货运代理人的责任划分以及国际货运代理业的风险细分是完成本任务学习的关键。

任务实施

模块一　国际货运代理概述

学习思考：什么是国际货运代理？

一、国际货运代理的定义

根据《中华人民共和国国际货物运输代理业管理规定》第 2 条，国际货运代理业被定义为：接受进出口货物收货人、发货人的委托，以委托人的名义或者以自己的名义，为委托人办理国际货物运输及相关业务并收取服务报酬的行业。

国际货运代理人则是专门从事国际货运代理行业的企业，是为收货人和发货人服务的第三方企业。它可以作为出口货物的收货人、发货人的代理，也可以作为独立经营人。

二、国际货运代理的作用

国际货运代理人不仅通晓国际贸易流程，熟悉各种运输业务，了解相关法律、法规，而且业务关系广泛，与海关、出入境检验检疫机构、进出口管制等有关政府部门以及承运人、仓储经营人、银行、保险公司、港口、机场、堆场、货运站等相关企业有着密切的业务关系。因此，不管对进出口货物的收货人、发货人还是对承运人等来讲，国际货运代理人都起着至关重要的桥梁和枢纽作用，它不仅可以促进国际贸易和国际运输业的发展，还可以为国家创造外汇来源，有力地推动本国国民经济的发展和世界经济的全球化进程。对委托人而言，国际货运代理人有以下几方面作用：

1.组织协调

组织运输活动，设计运输路线，选择运输方式和承运人；协调托运人与承运人等有关企业和部门之间的关系。

2.专业服务

提供货物承揽、交运、拼装、集运、装卸、交付服务；办理货物报关、报检、保险等进出口手续；代理委托人支付、收取运费，垫付税金和政府规费。

3.沟通控制

保持货物运输关系人之间以及货运运输关系人与其他有关企业、部门的有效沟通。

4.咨询顾问

向委托人提出明确具体的咨询意见，协助委托人设计并选择适当的处理方案，避免和减少不必要的风险周折和浪费。

5.降低成本

选择货物的最佳运输路线、运输方式、运输仓储保管人、装卸作业人和保险人，争取公平合理的费率，甚至可以通过集运效应使所有相关各方受益，从而降低货物运输关系人的业务成本。

6.资金融通

代替收货人、发货人支付有关费用和税金；提前与承运人、仓储保管人、装卸作业人结算有关费用；凭借自己的实力和信誉向承运人、仓储保管人、装卸作业人及银行海关提供费用、税金担保或风险担保。

三、国际货运代理的业务范围

国际货运代理的业务范围很广泛，主要是接受客户的委托，完成货物运输的某一个环节或与此有关的各个环节的任务。国际货运代理的服务对象包括：发货人、收货人、海关、承运人、班轮公司、航空公司，在物流服务中还包括工商企业等。根据《中华人民共和国国际货物运输代理业管理规定》第 32 条的规定，国际货运代理企业可以作为代理人或独立经营人从事经营活动。其经营范围包括：

①揽货、订舱（含租船、包机、包舱）、托运、仓储、包装；

②货物的监装、监卸、集装箱装拆箱、分拨、中转及相关的短途运输业务；

③报关、报检、报验、保险；

④缮制签发有关单证、交付运费、结算及交付杂费；

⑤国际展品、私人物品及过境货物运输代理；

⑥国际多式联运、集运(含集装箱拼箱)；

⑦国际快递(不含私人信函)；

⑧咨询及其他国际货运代理业务。

由此可见，国际货运代理企业从事了与货物运输相关的所有日常服务活动。当然，在面对不同的服务对象时，其服务的侧重点是不同的，服务作业的内容也不太一样。如当服务对象是发货人(出口商)时，其主要的业务范围包括：

①安排运输，办理运输手续。根据发货人对货物运输的要求，选择最佳路线、运输方式及运输的承运人，进行租船订舱，签订运输合同。

②进行货物的集运，安排货物从发货人工厂运至码头、堆场，办理出口货物的包装、仓储、标记、进站、进场、进港手续等。如果是拼装货物，则需在货运站办理拼装手续。

③办理货物的出口报检、报关手续。

④办理货物的保险手续。

⑤支付相关费用。如向承运人、港口、机场等有关主体支付运费、作业费、杂费等款项。

⑥取得承运人签发的各种单证，交付给发货人，并监督协调货物的全程运输。

⑦其他的运输事宜。

知识链接

国际货运代理企业的基本岗位分工及工作流程

——以海运为例

1.销售人员接受委托

①销售人员负责与客户沟通代理海运进出口运输委托事宜，向客户合理报价。

②客户接受报价，填写运输委托书并发送给货运代理企业。

③销售人员与客户就托运事项进行确认，并要求客户在托运单上签字或盖章。

2.操作人员订舱及安排装货工作

①接受客户的委托后，销售人员填写业务联系单，把业务联系单和客户订舱资料交给操作员订舱。

②操作员按要求与船公司联系订舱事宜，得到船公司的订舱确认后，安排车队提取空集装箱及报检报关事宜。

③操作员协调车队提取空箱后到客户指定地点装货并将货物运送到场站。

④待货物经海关放行后，即可入港至指定码头，等待装船出运，操作员需随时与报关行、港口、船公司保持联系，了解货物装箱、入库、通关、装船情况。

3.单证人员审单及制单工作

①单证员接收客户的单证,对其正确性、完整性进行审核。

②单证员根据相关资料进行提单缮制,并发送给客户确认,确认后签发提单。

4.客服人员接受客户的咨询,进行费用核算等工作

①客服人员与客户保持密切沟通,及时解决客户疑问,反馈操作现状,以便及时有效解决突发问题。

②货物装船出运后,客服人员将计费人员已签字盖章的收费单交给客户或揽货人员催收运费。

模块二 国际货运代理的法律责任和风险划分

学习思考:辨析代理人型和当事人型国际货运代理的法律责任。

一、国际货运代理的法律责任

1.代理人型国际货运代理人的法律责任

国际货运代理人可作为代理人办理国际货运代理业务,在货主和承运人之间起牵线搭桥的作用,为货主协调货运过程中的各项事宜,其经营收入来源为代理费。承运人与托运人之间直接建立合同关系,当货物发生灭失或损坏时,托运人可以直接向承运人索赔。

2.当事人型国际货运代理人的法律责任

国际货运代理人也可以以经营人或承运人的身份独立承运货物,其经营收入来源以运费或运输服务费为主。此时,国际货运代理人直接以自己的名义与托运人签订运输合同,并可能签发自己的运输单证给托运人,再以自己的名义与第三人(实际承运人)签订合同,并且在安排储运时使用自己的仓库或运输工具。因此,对于托运人而言,货运代理人是其承运人,应当承担承运人的责任。这种当事人型的国际货运代理人既有可能仅局限于某一运输方式领域,如海运中的无船承运人,也有可能是从事多种运输方式的多式联运经营人。

(1)无船承运人的责任划分

当货运代理人从事无船承运业务并签发自己的无船承运人提单时,便成了无船承运经营人,被看作是法律上的承运人并兼有承运人和托运人的性质。

作为无船承运人时的货运代理人,是托运人和实际承运人之间特殊类型的中间人:对于托运人来说,货运代理人是承运人,签发运输单证,承担运输责任,并按照自己的运价本向托运人收取运费;对于实际承运人来说,货运代理人是托运人,接受实际承

运人签发提单，并按照实际承运人的运价本支付运费。此时在货物运输中存在着两个运输合同：货运代理人和托运人之间的运输合同、货运代理人与实际承运人之间的运输合同。

在责任承担上，货运代理人作为双角色的扮演者，一方面对货运中的货损、货差或延迟交货，会首先依据自己与承运人签订的运输合同追究实际承运人的责任，再对托运人承担起有关责任；一方面就托运人的基本义务内容向实际承运人负责，比如保证提供申报货物的基本情况、提供货物规定的包装、及时交付运费等。

案例链接

厦门A贸易公司委托本市的B货运代理公司办理一批从厦门运至韩国釜山港的危险品货物。A贸易公司向B货运代理公司提供了正确的货物名称和危险品货物的性质，B货运代理公司为此签发B公司自己的HOUSE B/L给A公司。随后B货运代理公司以托运人的身份向厦门某船公司办理该批货物的订舱和出运手续。货物运到釜山港后出现了货损，此时，该如何索赔？

(2)多式联运经营人的责任划分

当国际货运代理人负责多式联运并签发多式联运单证时便成了多式联运经营人(MTO)，被看作是法律上的承运人。

对于托运人来说，此时货运代理人是货物的承运人，以国际多式联运经营人的身份同货主订立多式联运合同，签发联运单证，收取全程运费，负责货物“门到门”的全程运输；对于区段分承运人来说，货运代理人是货物的托运人，与分承运人订立运输合同，接受分提单，向各区段分承运人支付运费，托运人与区段分承运人不存在任何合同关系。作为多式联运经营人的货运代理人，无论是否拥有自己的运输工具，是否实际参与运输，都要适用《海商法》关于多式联运经营人的规定，承担多式联运经营人的责任：一方面负有合理谨慎选择和监督区段分承运人的责任；另一方面需要照管运输期间的货物，履行多式联运合同，负责全程运输。

二、国际货运代理风险划分

1.操作风险

操作风险主要有：选择承运人不当；选择集装箱不当；未能及时搜集、掌握相关信息并采取有效措施；对特别货物未尽特殊义务；工作不认真，操作失误；遗失单据；单据缮制有误等。这些行为都有可能给客户带来损失，导致索赔风险。

2.信用欺诈

目前，很多货运代理人为了吸引货主，承揽货物，往往采取垫付运费及其他相关费用的方式，而这一点恰恰被个别货主钻了空子。个别货主往往在前几票业务中积极付费，表现出具有良好信誉的假象，在获取货运代理人的信任后，在随后的某一大票业务中由货运代理人垫付巨额费用后，人去楼空。

货主为了逃避海关监管，可能会虚报、假报进出口货物的品名及数量，当货运代理人(包括报关行)代其报关后，经海关查验申报品名、数量与实际不符，货运代理人可能要首当其冲遭受海关的调查和处罚。

在集装箱运输方式下，由于货物不便查验，货主可能会出运低价值的货物，而去申报高价值的货物，并与收货人串通(或者收货人就是该货主或其关联企业)伪造出具假发票、假信用证、假合同，当货物到达目的地，货主再通过各种手段骗取无单发货后，发货人凭正本提单向货运代理人索要高于出运货物实际价值的赔偿。

3.提单风险

倒签、预借提单现象比较普遍，凭保函签发清洁提单或无单放货的情况更是普遍，船公司为了规避自己的风险，一般在货主提出上述要求时，要求货主出具保函。但可能由于货主远在异地或者货主的资信不能得到船公司的信任和认可，船公司往往会要求货运代理人出具保函以保证货主承担由此引起的一切责任，或要求货运代理人在货主出具的保函上加盖公章，承担连带担保责任。

有的货运代理人为向货主表现自己"优质"的服务质量，随意地按照船公司的要求出具保函。货运代理人此时仅是货主的代理人，出具保函的行为是超越代理范围的，因此货运代理人所承担的风险责任也远远超越了其应当承担的责任的范围。

4.法律适用风险

货运代理人在作为国际多式联运经营人时，由于货物运输可能同时采取几种运输方式，货物运输的路段也可能会涉及几个国家，每一种运输方式所适用的法律不同，其规定的责任区间、责任限额、责任大小都不尽相同，而不同国家的具体法律规定又是不同的，这样就有可能导致法律适用问题，从而给货运代理人造成风险损失。

由于各地的海关监管、免疫查验、出入境管理及其他相关监管的法律法规的规定不尽相同，而且货运代理企业又不能完全熟悉掌握，尤其是对一些最新出台的法规，货运代理企业缺少信息追踪及相关信息调研部门，极有可能会违反这些规定，从而招致处罚，轻则罚款，重则有可能被吊销当地的经营资格。

5.职员个人行为风险

企业的经营活动是通过其职员完成的，但并不是所有的职员都忠实可靠，他们的个人行为往往以公司职务行为为掩护，让货运代理企业无法辨别，误认为其个人行为为公司行为，当个人获取利益逃之夭夭后，货运代理企业又无从向其原单位索赔，从而导致经济损失。

个别职员长期负责某单位某项目具体工作，比如领提单、拿支票等。货运代理企业往往会放松警惕，有些职员在与其公司解除劳动关系后，仍然冒名领取提单，或骗取支票，事后由于该职员没有原单位的明确书面授权，货运代理企业往往自食其果。还有个别职员在某单位从事订舱工作，在做公司正常业务的同时又承揽私人的业务，"公务”和“私务”交杂在一起，货运代理企业很难区分，往往会造成不必要的麻烦。

自我测试

一、单项选择题

1. 按照物流服务的用途区分，国际物流表现为供应物流、生产物流、(　　)、回收物流或废弃物流。

A.销售物流　　B.第三方物流

C.正向物流　　D.国际物流

2.(　　)是连接国际运输、储存与配送作业的纽带和桥梁，是保证国际物流连续性的必要功能。主要体现在装船卸船、装车卸车、进库出库以及堆场、货运站和库内的搬倒清点、查库、转运转装等活动。

A.运输　　B.储存保管

C.装卸搬运　　D.配送

3.(　　)是指在货物运输合同中将货物托付承运人按照合同约定的时间运送到指定地点并向承运人支付相应报酬的一方当事人。

A.托运人　　B.收货人

C.货运代理　　D.船舶代理

4. 收货人是指有权提取货物的人，他的提货权主要体现在持有真实、未失效、通过合法流转得到的(　　)上。

A.发票　　B.提单

C.装箱单　　D.贸易合同

5. 以下不属于国际物流中间方的是(　　)。

A.国际货运代理企业　　B.船舶代理企业

C.租船经纪人　　D.航空公司

6. 以下不属于国际货运代理业务范围的是(　　)。

A.揽货、订舱、托运、仓储、包装

B.货物的监装、监卸、集装箱装拆箱、分拨、中转及相关的短途运输业务

C.报关、报检、报验、保险

D.船舶进出港业务

7. 以下不属于国际货运代理服务对象的是(　　)。

A.货主　　B.海关

C.拖车公司　　D.承运人

8. 选择承运人不当、选择集装箱不当、遗失单据或者单据缮制有误等行为都有可能给客户带来损失，导致索赔风险。这属于国际货运代理风险里的(　　)。

A.提单风险　　B.操作风险

C.信用欺诈　　D.职员个人行为风险

9. 对刚入货运代理企业的大多数新人来说，一般首先会在(　　)岗位上锻炼。

A.操作员　　B.业务员

C.单证员　　D.商务专员

10. OP 是指国际货运代理中的(　　)。

A.操作员　　B.业务员

C.单证员　　D.商务专员

二、多项选择题

1. 国际物流服务范围远远超过国内物流，主要表现在(　　)。

A.服务时间更长　　B.服务环节更多，承担风险更小

C.服务费用更高　　D.增加“报关报检”环节

2. 国际物流的环境差异性主要体现在(　　)。

A.气候、地理等自然环境差异性

B.语言、习俗等人文环境差异性

C.操作习惯、设施设备等行业环境差异性

D.法律、法规环境差异性

3. 存储和转运地点即国际物流的节点，以下属于国际物流节点的是(　　)。

A.货物和物品供应和接收地的仓库或流通仓库

B.港口、机场、陆路货运站等国际转运点

C.大型物流中心或物流园区

D.具有保税功能的保税区或保税仓库

4. 以下属于国际物流区别于国内物流的功能的是(　　)。

A.信息处理功能　　B.流通加工功能

C.报关功能　　D.出入境检验检疫功能

5. 以下关于托运人的描述不正确的是(　　)。

A.托运人既是运输合同的当事人又是将货物交给承运人的人

B.在 CIF 贸易术语下，托运人一定是国际贸易合同的卖方

C.在 CFR 贸易术语下，托运人一定是国际贸易合同的买方

D.在 FOB 贸易术语下，托运人一定是国际贸易合同的卖方

6. 国际物流的供给方包括(　　)。

A.专门从事运输业务的承运人

B.提供国际运输业务为主的运输型物流企业

C.提供国际仓储业务为主的仓储型物流企业

D.提供综合物流服务的综合型物流企业

7. 以下关于承运人的描述正确的是(　　)。

A.承运人指本人或委托他人以本人名义与托运人订立海上货物运输合同的人

B.承运人可能是拥有船舶并提供海上运输服务的实际承运人，也可能是不拥有船

舶的契约承运人

C.实际承运人可以不是海上运输合同的当事人，与托运人之间没有直接的合同关系

D.承运人既是海上运输合同的当事人，又是提单的签发人

8. 以下对于国际货运代理的描述正确的是（　　　　）。

A.为收货人和发货人服务的第三方物流企业

B.可以作为出口货物的收货人、发货人的代理，但不能作为独立经营人

C.对承运人和收发货人起着桥梁和枢纽作用

D.通晓国际贸易流程，熟悉各种运输业务，了解相关法律法规，业务关系广

9. 国际货运代理按其法律地位可以分为（　　　　）。

A.代理人型国际货运代理

B.当事人型国际货运代理

C.发货人型国际货运代理

D.收货人型国际货运代理

10. 关于无船承运人的责任划分说法正确的是（　　　　）。

A.当货运代理人从事无船承运业务并签发自己的无船承运人提单时，便成了无船承运经营人

B.无船承运人对于托运人来说，是承运人，签发运输单证，承担运输责任，并按照自己的运价本向托运人收取运费

C.无船承运人对于实际承运人来说，是托运人，接受实际承运人签发提单，并按照实际承运人的运价本支付运费

D.无船承运人对货运中的货损、货差或延迟交货，会首先依据自己与承运人签订的运输合同追究实际承运人的责任，再对托运人承担有关责任

三、实务操作题

1.模拟组建一家国际货运代理企业

【操作目标】

①了解国际货运代理企业的性质、经营范围、组织机构企业目标、经营理念；

②熟悉岗位职责和职业技能要求。

【操作准备】

①分组并确定组长；

②熟悉教材内容，上网查找操作所需资料。

【操作过程】

①拟定国际货运代理企业的名字、经营范围、岗位设置、经营理念等。以企业章程形式体现出来（Word）。

②拟定企业对外宣传的公司简介，讨论并完成企业宣传策划方案（Word），并在班内简要宣传（PPT）。

③拟定企业招聘启事(广告宣传页),并模拟招聘。

④小组成果展示、总结(PPT)。

2.货运代理公司人员素质调查表

小组通过网络查询货运代理企业的用人要求,讨论并总结一份货运代理从业人员的素质要求,并填入表格。

<table>
<tr><td rowspan="5">知识技能要求</td><td>1</td><td rowspan="5">心理素质要求</td><td>1</td></tr>
<tr><td>2</td><td>2</td></tr>
<tr><td>3</td><td>3</td></tr>
<tr><td>4</td><td>4</td></tr>
<tr><td>5</td><td>5</td></tr>
</table>

项目二　认识国际海上货运代理

项目描述

海运以其运费低、运力强、运量大的特点，承担着三分之二以上的国际贸易货物运输。系统性地认识与学习国际海上货运代理实务将为今后从事国际货运代理行业提供必不可少的知识基础。本项目的学习主要分为国际海上货运代理业务销售、国际海上货运代理业务操作以及国际海上货运代理业务单证三大任务，分别对应行业中的销售岗、操作岗和单证岗。

学习目标

知识目标

1.了解班轮运输与租船运输的特点；

2.熟悉主要的班轮公司、航线港口、船期表等航运知识；

3.掌握海运运费的计算；

4.熟悉集装箱的规格、类别、标记、交接等基础知识；

5.掌握国际海运进/出口代理业务的整体操作流程；

6.熟悉海运提单的性质、作用及种类；

7.熟练填制托运单，能够根据信用证及托运单缮制海运提单。

能力目标

1.销售岗

(1)信息的查询和收集能力；

(2)扎实的业务基础；

(3)培养学生良好的沟通与表达能力。

2.操作岗

(1)熟练的海运进出口货运代理业务操作技能；

(2)良好的沟通、协调和应变能力。

3.单证岗

(1)熟练的单证缮制能力；

(2)丰富的制单经验和较强的主观能动性。

德育目标

1.培养学生团队协作精神、积极工作的态度；

2.培养学生严谨细致的工作态度；

3.培养学生树立追求高效、高质量的工作意识。

学习情境分析

在了解了公司的业务范围、部门划分、岗位职责及规章制度后，邱丹红被安排到了海运事业体。海运事业体是厦门汉连物流有限公司的核心部门之一，与各大船公司有着良好的长期合作关系，在欧地、中东、日韩、东南亚、美加、澳大利亚都有自己的优势航线。海运事业体李经理要求邱丹红在接下来的时间里分别在海运销售、海运操作、海运制单等岗位进行轮岗学习。对于初出校门的邱丹红来说，这无疑是一大挑战，只得撸起袖子好好加油咯！

◆ 任务一 ◆
国际海上货运代理业务——销售

任务导入

邱丹红在学校既是班长又是学生会主席，做事认真负责，做人踏实，深得老师喜爱。她自认为已具备了作为一名海运销售应具有的业务能力和沟通表达能力。然而，到了销售部，她却懵了，不知道从何做起。

任务分析

海运销售的主要工作是开发客户，接受对外报价，并说服客户委托订舱。作为一名合格的海运销售，除了应具备一定的销售技巧、良好的沟通与表达能力等基本职业素质外，扎实的业务基础十分重要，包括熟悉主要的船公司、港口、航线、船期表等航运知识；熟悉公司的核心业务和优势航线并能够及时对客人进行合理报价。

任务实施

模块一 承运人

学习思考：对比班轮运输与租船运输的特点，都有哪些不同？

一、班轮运输

1.班轮运输的定义

班轮运输（Liner Shipping）也称定期船运输，指船公司按事先制定的船期表，在特定的航线上，以既定的挂靠港口顺序为非特定的众多货主提供经常性的货物运输服务，并按照运价本的规定计收运费的营运方式。

2.班轮运输的特点

（1）货主分散且不固定，货物一般是件杂货和集装箱，对货量没有要求，货主按需订舱，特别适合小批量的货物运输需要。

（2）船舶技术性能好、设备较齐全、船员技术素质较高并且管理制度比较完善，既能满足普通件杂货运输的要求，又能满足危险货物、超限货物、鲜活易腐货物等特殊货物的运输要求，并且能较好地保证货运质量。

(3)承运人和货主之间在货物装船之前通常不书面签订运输合同，而是以货物装船后承运人签发的提单作为两者之间运输合同的证明，双方的权利、义务、责任豁免通常以提单背面条款为依据并受国际公约制约。

(4)通常要求托运人至承运人指定的码头仓库交货，收货人在承运人指定的码头仓库提货，承运人负责货物装卸作业及理舱作业。

(5)"四固定"。一是固定船期表，即船舶按照预先公布的船期来运营，按时将货从起运港发送并迅速运抵目的港。因此货主可以在预知船舶离港时间(ETD)和抵港时间(ETA)的基础上，组织、安排货源，保障收货人及时收货；二是固定航线，有利于船公司发挥航线优势及稳定货源；三是固定挂靠港口，为多港卸货的货主提供便利；四是固定运费率，且运费率透明，有利于班轮运输市场的良性竞争。

3.班轮运输的种类

班轮运输分为杂货班轮运输和集装箱班轮运输。杂货班轮运输的货物以件杂货为主，还可以运输一些散货、重大件等特殊货物。20 世纪 60 年代后期，随着集装箱运输的发展，班轮运输中出现了以集装箱为运输单元的集装箱班轮运输方式。由于集装箱运输具有运送速度快、装卸方便、机械化程度高、作业效率高、便于开展联运等优点，到了 20 世纪 90 年代后期，集装箱班轮运输已经逐渐取代了传统的杂货班轮运输。

4.世界主要船公司

班轮运输是个垄断程度较高的行业。尽管世界上有大大小小数百家船公司，但主要运力集中在少数公司手中。全球排名前 20 的船公司拥有的班轮运力占全球班轮总运力的 80%。作为货运代理销售人员，应熟悉世界排名居前的船公司，既要知道中英文名称，又要知道其英文缩写名及标志，如表 2-1 所示。

表 2-1　世界排名居前的船公司名称及标志

公司名称	公司标志	中文名	英文缩写	注册地
APM-Maersk	MAERSK LINE	马士基海陆	MSK	丹麦
Mediterranean Shg Co.	msc	地中海航运	MSC	瑞士
CMA CGM Group	CMA CGM	达飞航运	CMA CGM	法国
Evergreen Marine Corp	EVERGREEN	长荣集团	EMC/EVG	中国台湾
COSCO Container Line	COSCO SHIPPING	中远集团	COSCO	中国

续表

公司名称	公司标志	中文名	英文缩写	注册地
Hapag-Lloyd		赫伯罗特	HLC	德国
American President Lines		美国总统轮船	APL	美国
China Shipping Container Lines CO.,Ltd		中海集团	CSCL	中国
Mitsui-OSK Lines		商船三井	MOL/MOSK	日本
OOCL Line		东方海外	OOCL	中国香港
NYK Line		日本邮船	NYK	日本
Hamburg-Sud Group		汉堡南美航运	HSG	德国
Yang Ming Marine Transport Corp		阳明海运	YML	中国台湾
K line		川崎汽船	K-LINE	日本
Zim Israel Navigation		以星轮船	ZIM	以色列
Hyundai M.M.		现代商船	HYUNDAI	韩国
Pacific Int. Line		太平船务	PIL	新加坡
United Arab Shipping Co.		阿拉伯联合轮船	UASC	科威特
Compania SAV		南美轮船	CSAV	智利
Wan Hai Lines Ltd.		万海航运	WANHAI	中国台湾
CCNI		智利船运	CCNI	智利

二、租船运输

1.租船运输的定义

租船运输又称不定期船运输，根据货源情况安排船舶就航的航线，组织货物运输，即通过出租人和承租人之间达成的有关运输航线、运输货物种类及数量、停发地点、起运与终到时间、运价或租金等运输合同来进行货物运输的基本运营方式。

2.租船运输的特点

(1)属于不定船期，没有固定的航线、装卸港及航期。

(2)运价或租金率完全由出租人、承租人在航运市场价格的基础上协商确定。

(3)租船运输中的提单不是一个独立的文件。

(4)租船运输中的船舶港口使用费、装卸费及船期延误，按租船合同规定划分及计算。

(5)租船主要用来运输国际贸易中的大宗货。

3.租船运输的分类

租船运输主要有程租、期租和光船租船三种。

程租——(Voyage Charter)又称"航次租船"，是船舶所有人按双方事先议定的运价与条件向租船人提供船舶全部或部分舱位，在指定的港口之间进行一个或多个航次运输指定货物的租船业务。

期租——(Time Charter)又称"定期租船"，是船舶所有人把船舶出租给承租人使用一定时期的租船方式。船舶出租人向承租人提供约定的由出租人配备船员的船舶，由承租人在约定的期限内按照约定的用途使用，并支付租金。

光船租船——(Bare Boat Charter)是一种比较特殊的租船方式。它也是按一定的期限租船，但与期租不同的是船东不提供船员，光一条船交租船人使用，由租船人自行配备船员，负责船舶的经营管理和航行各项事宜。在租赁期间，租船人实际上对船舶有着支配和占有权。

小贴士

揽货技巧

国际货运代理企业的主要业务来源：

①直客货物：由货代企业自己直接开发的客户，又称自揽货。

②同行货物：从其他货代企业转委托而来的客户和货物。

③FOB指定货：以FOB方式成交的货物。由国外进口代理或其合作的国外货运代理企业指定国内的货运代理企业作为其起运地或者装运港的代理。

揽货的主要渠道：①电话营销。②上门拜访。③网络营销。④关系营销。

影响货主选择货代服务的主要因素：①运价。②服务质量。③社会。

模块二 航运知识

学习思考：世界上有哪些主要的海运航线？

一、航线

1.世界主要海运通道

海洋——海洋是指大范围的海域。全球有太平洋、大西洋、印度洋、北冰洋四大海域。其中，太平洋的海运量约占世界海运总量的20%以上；大西洋的海运量约占世界海运总量的50%以上；印度洋沿岸各港终年不冻，一年四季均可通航；北冰洋则常年结冰。

海——海是靠近大陆较小范围的海域，是联系周围陆地和沿海国家的海上通道。目前，世界上国际航运意义较大的海有日本海、东中国海、黄海、南中国海、爪哇海、孟加拉湾、阿拉伯海、波斯湾、红海、地中海、黑海、北海、波罗的海、墨西哥湾和加勒比海等。

海峡——海峡是两块陆地之间连接两个海或洋的较狭窄的水道，是船舶运输的重要通道。对国际航运意义重大的海峡主要有位于马来西亚和印度尼西亚之间的马六甲海峡，是太平洋和印度洋最主要的通道；位于南欧和北非之间的直布罗陀海峡，是地中海和大西洋的唯一通道；位于法国和英国之间的英吉利海峡，是大西洋进西欧、北欧的通道；位于中国大陆和中国台湾岛之间的台湾海峡，是连接北太平洋和南海的通道。

运河——运河是用以沟通地区或水域间水运的人工水道。在国际航运中发挥重要作用的运河有：埃及境内的苏伊士运河，连接印度洋与地中海，是往来亚洲与欧洲最便利的通道；巴拿马国境内的巴拿马运河，连接太平洋与大西洋。

世界海运航线根据航运范围可分为沿海航线、地区性国际海上航线和国际大洋航线。沿海航线供本国船舶在该国港口之间使用，一般又称为“国内航线”。地区性国际海上航线是指航行通过一个或数个海区的航线，又称“近洋航线”，如地中海区域航线、波罗的海区域航线等。国际大洋航线又称为“远洋航线”，是指贯通大洋的航线，它包括太平洋航线、大西洋航线、印度洋航线、北冰洋航线，以及通过巴拿马运河或苏伊士运河连接两大洋的航线等。

2.世界主要海运航线

目前，世界三大洋上的航线密布，其中，航运界和地理学界公认的国际大洋航线可归纳为以下几条：

(1)太平洋航线组

远东——北美西海岸各港航线。该航线指东南亚国家、中国、东北亚国家各港沿大圆航线横渡北太平洋至美国、加拿大、墨西哥等北美西海岸各港。该航线随季节波动，一般夏季偏北、冬季南移，以避北太平洋的海雾和风暴。该航线是二战后货运量增长最快、货运量最大的航线之一。

远东——加勒比海、北美东海岸各港航线。该航线不仅要横渡北太平洋，还越过巴拿马运河，因此一般偏南，横渡大洋的距离也较长。夏威夷群岛的火奴鲁鲁港是主要的航站，船舶在此添加燃料和补给品等。该航线也是太平洋货运量最大的航线之一。

远东——南美西海岸各港航线。该航线同样要横渡太平洋，航线长，要经过太平洋枢纽站，但与其他远东航线不同的是不用过巴拿马运河。该航线也可以先南行至南太平洋的枢纽港，后横渡南太平洋到达南美西岸。

远东——澳大利亚、新西兰及西南太平洋岛国各港航线。该航线不需要横渡太平洋，而在西太平洋以南航行，离陆地近，航线较短。由于北部一些岛国（地区）工业发达而资源贫乏，而南部国家资源丰富，因而初级产品运输特别频繁。

东亚——东南亚各港航线。该航线由日本、韩国、朝鲜、俄罗斯远东及中国各港西南行至东南亚各国港口。该航线短，但往来频繁，地区间贸易兴旺且发展迅速。

远东——北印度洋、地中海、西北欧航线。该航线大多经马六甲海峡往西，也有许多初级产品经龙目海峡与北印度洋国家往来，如石油等。经苏伊士运河至地中海、西北欧的运输以制成品集装箱运输居多。

东亚——东南非、西非、南美东海岸航线。该航线大多经东南亚过马六甲海峡或过其他海峡西南行至东南非各港，或再过好望角往西非国家各港，或横越南大西洋至南美东海岸国家各港。该航线以运输资源型货物为主。

澳、新——北美西、东海岸航线。澳大利亚、新西兰至北美西海岸各港，一般都经过苏瓦、火奴鲁鲁等太平洋航运枢纽。澳大利亚、新西兰至北美东海岸各港及加勒比海国家各港，需经巴拿马运河。

北美东、西海岸——南美西海岸航线。该航线都在南北美洲大陆近洋航行，由于南美西岸国家人口少、面积小，南北之间船舶往来较少，南北美西海岸至北美东海岸各港要经巴拿马运河。

(2)印度洋航线组

中东海湾——远东各国港口航线。该航线东行都以石油运输为主，特别是往日本、韩国的运输，西行以工业品、食品为主。

中东海湾——欧洲、北美东海岸港口航线。该航线的超级油轮都经莫桑比克海峡、好望角绕行。随着苏伊士运河的不断开拓，通过运河的邮轮日益增多。

远东——苏伊士运河——西北欧航线。该航线多半为通过、联结远东与欧洲、地中海两大贸易区各港，航船密度大，尤其是集装箱船运输频繁。

澳大利亚——苏伊士运河、中东海湾航线。该航线把澳大利亚、新西兰与西欧原有“宗主国”间传统贸易联结在一起，也把海湾的石油与澳大利亚和新西兰的农牧产品进行交换。

远东——南非、南美航线。该航线将巴西、南非的矿产输往日本、韩国及中国，同时也将远东的工业品回流。

南非——澳新航线。该航线横渡南印度洋，在印度洋中航船最少。

(3)大西洋航线组

西北欧——北美东岸各港航线。该航线连接北美和西北欧两个经济发达地区，航运贸易的历史十分悠久，船舶往来特别频繁，客货运量很大。

西北欧——地中海、中东、远东、澳新各港航线。西北欧至地中海航线主要是欧洲西北部与欧洲南部国家之间的连线，距离较短。但过苏伊士运河至中东、远东、澳新地区航线就大大增长，它们是西北欧与亚太地区、中东海湾间最便捷的航线，货运量也大，是西北欧地区第二大航线。

西北欧——加勒比海岸各港航线。该航线横渡北大西洋，过向风海峡、莫纳海峡，还与过巴拿马运河的太平洋航线连接。

欧洲——南美东海岸或非洲西海岸各港航线。该航线多经加纳利群岛或达喀尔港，是连接欧洲发达国家与南大西洋两岸发展中国家的贸易航线，欧洲国家输出的大多是工业品，输入的以初级产品居多。

北美东岸——地中海、中东、亚太地区航线。该航线与西北欧——地中海、中东、远东航线相似，但航线更长，需横渡北大西洋。货物以石油、集装箱货为主。

北美东海岸——加勒比海沿岸各国港口航线。该航线较短，但航运繁忙，不仅有两地区各国港口间往来船只，还有过巴拿马运河至远东、南北美西海岸国家港口间往来的船只。

北美东海岸——南美东海岸港口航线。该航线是南北美洲之间工业品与农矿产品的对流航线。

南北美洲东岸——好望角航线。北美东海岸港口经好望角至中东海湾是巨型油轮的运输线，20 万吨级以上油轮需经此航线，还有西北欧的巨型油轮也经此航线。南美洲东岸港口过好望角航线不仅有原油，还有铁矿石等初级产品。中国、日本、韩国等运输巴西的铁矿石均经过此航线。

(4)北冰洋航线

北冰洋系欧、亚、北美三洲的顶点，为联系三大洲的捷径。鉴于地理位置的特殊性，目前，北冰洋已开辟了从摩尔曼斯克经巴伦支海、喀拉海、拉普捷夫海、东西伯利亚海、楚科奇海、白令海峡至俄罗斯远东港口的季节性航海线，以及从摩尔曼斯克直达斯瓦尔巴群岛、冰岛的雷克雅未克和英国的伦敦等航线。随着航海技术的进一步发展和北冰洋地区经济的开发，北冰洋航线也将会有更大的发展。

二、港口

港口是位于江、河、湖、海沿岸，具有一定的设施和条件，供船舶进行作业和在恶劣气象条件下靠泊，以及旅客上下、货物装卸、生活物料供应等的地方。一般情况下，港口可分为基本港与非基本港两种：

基本港(Base Port),指船公司的船一般定期挂靠的港口。基本港大多数为较大的口岸,港口设备条件比较好,货载多而稳定。一旦港口被规定为基本港口就不再限制货量。运在基本港口的货物一般为直达运输,无须中途转船。但有时也因货量太少,船方决定中途转运,这一过程由船方自行安排,船方承担转船费用。

非基本港(Non-Base Port),凡基本港以外的港口都称为"非基本港"。非基本港一般除按基本港收费外,还需另外加收转船附加费,达到一定货量时则改为加收直航附加费。

三、世界上较大的港口

基本上每个国家都有自己的港口,由于地理位置和自身经济的影响,每个港口的集装箱吞吐量大有不同。目前世界上较大的港口主要有中国的舟山港、上海港、天津港等。荷兰的鹿特丹港、德国的汉堡港和比利时的安特卫普港是欧洲的三大集装箱港口。新加坡港是太平洋和印度洋之间的航运要道,也是世界上最大的集装箱港之一。此外,美国的纽约港、日本的神户港和横滨港、韩国的釜山港以及阿联酋的迪拜港在国际物流中都占有重要地位。

知识链接

一些国家港口对进口货物的特殊要求

日本:日本港务局规定进口烟花需去往第二卸货港的烟花船舱,在第一卸货港不准开仓。此外,每票提单项下烟花的重量不得超过毛重 80 吨。

新加坡:新加坡港方规定,装有危险品的船只不得停靠码头,必须在危险品锚地卸驳,然后由驳船运往港务局指定码头仓库交收货人,费用由船方支付。

菲律宾:麻袋包装的进口货物,必须先经过熏蒸才得进口;危险品不能卸在码头仓库,必须由收货人直接派船或用车直接提货。

印度:印度货物运输全不接受倒签提单。印度海关规定,所有转运至印度内陆货运站的货物,必须由船公司负责全程运输,并且提单及舱单最终目的地一栏必须填写为该内陆点,否则必须在港口掏箱,或者支付高额的更改舱单费才可转运至内陆。

美国:运往美国和将在美国境内卸货的货物除需遵循美国海关装船前 24 小时提交舱单的规则外,还需满足以下规定:①提单所示发货人、收货人或者通知人需提供详细名称、地址及联系方式或美国海关规定的识别号码;②发货人必须提供详细准确的毛重、体积、件数、品名及正确的柜号、柜型和封签号;③运往美国的货物,卸货港和最后交货地除具体地点外还必须加上州名;④港口限重;⑤提单资料应注明"熏蒸放气"或"非木质包装";⑥件数应体现最小的外包装单位数。

南美:所有去南美的提单上必须注明运费,并且不允许更改。

澳大利亚：澳大利亚港务局规定，木箱包装货物进口时，其木材需经熏蒸处理，并将熏蒸证书寄收货人。

新西兰：新西兰港务局规定，集装箱的木质结构及箱内的木质包装物和垫箱木料必须经过检验检疫处理后方可入境。

四、船期表

船期表，就是船舶航行和靠泊的时间表，也称为班期表，主要用于招揽航线途经港口的货物。它既可以满足货主的需求，又有助于船舶、港口和货物的衔接，提高了船舶挂靠港口的工作效率。

【例】表 2-2 为 2017 年 3 月份部分船公司从上海到纽约的船期表，请根据该表指出相应的航程和航期。船期表涉及的英文和缩写如下所示：

Origin　出发地

PORT OF LOAD(POL)　装货港

ETD AT POL　装货港预计开航时间

PORT OF DISCHARGE(POD)　卸货港

ETA AT POD　卸货港预计到达时间

FINAL DESTINATION HUB(FND)　最终目的地

ETA AT FND　预计到达最终目的地时间

EST. TRANSIT TIME (DAYS)　预计航行时间

VESSEL VOYAGE　承运人、船名航次

SERVICE　航线

CARGO NATURE　货物种类

表 2-2 船期表

Origin	PORT OF LOAD (POL)	ETD AT POL	PORT OF DISCHARGE (POD)	ETA AT POD	FINAL DESTINATION HUB(FND)	ETA AT FND	EST. TRANSIT TIME (DAYS)	VESSEL VOYAGE	SERVICE	CARGO NATURE
SHANGHAI	SHANGHAI	2017/02/25	TACOMA	2017/03/23	NEW YORK	2017/04/02	26	OOCL TIANJIN 098E	NP3	DRY
SHANGHAI	SHANGHAI	2017/02/25	LONG BEACH	2017/03/21	NEW YORK	2017/03/31	24	CMA CGM LAMARTINE 007E	CC2	REEFER
SHANGHAI	SHANGHAI	2017/02/26	NEW YORK	2017/04/01	NEW YORK	2017/04/01	34	TOKYO EXPRESS 067E	PA1	DRY REEFER
SHANGHAI	SHANGHAI	2017/02/26	NEW YORK	2017/03/23	NEW YORK	2017/03/23	25	HYUNDAI MARS 008E	NYX	DRY REEFER
SHANGHAI	SHANGHAI	2017/02/26	LOS ANGELES	2017/03/22	NEW YORK	2017/04/01	24	APL NEW JERSEY 051E	CC4	REEFER
SHANGHAI	SHANGHAI	2017/02/27	NEW YORK	2017/04/03	NEW YORK	2017/04/03	35	NYK ROMULUS 038E	PA1	DRY REEFER
SHANGHAI	SHANGHAI	2017/03/03	TACOMA	2017/03/24	NEW YORK	2017/04/03	21	HYUNDAI LOYALTY 043E	NP2	DRY
SHANGHAI	SHANGHAI	2017/03/03	LONG BEACH	2017/03/26	NEW YORK	2017/04/05	23	OOCL UTAH 013E	CC2	REEFER
SHANGHAI	SHANGHAI	2017/03/04	NEW YORK	2017/03/30	NEW YORK	2017/03/30	26	MOL BRAVO 015E	NYX	DRY REEFER
SHANGHAI	SHANGHAI	2017/03/04	TACOMA	2017/03/30	NEW YORK	2017/04/09	26	OSAKA EXPRESS 066E	NP3	DRY
SHANGHAI	SHANGHAI	2017/03/06	LOS ANGELES	2017/03/30	NEW YORK	2017/04/09	24	APL FLORIDA 049E	CC4	REEFER
SHANGHAI	SHANGHAI	2017/03/09	TACOMA	2017/03/31	NEW YORK	2017/04/10	22	BREMEN EXPRESS 054E	NP2	DRY
SHANGHAI	SHANGHAI	2017/03/11	NEW YORK	2017/04/06	NEW YORK	2017/04/06	26	HYUNDAI JUPITER 006E	NYX	DRY REEFER
SHANGHAI	SHANGHAI	2017/03/11	TACOMA	2017/04/06	NEW YORK	2017/04/16	26	FRANKFURT EXPRESS 045E	NP3	DRY

小贴士

航运知识的重要性

第一，看到港口，要想到它属于哪一个国家；第二，要知道这个国家属于哪条航线；第三，要知道走这条航线的船公司哪家性价比较高，从而及时向客户报价。

(1)了解港口

国家、港口是每个货运代理人首要学习的内容，用心记下客人常去的港口，并逐渐熟悉这些港口和他们所在的国家。

(2)区分航线

区分港口所属的航线，一般航程 20 天左右或者更短时间的视为近洋线，航程在 30 天左右或者更长时间的，则视为远洋线。

(3)知晓航程

区分航线的同时还应对各个航线的大概航程有所了解。应大概了解船舶到达目的港或者中转港所需的时间，再结合客人实际的要求，判断能不能在规定时间内到达。

模块三　班轮运费计算

学习思考：简述班轮运费的计算步骤。

班轮运费是以船公司或者货代公司公布的运价表为基础计算的，由基本运费和附加费两大部分构成。

一、基本运费 (Basic Freight)

基本运费是承运人将货物从装运港运至卸货港所收取的基本海运费用，基本运费一般由基本运费率乘以货运量($F_b=R\times Q$)得出。

基本运费率(Basic Rate)是每一计费单位(如 1 个运费吨或 1 个集装箱)货物收取的基本运费，英文亦可表达为 Ocean Freight，简称 O/F，即运价表中规定的航线内基本港之间每种货物必须收取的费率。基本费率也是其他一些以百分比收取的附加费的计算基础。

二、附加费

与海运运费有关的费用，除了基本运费率(O/F)外，还有各种附加费。附加费是班轮公司为保持一定的收益，对一些需要特殊处理的货物(如货物需要加靠非基本港或需要转船运输等)或由于客观情况的变化(如燃油价格上涨或货币汇率波动等)而使运输成本大幅度增加的货物额外加收的费用。

附加费的规定主要有两种:一种以百分比表示,是在基本费率的基础上增加一定的百分比;另一种用绝对数表示,即每运费吨、每集装箱或每票货增加的金额,可以与基本费率直接相加计算。

附加费的种类繁多,且不同地区、不同季节、不同船东叫法各异,全球主要航线的主要附加费如表 2-3 所示。

表 2-3 全球主要航线的主要附加费

缩写	英文全称	中文名称	适用情形	适用航线
BAF/BS/BC	Bunker Adjustment Factor/ Bunker Surcharge/ Bunker Charge	燃油附加费	短期内的燃油价格上涨	大多数航线
FAF	Fuel Adjustment Factor	燃油价调整附加费	短期内的燃油价格上涨	最常在日线中使用,波斯湾、红海、南美航线也有采用
EBS	Emergency Bunker Surcharge	紧急燃油附加费	在已征收燃油附加费时,燃油价格又突然上涨	澳新线和日线
EBA	Emergency Bunker Additional	紧急燃油附加费	在已征收燃油附加费时,燃油价格又突然上涨	非洲、中南美航线
CAF/CAS	Currency Adjustment Factor/ Currency Adjustment Surcharge	货币贬值附加费	计收运费的货币贬值	大多数航线,如欧洲、地中海、黑海航线等
YAS	Yen Adjustment Surcharge	日元贬值附加费	日元升值所造成承运人收益损失	日本航线
PCS	Port Congestion Surcharge	港口拥挤附加费	因港口拥挤,船舶抵港后需长时间等待	通常在以色列、印度某些港口及中南美航线使用
THC	Terminal Handing Charge	码头操作费	装运港和目的港,集装箱从堆场或场站至船舱搬移期间所产生的作业费用	2002 年开始在我国对货主征收,在某些主要贸易国家也存在,但存在争议。
SPS	Shanghai Port Surcharge	上海码头费	港口作业费,不再收取 THC	上海至美线出口时,船挂上海港九区、十区收
CIC	Container Inbalance Charge	集装箱不平衡附加费/设备管理费	航线两端国家或地区的贸易额不平衡	常见于东南亚航线

续表

缩写	英文全称	中文名称	适用情形	适用航线
ORC	Original Receiving Charge	本地收货费用	港口作业费，不再收取 THC	广东、广西、云南等出口到美线的港口
DDC	Destination Delivery Charge	目的地交货费	目的地港口作业费	常用于美加线
PSS	Peak Season Surcharge	旺季附加费/高峰附加费	每年运输旺季时加收	大多数航线
GRI	General Rate Increase	整体费率上调	通常从每年某月开始，承运人将所有费率上调一定的幅度	一般是南美线、美国航线
AMS	Ams Automatic Manifest System	自动舱单系统录入费	向美国海关申报货物舱单时加收	用于美加线
ISPS	International Ship and Port Security	国际船舶与码头安全费	港口执行 ISPS 规则，所加收的港口安全设施费用	大多数航线
WRS	War Risk Surcharge	战争险附加费	船舶经过的航线或挂靠港具有战争危险，承运人投保战争险	爆发战争的航线或港口
SCS	Suez Canal Surcharge	苏伊士运费附加费	船舶经过苏伊士运河	
PTF/PCTF/PNC/PCS	Panama Transit Fee/ Panama Canal Transit Fee/ Panama Charge /Panama Canal Surcharge	巴拿马运河附加费	船舶经过巴拿马运河	美国航线、中南美航线
	Direct Additional	直航附加费	货物不经过转船直接运抵非基本港	美加线
	Deviation Surcharge	绕航附加费	正常航线受阻，船舶绕道航线	
	Transhipment Surcharge	转船附加费	货物在中途港换装另外船舶运输	
	Optional Surcharge	选港附加费	选择卸货港时产生的费用	
	Alteration of Discharging Port Additional	变更卸货港附加费	变更卸货港时产生的费用	
	Long Length Additional	超长附加费	单件货物外部尺寸超过规定标准（一般为 9 米）	

续表

缩写	英文全称	中文名称	适用情形	适用航线
	Heavy Lift Additional	超重附加费	单件货物毛重超过规定标准(一般为5吨)	
	Additional for Excess of Liability	超额责任附加费	托运人要求承运人承担超过提单规定的赔偿责任限额,按FOB价格百分比加收	

附加费的种类繁多,不同航线所适用的附加费不尽相同,即使是同一航线,不同船公司所规定的附加费也可能不太一样,因此,在具体的海运运费报价和结算业务中,应详细了解海运货物的运费组成,尤其是附加费加收情况,对不同航线上常收取的附加费应了然于心。

三、全球主要航线的运价结构

全球主要航线的运价结构如表 2-4 所示。

表 2-4 全球主要航线的运价结构

航线	航线主要运价结构	备注
欧地线	O/F+BAF+CAF	
美东线	O/F+ORC+AMS+DOC+BUC+IFC+PNC+CAS+PSS	BUC:Bunker Charge,美国出口货物的燃油附加费 IFC:Inland Fuel Charge,内陆燃油附加费
美西线	O/F+ORC+AMS+DOC+BUC+IFC+ACC+CAS+PSS	ACC:Alameda Corridor Charge,走廊附加费、艾美达走廊费、绿色通道费、火车通道费,到达美加内陆点的货物,通常为到付,向收货人收取
东南亚	O/F+EBS+CIC+THC	
南非线	O/F+THC(ORC)+DOC	DOC:Document Transfer Fee,文件费,按 per B/L(即每套提单)加收
南美洲线	O/F+THC(ORC)+DOC	
澳洲线	O/F+THC+DOC	
新西兰线	O/F+THC+DOC	

【例】表 2-5 为部分船公司 2017 年 3 月份从上海到北美线的海运报价表,请指出各航线的运费构成。

表 2-5 海运报价表

船公司	目的港	O/F(USD/箱)			文件费(CNY/票)	订舱费(CNY/箱)			封志费(CNY/箱)	设备交接单费(CNY/箱)	发货港码头操作费(CNY/箱)			AMS(USD/票)	电放费(CNY/票)
		20GP	40GP	40HQ		20GP	40GP	40HQ			20GP	40GP	40HQ		
APL	NEW YORK	2 800.00	3 400.00	3 400.00	550.00	250.00	390.00	390.00	40.00	50.00	790.00	1 185.00	1 185.00	30.00	350.00
COSCO	PRINCE RUPERT	1 700.00	1 900.00	1 900.00	500.00	220.00	335.00	465.00	30.00	50.00	790.00	1 185.00	1 185.00	30.00	300.00
COSCO	NEW YORK	2 400.00	2 950.00	2 950.00	500.00	220.00	335.00	465.00	30.00	50.00	790.00	1 185.00	1 185.00	30.00	300.00
COSCO	LOS ANGELES	1 300.00	1 600.00	1 600.00	500.00	220.00	335.00	465.00	30.00	50.00	790.00	1 185.00	1 185.00	30.00	300.00
COSCO	LONG BEACH	1 300.00	1 600.00	1 600.00	500.00	220.00	335.00	465.00	30.00	50.00	790.00	1 185.00	1 185.00	30.00	300.00
MAERSK	NEW YORK	2 700.00	3 300.00	3 300.00	540.00	250.00	390.00	390.00	40.00	50.00	790.00	1 185.00	1 185.00	30.00	340.00
MSC	TACOMA	1 400.00	1 700.00	1 700.00	500.00	250.00	390.00	390.00	40.00	50.00	790.00	1 185.00	1 185.00	30.00	300.00
MSC	NEW YORK	2 750.00	3 350.00	3 350.00	500.00	250.00	390.00	390.00	40.00	50.00	790.00	1 185.00	1 185.00	30.00	300.00
OOCL	TACOMA	1 300.00	1 600.00	1 600.00	450.00	250.00	390.00	390.00	40.00	50.00	790.00	1 185.00	1 185.00	30.00	300.00
OOCL	NEW YORK	2 500.00	3 100.00	3 100.00	450.00	250.00	390.00	390.00	40.00	50.00	787.00	1 181.00	1 181.00	30.00	300.00
OOCL	LONG BEACH	1 300.00	1 600.00	1 600.00	450.00	250.00	390.00	390.00	40.00	50.00	787.00	1 181.00	1 181.00	30.00	300.00

四、海运费的计算

早期的班轮运费以散杂货为主，当时船公司大多使用等级运价表，该表前部列有常用商品等级表，不同的商品有不同的等级，每一等级有一基本费率，一般分为 20 个等级，一级运费最低，二十级运费最高。在等级表后列有各航线的费率，同时附有计收标准及各种附加费；20 世纪后期，班轮运输多以集装箱运输为主。采用集装箱运输时，杂货班轮运费的计算方法也曾被用于计算集装箱货物，但行业中更趋向于采用包箱费率计算而不考虑货物的级别和种类。

（一）集装箱班轮运费

集装箱班轮运费的计算包括整箱运费和拼箱运费。整箱运费多采用包箱费率，也称“均一费率”。采用包箱费率计算集装箱基本运费时，只需要根据具体航线、货物等级及箱型、尺寸所规定的费率乘以箱数即可。

【例】小邱收到一客户询价，称有一批重 22 吨的货物拟以 FCL 的方式运往荷兰，该批货物需要用 100 个圆桶分装，每个桶的高 1 米，直径 0.54 米，欧地线运价表如表 2-6所示。试求基本运费。

表 2-6 中远海运欧地线运价

航线	代码	装货港	船期	基本港	运价
欧洲基本港	NE1	厦门	周一	ROT/HAM/FEL	1 200/2 300/2 400
	NE2	厦门	周四	HAM/ROT/LEH	1 200/2 300/2 400

注：以上运价不含附加费 BAF：USD500/TEU。

解答：

体积$=3.24\times0.27^2\times1\times100=23.6196$（立方米），重量＝22 吨，需要一个 20 尺集装箱。

货物运往荷兰，选择鹿特丹港，NE1 线。

运费＝基本运费＋附加费$=1\ 200+500=1\ 700$（美元）

（二）散杂货及拼箱运费

1.等级运费的计算

（1）计费标准

①按货物重量（Weight）计算，用“W”表示。如以 1 公吨（1 000 千克）、1 长吨（1 016 千克）或 1 短吨（907.2 千克）为一个计算单位，也称重量吨。

②按货物尺码或体积（Measurement）计算，用“M”表示。如以 1 立方米（约合 35.3147立方英尺）或 40 立方英尺为一个计算单位，也称尺码吨或容积吨。

③按货物重量或尺码，选择其中收取运费较高者计算运费，用“W/M”表示。在运价表中，重量吨及尺码吨统称“运费吨”。

④按货物 FOB 价收取一定的百分比作为运费，称从价运费，用“AD，Valorem”或

"AD.VAL"表示。

⑤按货物重量或尺码或价值，选择其中收费较高者计算运费，用"W/M or AD. VAL"表示。

⑥按货物重量或尺码选择其高者，再加上从价运费计算，用"W/M plus AD.VAL"表示。

⑦按每件为一单位计收。起码运费按"每提单"计收。

(2)计算公式及步骤

①根据货物积载，确定计费单位(重量吨或尺码吨)。

②根据拼箱运价表，确定单位运价。

③从附加费表中查出所有应收(付)的附加费项目和数额(或百分比)及货币种类。

④根据基本运价和附加费算出实际运费，公式为：

运费＝(基本运价＋附加费)×总运费吨

【例】某班轮从厦门向伦敦出口一批茶叶，重量为10吨，体积为18立方米，费用如表2-7所示，求总运费。

表2-7 费用表

货物名称	等级	计费标准	航线等级运价	港口附加费	燃油附加费
TEA	8	W/M	105美元/吨	8美元/英尺	20%

解答：

基本运费＝105×18＝1 890(美元)

附加运费＝8×18＋1 890×20%＝522(美元)

总运费＝1 890＋522＝2 412(美元)

2.主要贸易术语之间的换算

在计算集装箱运费时，经常会涉及FOB、CFR、CIF三者价格的换算，换算公式如下(投保加成一般为110%)：

(1)FOB价换算为其他价

CFR价＝FOB价＋国外运费

CIF价＝(FOB价＋国外运费)/(1－投保加成×保险费率)

(2)CFR价换算为其他价

FOB价＝CFR价－国外运费

CIF价＝CFR价/(1－投保加成×保险费率)

(3)CIF价换算为其他价

FOB价＝CIF价×(1－投保加成×保险费率)－国外运费

CFR价＝CIF价×(1－投保加成×保险费率)

【例】某货物经厦门港运到安特卫普港,货物 CIF 价格为 50 000 美元,运价为 2%,保险费率为 5%,试求从价运费。

解答:

先将 CIF 转化为 FOB:

CIF=FOB+I+F

CIF=FOB+CIF×110%×5%+FOB×2%

FOB=46 323.5 美元

从价运费=FOB×2%=46 323.5×2%=926.47(美元)

小贴士

货代业务报价

报价环节直接关系到货代业务是否成功以及该笔业务的利润。在磋商过程中要注意方法和技巧:

①向船公司询价。在询价过程中,一级代理和二级代理不一样。二级代理可以通过一级代理了解运价;一级代理可以直接向船公司询价,若并未和该船公司建立合作关系,也可以找该船公司的一级代理询价。询价过程中要了解船公司的资源,比如优势航线。

②进行费用核算。根据船公司的报价进行各条可行航线的费用核算。

③向货主报价。结合企业对不同航线的利润要求,向货主提供方案和相应报价。

④业务磋商。业务磋商包括与货主磋商和与船公司磋商,通过磋商进一步了解货主的预期,再结合货物情况向船公司争取实质性的优惠。

⑤达成合作意向。

◆ 任务二 ◆ 国际海上货运代理业务——操作

任务导入

邱丹红在销售部虽然未能实现自我突破，却也是历经了一番“磨炼”，对国际海上货运代理的业务操作流程也已非常熟悉。按照原计划，她即将在操作部进行轮岗实习。面对一票票不同的货物，操作人员应如何进行具体的安排与协调，才能安全无误地将货物送到收货人手中呢？

任务分析

操作部门是业务的服务平台，具有十分重要的作用。操作岗的工作质量直接影响了公司业务的稳定和发展，良好的操作能够维护客户、吸引客户。操作人员的工作细致而烦琐，其中最主要的工作就是将客户资料进行整理，确保资料准确，保证货物顺利、及时出运。而这中间最重要的环节就是订舱、核对报关资料、安排车队和核对提单。一名合格的操作人员除了应具备熟练的业务操作外，还应有良好的沟通、协调及应变能力。

任务实施

模块一 集装箱基本知识

学习思考：常用的集装箱有哪些规格？

集装箱是一种货物运输设备，便于使用机械进行装卸，可长期反复使用，也称作“货箱”或“货柜”。使用集装箱大大提高了货物装卸与运输的效率。作为一名货运代理从业人员，无论从事何种运输方式的代理业务，集装箱基本知识的掌握都是不可或缺的。

一、集装箱的尺寸

集装箱种类有很多，最常使用的是 20 英尺标准集装箱、40 英尺标准集装箱和 40

英尺高箱三种，选取时主要考虑装载货物的数量和体积。

1.常用集装箱的外部尺寸

20英尺干货集装箱(20GP)，简称20尺小柜，以及20英尺冷藏集装箱(20RF)，外尺寸均为6.058米×2.438米×2.591米(20英尺×8英尺×8英尺6英寸)，一般配装重货。

40英尺干货集装箱(40GP)，简称40尺大柜，以及40英尺冷藏集装箱(40RF)，外尺寸均为12.192米×2.438米×2.591米(40英尺×8英尺×8英尺6英寸)，一般配装轻泡货。

40英尺加高集装箱(40HQ)，简称40尺高柜，以及40英尺冷藏高箱(40RH)，外尺寸均为12.192米×2.438米×2.896米(40英尺×8英尺×9英尺6英寸)，也适合配装轻泡货。

2.常用集装箱的内部尺寸

常用集装箱的内部尺寸如表2-8所示。

表2-8 常用集装箱的内部尺寸

度量项目	20英尺集装箱		40英尺集装箱		40英尺加高集装箱	
	干货箱	冷藏箱	干货箱	冷藏箱	干货箱	冷藏箱
长(米)	5.898	5.444	12.032	11.583	12.032	11.583
宽(米)	2.352	2.284	2.352	2.284	2.352	2.284
高(米)	2.393	2.267	2.393	2.250	2.698	2.556
体积(立方米)	33.20	28.40	67.60	59.80	76.30	67.90
载重量(吨)	21.74	21.135	26.75	26.58	26.56	26.38

知识链接

何谓TEU

所谓TEU，是英文Twenty-feet Equivalent Unit的缩写。它是以长度为20英尺的集装箱为国际计量单位，也称国际标准箱单位。通常用来表示船舶装载集装箱的能力，也是集装箱和港口吞吐量的重要统计、换算单位。一个20尺集装箱就是1个TEU，40GP和40HQ都各算两个TEU。

二、集装箱的种类

常用集装箱类型如表2-9所示。

表 2-9 常用集装箱类型

集装箱类型	适用范围
通用集装箱(Dry Cargo Container,DC),又叫干货集装箱	使用范围极广,用于运输无温度要求的件杂货,通常为封闭式
冷藏集装箱(Refrigerated Container,RF),又叫冻柜	装运需冷冻或需保持一定温度的货物
散货集装箱(Solid Bulk Container,BC)	适用于装载粉状或粒状货物,除了有箱门外,在箱顶还设有2～3个装货口
罐式集装箱(Tank Container,TK)	专门用于装运液体货物,由罐体和箱体框架两部分组成
超高集装箱(HC/HQ),又叫高箱、高柜	分干货高箱、冷高箱,长、宽和普通箱一样,高度比普通箱高1英尺
开顶集装箱(Open Top Container,OT),又叫敞顶集装箱	装运较重、较大、不宜在箱门掏装而需要吊装的货物,没有刚性箱顶,但有可折式顶梁支撑的帆布、塑料布等制成的顶篷
框架式集装箱(Flat Rack Container,FR)	装运笨重、大件货物,没有箱顶和侧壁,甚至有的连端壁也去掉,只有底板和四个角柱
挂式集装箱(Dress Hanger Container)	顶部有一排排的横杆,适合挂装服装类商品,避免衣物褶皱
其他专用集装箱	装运有特殊要求的其他货物,如毒品、危险品等

三、集装箱货物的交接

1.整箱货与拼箱货

从收货人和发货人的角度理解,整箱货(Full Container Load,FCL)即集装箱内的货物为一个货主所有;拼箱货(Less Than Container Load,LCL)指两个及两个以上的货主将各自不足一个整箱的货物拼装在一个集装箱内。

从承运人的角度理解,整箱货指由货方负责装箱和计数并填写装箱单并加封志的集装箱货物,通常只有一个发货人和收货人;拼箱货指由承运人的集装箱货运站负责装箱和计数并填写装箱单并加封志的集装箱货物,通常涉及多个发货人和收货人。

2.集装箱堆场(Container Yard)

交接和保管空箱和重箱的场所,也是集装箱换装运输工具的场所,分为集装箱前方堆场、集装箱后方堆场、空箱堆场三种。

集装箱前方堆场在码头前方,是为加速船舶装卸作业而暂时堆放集装箱的场地。其作用是在集装箱船到港前,有计划、有秩序地按积载要求将出口集装箱整齐地集中堆放,卸船时将进口集装箱暂时堆放在码头前方,以加速船舶装卸作业。

集装箱后方堆场，是集装箱重箱或空箱进行交接、保管和堆存的场所，是集装箱装卸区的组成部分，也是集装箱运输“场到场”交接方式的整箱货办理交接的场所。

空箱堆场，是专门办理空箱收集、保管、堆存或交接的场地。它是专为集装箱装卸区或转运站堆场不足而设立的。该堆场不办理重箱或货物交接。

3.集装箱货运站(Container Freight Station)

拼箱货交接和保管的场所，也是拼箱货装箱和拆箱的场所，一般应具备设施完善的库房和装卸设备。集装箱堆场和货运站也可以同处于一处。集装箱货运站如图 2-1 所示。

图 2-1　集装箱货运站

4.集装箱货物的交接方式与地点

集装箱货物在流转过程中，有整箱货和拼箱货两种流通形态，因此货物在起运港和目的港的交接方式有以下四种：

①整箱交、整箱接(FCL/FCL)：货主在工厂或仓库把装满货后的整箱交给承运人，收货人在目的地同样整箱接货，换言之，承运人以整箱为单位交接货物。货物的装箱和拆箱均由货方负责。

②拼箱交、拆箱接(LCL/LCL)：货主将不足整箱的小票货物在集装箱货运站交给承运人，由承运人负责拼箱和装箱。整箱运到目的地货运站后，由承运人负责拆箱，拆箱后，收货人凭单接货。货物的装箱和拆箱均由承运人负责。

③整箱交、拆箱接(FCL/LCL)：货主在工厂或仓库把装货后的整箱交给承运人，在目的地的集装箱货运站由承运人负责拆箱后，各收货人凭单接货。

④拼箱交、整箱接(LCL/FCL)：货主将不足整箱的小票货物在集装箱货运站交给承运人。由承运人根据货物性质和目的地进行分类整理，把同一收货人的货集中拼装成整箱，运到目的地后，承运人以整箱交付，收货人以整箱接收。

此外，交接地点为承运人与货方划分责任风险和费用的地点，一般由运输合同规定，故也可作为交接方式的划分标准。目前集装箱运输中货物的交接地点主要有门(Door)、集装箱堆场(CY)和集装箱货运站(CFS)。其中，门指的是双方约定的地点，一般为发货人的工厂或仓库。根据集装箱货物的交接地点不同，集装箱货物的交接方式有以下九种：

门到门(Door to Door)，发货人在工厂或仓库，将由他负责装箱的集装箱交承运人验收，承运人负责将集装箱运至收货人的工厂或仓库交箱。

门到场(Door to CY)，从发货人的工厂或仓库，将集装箱运至目的地港的堆场交接。

门到站(Door to CFS)，从发货人的工厂或仓库，将集装箱运至目的地或卸货港的集装箱货运站交接。

场到门(CY to Door)，从装箱港的集装箱装卸区的集装箱后方堆场，将集装箱运至收货人的工厂或仓库交接。

场到场(CY to CY)，从装箱港的集装箱堆场将集装箱运至目的港的集装箱堆场交接。

场到站(CY to CFS)，从装箱港的集装箱堆场将集装箱运至目的港的集装箱货运站交接。

站到门(CFS to Door)，从起运地或装箱港的集装箱货运站，将集装箱运至收货人的仓库或工厂交接。

站到场(CFS to CY)，从起运地或装箱港的集装箱货运站，将集装箱运至目的地或卸货港集装箱装卸区的集装箱后方堆场交接。

站到站(CFS to CFS)，从起运地或装箱港的集装箱货运站，将集装箱运至目的港的集装箱货运站交接。

从上述分析中不难看出，门、堆场主要是整箱货(FCL)的交接场所；货运站主要是拼箱货(LCL)的交接场所，由此可大致划分出整箱货和拼箱货的交接方式(如图 2-2、图 2-3 所示)。

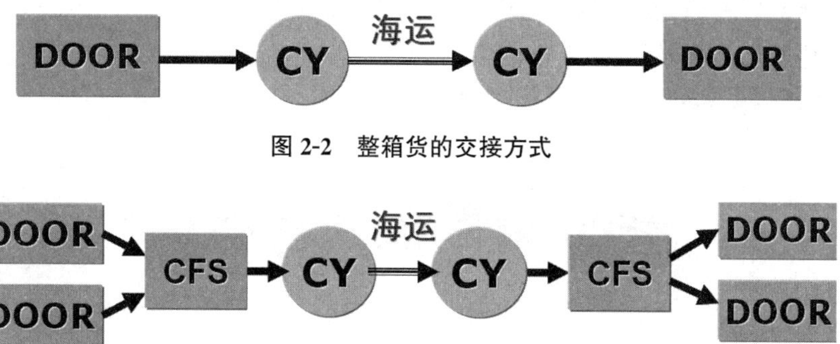

图 2-2　整箱货的交接方式

图 2-3　拼箱货的交接方式

小贴士

集装箱配载的计算方法

在集装箱配载时，要选择合适的箱型，综合考虑货物的包装、重量、体积等因素进行合理的计算。既要做到箱容利用率的最大化，又要考虑货物本身的特点。

1.计算所需集装箱数量

在实践中，货运代理人和货主需要对托运货物进行合理计算，估算所需的集装箱数量。

①判断货物是轻货还是重货。货物密度大于集装箱单位容重，则为重货，反之则为轻货。

$$货物密度=\frac{货物质量(千克)}{体积(立方米)};$$

$$集装箱单位容重=\frac{集装箱最大载重量(千克)}{集装箱有效容积(立方米)}。$$

②计算所需集装箱数量：

$$若货物为重货，集装箱数量=\frac{货物重量(千克)}{集装箱最大载重量(千克)};$$

$$若货物为轻货，集装箱数量=\frac{货物总体积(立方米)}{集装箱有效容积(立方米)}。$$

2.计算最大包装数量

在实践中，货主和货物代理人还需要对每个箱型的最大装货量有一定了解，以便使集装箱利用率最大化。

3.集装箱配载时应注意的问题

使用集装箱时，要将分散的普通件杂货装于箱内，使之成为一件货物，所以装箱时应注意：

①箱内的货物配载。不能把不应放在同一箱内的货物放在一起。

②积载，即重货在下，轻货在上。

③隔垫，即不同货物用物料隔开。

④有特殊要求的货物应按要求进行特殊处理。

模块二　国际海运出口代理流程

学习思考：一个操作员在处理海运出口业务时应从哪一步着手做起？

一、建立委托关系

很多新手操作员(OP)认为订舱是开展出口货代业务的第一环节，然而实际上，操作员在开展订舱操作之前首先应确认是否已经和客户签订好委托书，方可进行下一步骤。

当双方建立国际货运代理委托关系时，客户应制作海运出口货物代理委托书（简称委托书）给公司，操作员收到客户的委托书后应认真审查，如果有无法满足的条件应立即与客户沟通，以免延误船期，并应根据委托书的内容进行货物出口运输安排。

委托书没有固定的格式，但通常必须具备以下内容：

收货人、通知人；商品名称（中英文）、唛头、货物件数、包装、毛重、尺码；起运港、目的港、中转港、装运期限、配载要求、货物交运日期以及交运方式、可否分批装运；集装箱类别、数量以及装箱或提箱要求；运费、运费结算方式（预付、到付金额）；其他特殊事项（例如危险品、冷冻货的特殊说明）；提单记载事项（如提单发货人、收货人、通知人、正本份数以及信用证要求）等。如果客户需要，公司可以向货主提供其公司事先制定的空白委托书（如表 2-10 所示）。

在填写委托书时，需注意：

①委托书编号：是客户和公司商定的对口编号，若没有委托书号，则一般填写发票号。

②运费结算方式：如果是使用 CIF 或 CFR 贸易术语出口，一般均在运费预付栏填“是”或“YES”或“Y”等字样，并在到付栏填“否”或“NO”或“N”等字样，不可漏列，否则收货人会因运费问题提不到货。虽然收货人可以在目的港查清运费情况，但是如果因此拖延提货时间，将会造成损失。如使用 FOB 贸易术语出口，则在运费预付栏填“否”或“NO”或“N”等字样，在到付栏填“是”或“YES”或“Y”等字样，除非收货人委托发货人代为垫付运费。

③唛头：唛头即运输标志，通常是照国际货物买卖合同的约定填写，应与提单一致，使用信用证结算时要符合信用证的规定。如无唛头时，应注“No Mark”或“N/M”。如果是裸装货则注明“NAKED”，散装货注明“In Bulk”。

④货物的件数、数量：分别填写货物的外包装数量与销售数量，例如：糖果 1800 包分装成 100 箱，则是“100 CARTONS”“1800 PC”。

⑤货物的总体积：按照货物的实际情况填写，一般以立方米（CBM）为单位，除非合同或信用证另有规定。

表 2-10　海运出口货物委托书样本

<table>
<tr><td>委托书编号：</td><td rowspan="2">合同号</td><td rowspan="2"></td><td rowspan="2">提单号</td><td rowspan="2"></td></tr>
<tr><td>委托日期：</td></tr>
<tr><td rowspan="2">根据《中华人民共和国合同法》与《中华人民共和国海商法》的规定，就出口货物委托运输事宜订立本合同</td><td>银行编号</td><td></td><td>信用证号</td><td></td></tr>
<tr><td>开证银行</td><td colspan="3"></td></tr>
</table>

续表

<table>
<tr><td rowspan="2">发货人</td><td>付款方式</td><td colspan="3"></td></tr>
<tr><td>贸易性质</td><td></td><td>贸易国别</td><td></td></tr>
<tr><td rowspan="2">收货人</td><td>运输方式</td><td></td><td>消费国别</td><td></td></tr>
<tr><td>装运期限</td><td></td><td>出口口岸</td><td></td></tr>
<tr><td rowspan="3">通知人</td><td>有效期限</td><td></td><td>目的港</td><td></td></tr>
<tr><td>可否转运</td><td></td><td>可否分批</td><td></td></tr>
<tr><td>运费预付</td><td></td><td>运费到付</td><td></td></tr>
</table>

<table>
<tr><td>标志唛头</td><td>货名规格</td><td>件数</td><td>数量</td><td>毛重</td><td>净重</td><td>单价</td><td>总价</td></tr>
<tr><td></td><td></td><td></td><td></td><td></td><td></td><td></td><td></td></tr>
</table>

<table>
<tr><td rowspan="6">注意事项：</td><td>总体积</td><td colspan="2"></td></tr>
<tr><td rowspan="3">保险单</td><td>险别</td><td></td></tr>
<tr><td>保额</td><td></td></tr>
<tr><td>赔偿地点</td><td></td></tr>
<tr><td>海关编号</td><td colspan="2"></td></tr>
<tr><td>制单员</td><td colspan="2"></td></tr>
</table>

委托人：　　　　　　　　　　受托人：

名称：　　　　　　　　　　　名称：

电话：　　　　　　　　　　　电话：

传真：　　　　　　　　　　　传真：

委托代理人：　　　　　　　　委托代理人：

订舱前操作员需从货主提供的包括委托书等资料中获取的信息包括：

①关于当事人的信息：发货人、收货人、通知人。

②关于商品的信息：商品名称、货物描述(包括唛头、规格、件数、重量、体积)、危险品、冷藏货物的特殊说明。

③港口信息：装货港、卸货港、目的港、中转港。

④装运信息：装运期限、集装箱类型和数量[特种柜需要详细的货物尺寸(长×宽×高)、毛重、体积等]、货物交运日期、交运方式、是否有指定船公司、可否转运或分批。

⑤单证要求：提单的类型及份数。

⑥其他要求：是否要求申请目的港的 N 天免柜期(一般 7～14 天)。

知识链接

免柜期(Free Time)

在订舱时,一般都要帮货主向船公司申请免柜期。一般情况下,在目的港的免柜期为7天,申请14天船公司一般都会批,申请21天除非是稳定客户或船公司在港的柜子数量较多才有可能获批。一旦超过这个时间,船公司会开始收取滞柜费。

所谓Free Time,包含了Free Demurrage和Free Detention两种情况。

Free Demurrage是货物抵港后集装箱在码头内的免柜期,指集装箱在承运人或其代理人控制掌管下的集装箱超期使用费,通常指收货人清关提货前在目的地码头或堆场发生的集装箱超期使用费,从货柜卸到码头开始计算,直到货柜被提出码头止。

Free Detention是货物抵港后集装箱拖离码头后的免柜期,指集装箱在收货人掌管之下的集装箱超期使用费,即因收货人清关后将集装箱提出堆场或码头而没在规定时间内返还空箱而产生的费用(从货柜提出码头开始计算,到空柜返回码头止)。

二、订舱

订舱(Booking),顾名思义,就是根据客户需求向船公司或船代预定舱位并获得对方确认的过程。当然,若货物的数量较大,可能需要申请租下整条船或几个船舱,这样就需办理“租船业务”。

在租船业务中,需与承运人签订租船合同,租船合同的制定应根据租船形式来确定:常用的航次租船合同多采用金康(GENCON)、SCANCON、巴尔的摩C式;常用的期租合同有波尔的姆(BALTIME)、“土产格式”(NYPE Form)、SINOTIME等;光船租赁合同的标准合同格式中,较为突出的是标准光船租赁合同(BARECON)。BARECON有A、B两种格式,A格式用于一般的船舶经营租赁,B格式用于通过抵押融资的新建船舶的租赁,A、B格式中均有船舶租购方面的规定,供当事人自由采用。如表2-11所示。

表 2-11 租船形式与租船合同

租船形式	合同格式名称	租约代码	制订机构	说明
航次租船 Voyage Charter	统一杂货租船合同 Uniform General Charter	金康(GENCON)	波罗的海国际航运公会	1922 年制订，经过 1976 年和 1994 年两次修订，1994 年版与 1976 年相比，更加为船东的利益着想
	斯堪的纳维亚航次租船合同 Scandinavian Voyage Charter Party	SCANCON	波罗的海国际航运公会	1956 年制订并经 1962 年修改
	谷物泊位租船合同 Berth Grain Charter Party	巴尔的摩 C 式(Baltimore Form C，BFC)	北美粮食出口协会、伦敦北美托运人协会以及纽约土产交易所联合制订	普遍使用的是 1974 年的修订本
定期租船 Time Charter	统一定期租船合同 Uniform Time Charter	波尔的姆(BALTIME)	波罗的海国际航运公会	使用的多是 1974 年修订格式 很多条款上比较维护船东的利益
	定期租船合同 Time Charter Party	ASBATIME 或称“土产格式”(NYPE Form)	纽约土产交易所 New York Produce Exchange	1913 年制订，后经 1921 年、1931 年、1946 年、1981 年和 1993 年五次修订，并经美国政府批准使用，故又称“政府格式”
	中租期租船合同 China National Chartering Corporation Time Charter Party	SINOTIME	中国租船公司	1980 年制订的专供中国租船公司使用的自备范本
光船租赁 Bareboat Charter	标准光船租赁合同 Standard Bareboat Charter	BARECON	波罗的海国际航运公会	目前普遍使用的是 2001 版

当然，货物量大到需要"包船"的毕竟是少数，而在常见的集装箱运输业务中，托运人与承运人通常不签订书面海上货物运输合同，而是以提单代表双方的运输合同关系，提单背面的条款即为合同条款。订舱的两种情况如图 2-4 所示。

图 2-4 订舱的两种情况

(一)订舱操作

随着信息技术的发展，目前订舱基本实现了无纸化操作，操作员(OP)可在船公司或船代的电子商务网站上在线查阅船期表，完成订舱信息的填写和提交。如表 2-12 所示。

表 2-12 船期表阅读时所需明确的关键词

船期表关键词	所代表的意义
ETA	预计到港时间 Estimated Time of Arrival
ETD	预计离港时间 Estimated Time of Departure
ETS	预计开航时间 Estimated Time of Sailing
ETB	预计靠泊时间 Estimated Time of Berthing
Booking Closing	截单期，即船舶接受订舱的最后日期
CY Open Date	堆场提取集装箱空箱的日期
CY Closing Date	堆场停止接收某航次船舶集装箱的时间
Closing Date/Customs Submission	报关放行的截关时间
SI Cutoff Time	将补充资料传送给船公司或船代的最晚时间
SI AMS Cutoff Time	专用于出口到美国的货物，船公司向美国海关提供补充资料的截止时间

各家船公司在线订舱需填写的内容稍有差别，但主要信息基本一致，常见的包括：BOOKING NUMBER(订舱号码)、VESSEL/VOYAGE(船名/航次)、PLACE OF RECEIPT(接货地)、PORT OF LOADING(装货港)、PORT OF DISCHARGE(卸货港)、PLACE OF DELIVERY(目的地)、CY CUT(截关时间)、ETD(预计开船时间)、ETA(预计到港时间)、CY S/I(截补料时间)、CUSTOMER(订舱客户)、SHIPPER(发货人)、CONSIGNEE(收货人)、SERVICE TYPE/MODE(运送方式/形态)、COM-

MODITY(货物名称)、GWT(货物毛重)、QTY/TYPE(柜量/柜型)、EMPTY PICK UP AT(提柜地)、FULL RETURN TO(还柜地)、REMARKS(备注)等。

1.订舱时间

一般货物最早可在船舶开航日期前10天订舱,超过10天的订舱可能被视为无效,但是马士基(MSK)可以接受提前2周的订舱。正常情况下,只要船公司接受订舱,会在0.5～1个工作日内放舱位,发送订舱确认函给货运代理人。

2.订舱地点

在国际贸易业务中,如果进出口双方采用CIF贸易术语成交,就由出口商负责办理货物的出口运输业务与海运货物运输保险,那么订舱工作就在出口地进行。

如果进出口双方采用FOB贸易术语成交,则货物出口运输是由进口商负责,订舱工作由进口商在卸货地办理,这种方式叫作"卸货地订舱"。采用这种方式时,通常因进口商难以掌握货物装运的准确情况,而委托出口商在出口地进行实际订舱工作,但承运人仍由进口商指定,因此,也将这种装运的货物称为"指定货"。在实际业务中,即使采用FOB贸易术语成交,大部分进口商也会委托出口商在出口地代为办理出口运输业务,运费则由进口商在货物运抵目的地后支付,即通常所说的"到付货"。

3.危险品订舱要求

普通货物订舱直接在网站订舱界面按要求操作即可。危险品订舱,则需事先将中英文品名、危险品等级(CLASS)、联合国编号(UN NO.)、箱型、箱量、重量等以电子邮件的形式跟船公司销售确认是否能接运该危险品并询问舱位及价格,待船公司销售确认后,方可订舱。特种箱订舱,也必须提前向船公司提供货物的尺寸、重量、目的港等信息,待船公司确认后,方可订舱。

知识链接

何谓"甩柜"

为了提高船舶满载率,船公司放出的舱位往往多于实际运输船舶拥有的舱位,如果是海运旺季,由于出口货物比较多,船公司会将一部分已经订舱甚至已经完成报关的货物放在下个航次再进行运输,这就是行业中所称的"甩柜"。

(二)订舱确认

订舱后,需要等船公司确认是否可以订舱,也可以在订舱后0.5～1个工作日后电话询问订舱情况。若船公司有舱位配给,船公司会回复订舱确认单(Booking Confirmation)完成订舱操作。订舱确认单中会显示船名、航次、出发港、目的港、预计出发时间、预计到达日期、集装箱类型、货物重量、货物件数、集装箱提箱时间地点、还箱地点等。

(三)排载

在有些地区,出口操作流程中的排载是可以不实施的一个环节,但在厦门地区,这一环节却是约定俗成不可省略的,所以厦门汉连物流有限公司的操作员在订舱完毕收到船公司的配舱回执后,还需要对配舱回执进行确认,这个确认的动作就称为排载。

现在一般会在船代的电子商务网站上做电子排载，排载之后若要更改单证信息就需要缴费。厦门地区的排载单共九联(有的地方使用十联单)：

第一联：集装箱货物托运单货主留底(Booking Note，B/N)，即货主留底联；

第二联：集装箱货物托运单船舶代理企业留底，即船舶代理企业订舱留底联；

第三联：运费通知(1)，第三、第四联的其中一联向出口单位收取运费，另一联货代自己留存；

第四联：运费通知(2)；

第五联：提箱申请书，即提箱联；

第六联附页：缴纳出口货物港务费申请书，即拖车、堆场留底联；

第六联：装货单(Shipping Order)，即报关后船东留底联；

第七联：场站收据副本，即大副联；

第八联：场站收据(Dock Receipt)D/R，即提单联；

第九联：货代留底。

经过核对订舱信息，确认无误后将排载单用针式打印机打印出来的行为，行业中称为“刷单”。目前，在厦门地区的货运代理业务操作中，上述九联单中的部分单证已被电子单证所取代。因此，实际仅用到第二、第六、第七、第八、第九联，其中最核心的单据是第六、第七、第八联，俗称三联单、排载联，目前，很多公司只打印和使用这三联。

三、装货

(一)整箱货装货

装货这一环节中，厦门汉连物流有限公司需要始终与货主、船公司、拖车、码头等保持联系，保证单证的顺利流转，做好各节点的衔接工作。工作内容可归纳成下面八个小点：

①船公司或者船舶代理企业接受订舱申请后，编制订舱确认(Booking Confirmation)给厦门汉连物流有限公司，公司根据订舱确认上的截港时间等信息，与货主确定拖车到达工厂或仓库装货的时间和地点。货主应按约定准备好货物，做好运输包装，并准备必要的装箱设备。

②厦门汉连物流有限公司确定换单的时间和地点后，委托集装箱拖车公司完成出口装箱作业。同时，将装货地址、装货时间、联系人、电话等告知拖车司机，以便做好衔接。操作员要认真、负责地跟踪货物装运的全过程，及时解决装运过程中出现的问题。

③拖车公司接受委托，与货主联系好装货的具体时间，打好派车单，交给调度安排车辆。同时，拖车操作人员持货运代理人提供的订舱确认到船公司或船舶代理企业的箱管部门领取集装箱设备交接单(EIR)。

④箱管部门审核资料的有效性，收取相关费用(换单费和铅封费)，收回订舱确认，打印设备交接单(一箱一单)，连同铅封(一箱一封)交给拖车公司，有些船公司的铅封要在拖车司机提取空箱的时候才提供。

⑤拖车司机开车进入指定的集装箱堆场，凭设备交接单提取空箱。堆场闸口职员

核对设备交接单，并在上面打印上要提走的集装箱的箱号，然后安排堆场理货员准备空箱装车。拖车到堆场指定位置提空箱，司机要认真核对箱号，检查箱体，并确认签字。拖车出闸口时，闸口职员将设备交接单(OUT)第一、第二联留下，第三联交给司机，准予空箱出场。

⑥拖车司机将空箱运到指定的装货地点——一般是货主的工厂或仓库，配合货主装箱，并提供空白的集装箱装箱单(CLP)。货主组织货物装箱，箱门上铅封，缮制装箱单(CLP)。拖车司机将箱号及对应的封铅号一起报给厦门汉连物流有限公司，便于与船东、货主核对。

⑦拖车将重箱运到码头堆场准备装船。拖车司机凭设备交接单(IN)和装箱单进场。堆场闸口职员过磅、核对数据、检查箱体，准予进场，并安排卸车。之后，司机留下设备交接单(IN)第三联，空车出场。

⑧重箱进场后，厦门汉连物流有限公司安排外勤人员持打印好的排载单第六、第七、第八联至码头盖“进场章”(盖在排载单第六联上)。

整个过程中，包括货主、集装箱拖车公司、船公司、集装箱堆场以及厦门汉连物流有限公司在内的五方当事人所参与的工作可以归纳成图 2-5。

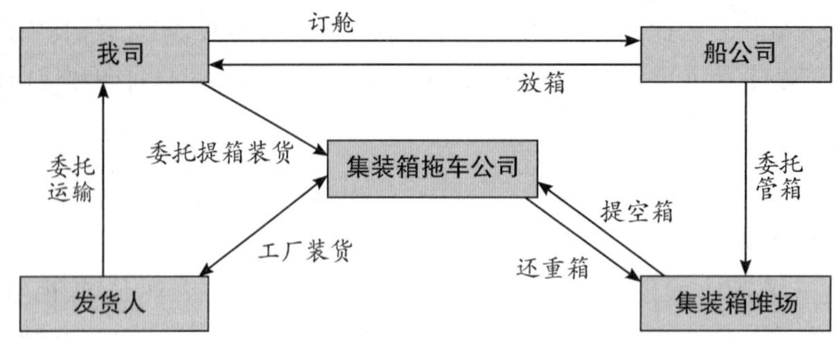

图 2-5 整箱货交货环节各方当事人关系图

1.确定装货方式

由于货主所在地区不同、货物种类不同、装箱条件不同、货主需求不同，选择装货的方式也会有所不同。实践中，最主要的两种装货方式是拖装和场装。拖装，又叫门到门装箱，是最常用的装货方式，即拖车司机提取空箱到指定的装货地点装货，再将重箱送回码头堆场装船；场装，又叫仓装、内装，是货主将货物送到指定的集装箱堆场或货代仓库装箱，再由货代安排将重箱送至码头装船。

2.选取集装箱

首先根据货物的性质选取集装箱类型，常用类型包括通用集装箱(GP)、冷藏集装箱(RF)、罐式集装箱(TK)、超高集装箱(HC/HQ)等。进而根据装载货物的数量和体积，选择集装箱的尺寸，最常使用的是 20 英尺标准集装箱、40 英尺标准集装箱和 40 英尺高箱三种。

3.检查集装箱

(1)空箱检查

集装箱在装载货物之前，必须经过严格检查，以免在运输过程中造成货损或事故。

另外，在货主、拖车司机、集装箱堆场以及其他关系人交接集装箱时，要对箱子进行检查，并以设备交接单等书面形式确认箱子交接时的状态，有助于明确责任，减少争端。

一般应当从以下几方面对集装箱进行检查：

①外部检查：对箱子的外部六面进行查看，判断标志、箱号是否清楚，是否有损伤、变形、破口等异样情况。

②内部检查：对箱子的内侧六面进行查看，检查是否漏水、漏光，有无污点、水迹等。

③箱门检查：查看门是否完好，四周是否水密，门锁是否完整，箱门能否270°开启等。

④清洁检查：箱子内有无残留物、污染、锈蚀异味、水湿。

⑤附属件的检查：检查加固货物的部件，如对框架式集装箱的支柱的状态进行检查；检查特种集装箱的电器装置是否正常，如确定冷藏集装箱能否执行控温并达到预期温度要求，是否有"PTI"标志。

(2)铅封检查

铅封是货物装入集装箱并正确地关闭箱门后，由特定人员施加的类似于锁扣的设备。铅封一旦正确锁上，除非暴力破坏(即剪开)否则无法打开，破坏后的铅封无法重新使用。每个铅封上都有唯一的编号标识——铅封号。只要集装箱外观完整，集装箱箱门正确关闭，铅封正常锁上，就可以证明该集装箱在运输途中未被私自开封，箱内情况由装箱人在装箱时监督负责。因此，整箱货出口需特别注意检查铅封的完整性。

4.制备单证

(1)集装箱设备交接单(Equipment Interchange Receipt，EIR)

集装箱的发放和交接，实行集装箱设备交接单制度，集装箱的提箱、交箱、进场、出场等手续都需要使用设备交接单。用箱人交接单是集装箱进出港区、场站时，用箱人/运箱人与管箱人或其代理人之间交接集装箱及其他机械设备的凭证。当集装箱或机械设备在集装箱码头堆场或货运站借出或回收时，由码头堆场或货运站作为管箱人制作设备交接单，并在管箱人与用箱人检查箱况后，双方签字确认，以证实用箱状况，并分清责任。

设备交接单一式六联，各联内容基本相同，上面三联为出场联(右上角用英文"OUT"标注)在提取空箱时使用，下面三联为进场联(右上角用英文"IN"标注)——在重箱交接时使用，分别为管箱单位(船公司或其代理人)留底联；码头、堆场联；用箱人、运箱人联。一个集装箱号填一套集装箱设备交接单，如图2-6所示。

填制方法如下：

①用箱人/运箱人：填货运代理公司名称全称。

②提箱地点：填集装箱空箱堆成名称。

③集装箱经营人：填船公司名称的英文缩写。

④尺寸/类型：填集装箱箱型，如"40GP"。

⑤状态：出场时在"空箱"前打"√"，进场时在"重箱"前打"√"。

⑥运载工具牌号：填运载该集装箱的集装箱卡车车牌号。

⑦来自地点:填货物的起运地名称,如“日本大阪”。

⑧返回/收箱地点:填码头堆场名称。

⑨免费使用期限:出口集装箱免费使用期限,是指从提取空箱装箱到将重箱返还到码头堆场的期限;进口集装箱的免费使用期限,是指从提取重箱到返还空箱的期限。

⑩出场日期:填去堆场取空箱的时间,精确到分钟。

⑪出场目的:“出场”联填写“装箱”,“进场”联不填。

⑫进场目的:“出场”联不填,“进场”联填写“装船”。

⑬出场检查记录:由堆场工作人员协同货运代理或集装箱卡车司机检查后填写。

集装箱设备交接单
EQUIPMENT INTERCHANGE RECEIPT

OUT出场

No

用箱人/运箱人 (CONTAINER USER/HAULIER)		提箱地点(PLACE OF DELIVERY)	

船名/航次 (VESSEL/ VOYAGE NO.)	提单号 (B / L NO.)	集装箱经营人 (CONTAINER OPERATOR)	集装箱号 (CONTAINER NO.)

铅封号 (SEAL NO.)	尺寸 (SIZE)	类型 (TYPE)	状态(STATUS)	运载工具牌号 (TRUCK,WAGON,BARGE NO.)
			☐ 重箱 ☐ 空箱 FULL EMPTY	

来自地点 (RECEIVED FROM)	返回/收箱地点 (PLACE OF RETURN)	免费使用期限 (FREE TIME PERIOD)	出场日期 (TIME–OUT)
		月 日至 月 日	月 日 时

出场目的 (PURPOSE OF GATE – OUT)	进场目的 (PURPOSE OF GATE – IN)

① 留底

☐ 拆箱 DEVANNING ☐ 重箱装船 FULL FOR LOADING ☐ 检验 INSPECTION ☐ 起租 ON-HIRE ☐ 堆存 STORAGE ☐ 熏蒸 FUMIGATION ☐

☐ 装箱 VANNING ☐ 空箱装船 EMPTY FOR LOADING ☐ 修理 REPAIRING ☐ 退租 OFF-HIRE ☐ 清洗 CLEANING ☐ ☐

出场检查记录 (INSPECTION AT THE TIME OF INERCHANGE)

普通集装箱 (GP CONTAINER)	冷藏集装箱 (RF CONTAINER)	特种集装箱 (SPECIAL CONTAINER)	发电机 (GEN SET)
☐ 正常 (SOUND) ☐ 异常 (DEFECTIVE)	☐ 正常 (SOUND) ☐ 异常 (DEFECTIVE)	☐ 正常 (SOUND) ☐ 异常 (DEFECTIVE)	☐ 正常 (SOUND) ☐ 异常 (DEFECTIVE)

损坏记录及代号 (DAMAGE & CODE)

C 划伤 (CUT) B 擦伤 (BRUISE) H 破洞 (HOLE) D 凹损 (DENT) BR 破损 (BROKEN) M 丢失 (MISSING) DR 污箱 (DIRTY) DL 危标 (DG LABEL)

左侧 (LEFT SIDE) 右侧 (RIGHT SIDE) 前部 (FRONT) 集装箱内部 (CONTAINER INSIDE)

顶部 (TOP) 底部 (FLOOR BASE) 箱门 (REAR)

备注 (REMARKS)

除列明者外,集装箱及集装箱设备交接时完好无损,铅封完整无误。
THE CONTAINER / ASSOCIATED EQUIPMENT INTERCHANGED IN SOUND CONDITION AND SEAL INTACT UNLESS OTHERWISE STATED

用箱人/运箱人/外理签署
(CONTAINER USER / HAULIER'S SIGNATURE/COSTACO)
年 月 日

码头/堆场值班员签署
(TERMINAL/DEPOT CLERK'S SIGNATURE)
年 月 日

图 2-6 集装箱设备交接单

(2)装箱单(Container Load Plan,CLP)

集装箱装箱单(如图 2-7 所示)是详细记载每一个集装箱内所装货物名称、数量、尺码、重量、标志和箱内货物积载情况的单证。整箱货是由货主负责装箱,拼箱货是由集装箱货运站负责装箱,无论哪种情况,都由装箱人负责制作装箱单。

每一个载货的集装箱都要制作一份装箱单。一般集装箱装箱单为一式五联,包括码头联(白色)、船代联(粉红色)、承运人联(蓝色)、发货人联(黄色)、装箱人联(绿色)。填制要点:

①根据场站收据填写,内容应与场站收据保持一致。

②一个集装箱号填一套集装箱装箱单。

③一个集装箱内装不同货物,应按箱子前部到箱门的先后顺序填写。

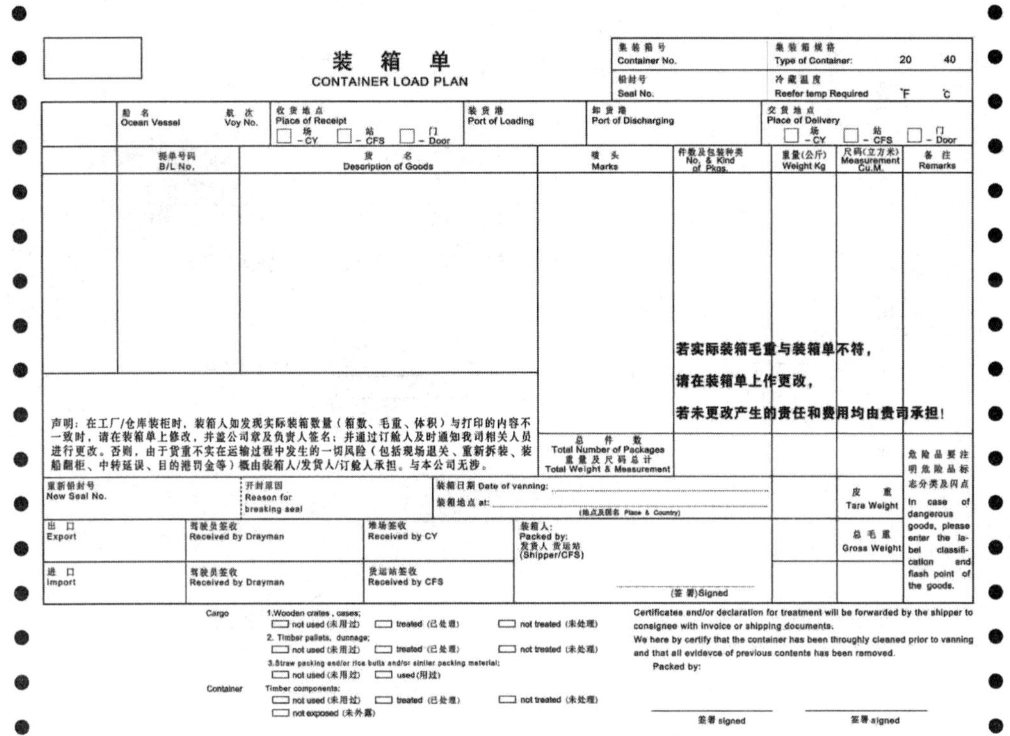

装 箱 单
CONTAINER LOAD PLAN

集装箱号 Container No.	集装箱规格 Type of Container: 20 40
铅封号 Seal No.	冷藏温度 Reefer temp Required ℉ ℃

船名 Ocean Vessel	航次 Voy No.	收货地点 Place of Receipt □场-CY □站-CFS □门-Door	装货港 Port of Loading	卸货港 Port of Discharging	交货地点 Place of Delivery □场-CY □站-CFS □门-Door

提单号码 B/L No.	货名 Description of Goods	唛头 Marks	件数及包装种类 No. & Kind of Pkgs.	重量(公斤) Weight Kg	尺码(立方米) Measurement Cu.M.	备注 Remarks

若实际装箱毛重与装箱单不符,
请在装箱单上作更改,
若未更改产生的责任和费用均由贵司承担!

声明:在工厂/仓库装柜时,装箱人如发现实际装箱数量(箱数、毛重、体积)与打印的内容不一致时,请在装箱单上修改,并盖公司章及负责人签名;并通过订舱人及时通知我司相关人员进行更改。否则,由于货重不实在运输过程中发生的一切风险(包括现场退关、重新拆装、装船翻柜、中转延误、目的港罚金等)概由装箱人/发货人/订舱人承担。与本公司无涉。

总件数 Total Number of Packages
重量及尺码总计 Total Weight & Measurement

危险品要注明危险品标志分类及闪点
In case of dangerous goods, please enter the label classification and flash point of the goods.

重新铅封号 New Seal No.
开封原因 Reason for breaking seal
装箱日期 Date of vanning:
装箱地点 at:
(地点及国名 Place & Country)
皮重 Tare Weight

出口 Export	驾驶员签收 Received by Drayman	堆场签收 Received by CY	装箱人: Packed by: 发货人 货运站 (Shipper/CFS)
进口 Import	驾驶员签收 Received by Drayman	货运站签收 Received by CFS	(签署)Signed

总毛重 Gross Weight

Cargo
1.Wooden crates , cases;
□ not used (未用过) □ treated (已处理) □ not treated (未处理)
2. Timber pallets, dunnage;
□ not used (未用过) □ treated (已处理) □ not treated (未处理)
3.Straw packing and/or rice bulls and/or siniler packing meterial;
□ not used (未用过) □ used (用过)
Container
Timber components;
□ not used (未用过) □ treated (已处理) □ not treated (未处理)
□ not exposed (未外露)

Certificates and/or declaration for treatment will be forwarded by the shipper to consignee with invoice or shipping documents.
We here by certify that the container has been throughly cleaned prior to vanning and that all evidevce of previous contents has been removed.
Packed by:
签署 signed 签署 signed

图 2-7 集装箱装箱单

(二)拼箱货装货

当出口货物的数量不足以装满一个集装箱时,就必须以拼箱货的方式来厦门汉连物流有限公司托运,公司按照货物的尺寸或重量向货主收取运费,之后根据货物的性质、运输路线等将多个货主的货物安排在一个集装箱里,并以整箱货的形式向船公司订舱。

在向船公司订舱完毕后,公司操作员应生成进仓通知书(又叫进仓单、进仓图),各项内容核对无误后传真给货主,要求其在约定的时间内将货物送到指定的集装箱货运站,其间应特别注意截关、截货时间。进仓通知单如图 2-8 所示。

进仓通知单

FM:厦门汉连物流有限公司

TO:____________________

目的港		进仓编号	
开航时间		件数	
船名航次		托书重量	
货物进仓时间		托书体积	
报关单送至我司时间		唛头	
仓库联系方式	仓库名称: 仓库地址: 联系人: 联系电话:		

图 2-8 进仓通知单范例

与此同时,厦门汉连物流有限公司操作员还应委托拖车公司在集装箱堆场提取空箱到集装箱货运站,然后在货运站完成拼箱作业,此时各方当事人的关系如图 2-9 所示。

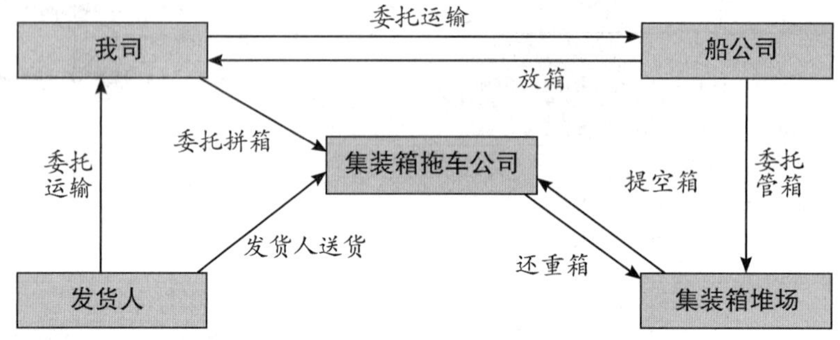

图 2-9 拼箱货交货环节各方当事人关系图

此时,装货的责任不再由货主自行承担,厦门汉连物流有限公司必须要关注货运站装货的情况。在集装箱装货这一环节中,注意事项包括:

①确保货物不超重,保证集装箱装卸及海上运输的安全。

②箱内货物的重量分布要均衡,不能使局部负荷过轻或过重,防止箱底变形或脱箱。

③准确判断包装强度,堆码高度适度,重货低放,轻货高码,重不压轻。

④货物在箱内的码放要整齐,尽量不留空隙,可以通过衬垫物填充空隙,以免货物在运输中相互碰撞导致包装损坏。如需木料支撑或垫料分离时,要确保其清洁、干燥、无污染。

⑤拼箱装货时,还要注意不同货物的属性。不相容的货物不能装入一个集装箱。

如有异味的汽油和吸味的茶叶就不宜放在一起。

⑥装货时,还要按照指示标志操作,如"小心轻放""不能倒置"等,以免造成货物的损害。

⑦装货时,要特别注意货物包装上的唛头,以免漏装、错装。装箱完毕后,要确认箱内货物的件数、提单号、唛头等信息与托运信息一致,避免丢失、遗漏等。

⑧装箱完毕,对靠近集装箱门口的货物采取系固措施。

装箱后,将重箱返回码头堆场,准备装船。货物装船完毕,船公司向厦门汉连物流有限公司签发船公司提单(Master Bill of Lading),厦门汉连物流有限公司则向货主签发货代提单(House Bill of Lading)。

值得一提的是,冷冻货物、危险品、超长、超高、超重货物等特种货物对装箱是有特殊要求的,厦门汉连物流有限公司在确认货主所提供的货物信息后,应将这些特殊要求在订舱时传达给船公司,让船公司根据需要安排适当种类的集装箱用于运输特种货物。几种特种集装箱的装箱注意事项如下:

1.冷冻货物

有些货物有较高的温度保存需求,运输过程中就要使用到冷藏集装箱,不同货物的集装箱储运温度要求如表 2-13 所示。

表 2-13 不同货物的集装箱储运温度要求

大类	商品	储运温度
生鲜肉类	鲜肉	−2~4℃
	鲜鱼	−1~1℃
	熟肉制品	0~5℃
	冻牛羊猪肉、冻鱼虾	−18℃
	鲜奶	2~5℃
	蛋类	15℃以下
生鲜果蔬类	食用菌	0~4℃
	水果、蔬菜等	0~5℃
	花草木苗	5~15℃
药品类	疫苗	2~8℃
	生化药剂、血浆、药品	4℃
食品类、工业品类	饮料	0~5℃
	酒类	5~20℃
	巧克力、糖果	5~15℃
	饺子、汤圆、雪糕、冰激凌等	−18℃
	化工业、精密芯片	5~15℃

使用冷藏集装箱装货前，要先进行装箱前准备，以便根据货物和运输时间确定温湿度等设定，还需通过预检测试检测集装箱的使用状态。

为保持温度的稳定，可对货物和冷藏集装箱进行预冷。一般情况，冷藏集装箱不应预冷，因为预冷过的冷藏集装箱一打开门，外界热空气进入冷藏集装箱遇冷将产生水汽凝结，水滴会损坏货物外包装和标签，在蒸发器表面凝结的水滴会影响制冷。但在冷库的温度与冷藏集装箱内温度一致，并采用“冷风通道”装货时，可以预冷冷藏集装箱。所以，在拖空箱之前，应确定是否需要预冷、装箱的环境如何等。

装箱过程应在专门的冷库内进行，以保持全程温度的稳定。一般情况下，货物自身不会发出热量，装货时仅需将货物紧密堆装成一个整体，货物与货物之间、货物与箱壁之间不应留有空隙。所装货物高度应低于红色装载线，只有这样，冷空气才能均匀，保证货物达到要求的温度。

像水果、蔬菜等有呼吸作用会产生二氧化碳、水汽、少量乙烯及其他微量气体和热量的货物，则应当使冷空气能在包装材料和整个货物之间循环流动，带走因呼吸产生的气体和热量，补充新鲜空气。箱内堆装的货物应低于红色装载线且不超出 T 型槽的垂直面，以保持冷空气良好循环。货物包装箱的顶部和底部的通气孔应上下对齐，使冷空气循环畅通。冷藏集装箱装货步骤如图 2-10 所示。

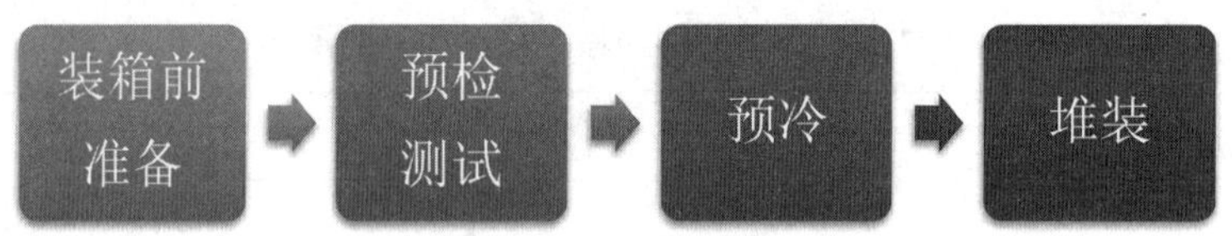

图 2-10　冷藏集装箱装货步骤

2.危险品

危险品是具有燃烧、爆炸、毒害、腐蚀、放射射线等性质，在运输、装卸、储存和保管过程中，容易造成人身伤害和财产损毁而需要特别防护的货物(如表 2-14 所示)。危险品的运输和贮藏，都应遵循危险品条例。危险品必须存储在专门的危险品仓库内，装货作业只能在危险品仓库内进行，并且要有专业的危险品监装员在场监装。不同的危险品装箱都有一套专业的、严格的安全保障措施及要求。集装箱装上危险品后，还要在集装箱的外部显眼的地方张贴《国际海运危险货物规则》的类别标志(如图 2-11 所示)。

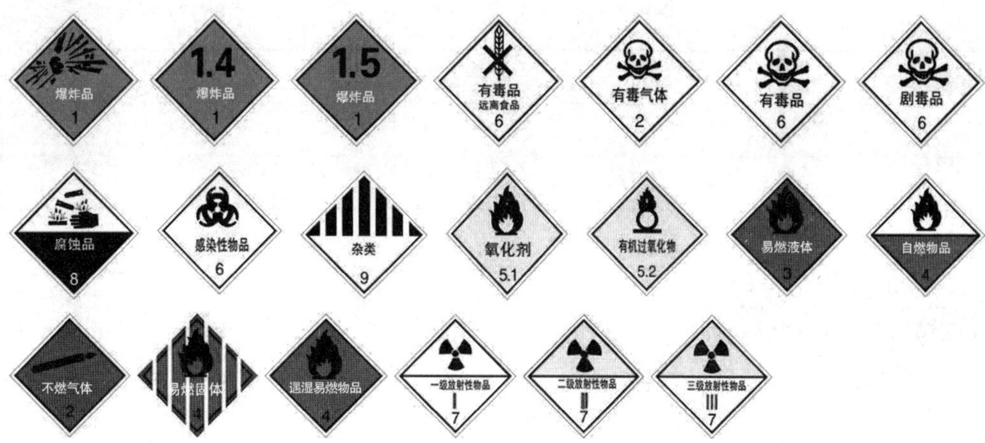

图 2-11　危险品包装标志

表 2-14　危险品等级编码及名称

等级编码	危险品等级名称
0.0	非危险品
1.1	具有整体爆炸危险物质和物品
1.2	具有喷射危险但无整体爆炸危险的物质和物品
1.3	具有燃烧或者较小爆炸危险或者喷射危险而无整体爆炸危险的物质或者物品
1.4	无重大危险的物质和物品
1.5	具有整体爆炸危险而敏感度极低的物质
1.6	无整体爆炸危险且敏感度极低的物质
2.1	易燃气体
2.2	非易燃气体
2.3	有毒气体
3	易燃液体
4.1	易燃固体
4.2	易自燃物质
4.3	遇水放出易燃气体的物质
5.1	氧化物质
5.2	有机过氧化物
6.1	有毒物质
6.2	感染性物质
7	放射性物质

续表

等级编码	危险品等级名称
8	腐蚀品
9	杂类、海洋污染物

3.超限品

超限品是指货物的外形尺寸或重量超过国际标准集装箱的尺寸或重量的大型货物，包括超长、超宽、超重、超高等情况。

超长、超宽货物通常采用框架式或平台式集装箱来装载，还可以用两个或多个平台集装箱组成装货平台来承载一些特大件货物。

超高货物通常采用开顶集装箱或框架式集装箱来装载。由于开顶集装箱的顶部是敞开的，一般用篷布遮盖，其防水性能较差，因此要注意货物的防水要求。

超重货物的重量加上集装箱的重量如果超过相关运输工具和集装箱装卸机械的设计限度的话，就会存在安全隐患，因此，绝对不允许集装箱超重。如果集装箱超重，则应与货主协商将货物分解装箱。在装箱时，要注意重量的均匀分布，应将货物放在集装箱的中心位置，并做好固定。

四、出口申报

装货完毕的集装箱运至码头堆场后，还需经历出口申报环节才能装船出口。对于被列入《出入境检验检疫机构实施检验检疫的进出境商品目录》(以下简称《法检目录》)的货物必须要先获得出境通关单后，方可向海关申报出口，也就是俗称的先报检后报关，没有检验检疫要求的出口货物则可直接报关。报检和报关活动需要单位具备相应的资质，因此，厦门汉连物流有限公司承揽的出口业务虽然都包含了出口申报环节，但这部分业务大多外包给报关公司或其他货运代理企业来完成。

属于强制性检验检疫的出口货物，委托报检时，需向报检单位提供代理报检委托书、发票、装箱单、贸易合同复印件等材料，代理报检委托书如图 2-12 所示。

代理报检委托书

编号：0001234567

________出入境检验检疫局：

本委托人(备案号/组织机构代码)保证遵守国家有关检验检疫法律、法规的规定，保证所提供的委托报检事项真实、单货相符。否则，愿承担相关法律责任。具体委托情况如下：

本委托人将于________年________月间进口/出口如下货物：

品名		H.S.编码	
数(重)量		包装情况	
信用证/合同号		许可文件号	
进口货物 收货单位及地址		进口货物提/运单号	
其他特殊要求			

特委托________________(代理报检注册登记号____________)，代表本委托人办理上述货物的下列出入境检验检疫事宜：

□1. 办理报检手续；

□2. 代缴纳检验检疫费；

□3. 联系和配合检验检疫机构实施检验检疫；

□4. 领取检验检疫证单。

□5. 其他与报检有关的相关事宜：________________________________

联系人：______________

联系电话：______________

本委托书有效期至________年________月________日　　委托人(加盖公章)

年　月　日

受托人确认声明

本企业完全接受本委托书。保证履行以下职责：

1.对委托人提供的货物情况和单证的真实性、完整性进行核实；

2.根据检验检疫有关法律法规规定办理上述货物的检验检疫事宜；

3.及时将办结检验检疫手续的有关委托内容的单证、文件移交委托人或其指定的人员；

4.如实告知委托人检验检疫部门对货物的后续检验检疫及监管要求。

图 2-12　代理报检委托书

货物顺利通过检验检疫后，将获得检验检疫机构签发的出境货物通关单，这是后续进行货物报关的主要单证。委托报关单位也要填制代理报关委托书（如图 2-13 所示）。

代理报关委托书

编号：00000000000

我单位现（A 逐票、B 长期）委托贵公司代理　　　　　　等通关事宜。（A.填单申报 B.辅助查验 C.垫缴税款 D.办理海关证明联 E.审批手册 F.核销手册 G.申办减免税手续 H.其他）详见《委托报关协议》。

我单位保证遵守《海关法》和国家有关法规，保证所提供的情况真实、完整、单货相符。否则，愿承担相关法律责任。

本委托书有效期自签字之日起至 2017 年 12 月 31 日止。

委托方（盖章）：

法定代表人或其授权签署《代理报关委托书》的人（签字）：

年　月　日

委托报关协议

为明确委托报关具体事项和各自责任，双方经平等协商签订协议如下：

委托方	
主要货物名称	
H.S.编码	
货物总价	
进出口日期	年　月　日
提单号	
贸易方式	
原产地/货源地	
其他要求：	
背面所列通用条款是本协议不可分割的一部分，对本协议的签署构成了对背面通用条款的同意。	
委托方业务签章： 经办人签章： 联系电话：0592-0123456　年　月　日	

被委托方		
*报关单编码	No. 371120************	
收到单证日期	年　月　日	
收到单证情况	合同☐	发票☐
	装箱清单☐	提(运)单☐
	加工贸易手册☐	许可证件☐
	其他	
报关收费	人民币：　元	
承诺说明		
背面所列通用条款是本协议不可分割的一部分，对本协议的签署构成了对背面通用条款的同意。		
被委托方业务签章： 经办报关员签章： 联系电话：0592-654321　年　月　日		

（白联：海关留存；黄联：被委托方留存；红联：委托方留存）中国报关协会监制

图 2-13　代理报关委托书

五、海运货物保险

海运货物保险可以由货主自行办理，也可以委托物流/货运代理公司代办。CIF贸易条款下，很多货主会将办理货物保险的业务也委托给货运代理人一起做。货运代理人可以直接向保险公司递交保险单，申请海运货物保险。

(一)海运货物保险险别的选择

保险人承担的保险责任是以保险险别为依据的，因此，不同的保险险别所需的保险费不同，保险范围广的险别所需的保险费率就更高，意味着货物的成本增加。因此，对保险险别的选择会造成货物成本的差异，有没有必要投保高费率的险别所取决的因素是多种多样的。投保人对保险险别的选择一般应考虑货物的性质特点、货物的包装、货物的运输情况(如航线、船舶停靠港口等)、运输季节、目的地的政治局势等多种因素。主要货种险别选择如表 2-15 所示。

表 2-15 主要货种险别选择表

货物种类	常见风险	险别选择
粮谷类	散落，水分蒸发——短量 水湿，水分超标——霉烂 温度，通风不良——发热	一切险(All Risks)； 水渍险(WA)+短量险(Shortage)+发汗发热险(Sweat & Heating)
油脂类	粘连，装卸消耗——短量 容器破裂——渗露、玷污	WA+ Shortage +渗漏险(Leakage)+混杂和玷污险(Intermixture & Contamination)
食品类	包装破碎——内容受损 包装生锈——降等 随时可食用——被盗	All Risks 或平安险(FPA)+偷窃提货不着险(TPND)+包装破裂险 (Breakage of Packing)
咖啡豆、可可豆	吸湿受潮——霉变且不易筛选	WA +Sweat & Heating +淡水雨淋险(FWRD)
原糖	溶解短量，吸湿，被盗，可能发生爆炸，还受油渍等玷污	All Risks
冻品类	解冻——腐烂变质	冷藏货物条款(协会条款细分为冷冻食品和冻肉两类条款)
活牲畜，家禽，活鱼	死亡	活牲畜家禽海陆空运输保险条款
酒，饮料	破碎，被盗	All Risks 或 FPA+TPND+碰损和破碎险(Clash & Breakage)
玻璃，陶瓷制品，家电，工艺品，仪器仪表类	破碎，被盗	FPA+TPND+Clash & Breakage

续表

货物种类	常见风险	险别选择
杂货类	水湿,被盗	WA+FWRD+FPND
原棉	水湿,吸潮,玷污,火灾	All Risks 在国外还常加保原产地损失险(C/D: Country Damage),即货物在装船时不能从外观上发现的在内陆发生的雨淋、玷污等损害
毛绒类,纺织纤维类	水湿——色变,霉烂	All Risks 或 WA +Intermixture & Contamination
麻类	受潮受热——变质自燃	WA/FPA+Sweat & Heating
鱼粉,豆饼	受潮受热,自燃	WA/FPA+Sweat & Heating+自燃险(Self-Combustion)
皮张类	受潮受热变质,清除玷污费用高,价高可能被盗	WA/FPA+TPND+Sweat & Heating+Intermixture & Contamination
盐渍肠衣,兽皮类	木桶渗漏——内容变质	FPA+Leakage
石油,液体化工产品类	黏附短量,爆炸,玷污	散装石油条款或 FPA+Explosion+Contamination
散装矿石类	散落短量	FPA+Shortage
袋装水泥和其他粉状化工品类	水湿结块,包装破裂	WA+Breakage of Packing+FWRD
建材类,机械类	破碎	FPA+Clash & Breakage
木材,车辆	浪击落海或被抛弃	FPA+木材条款成甲板险(on Deck);对纸浆则投保 All Risks
旧成套设备	原残复杂	保险人只同意承保 WA/FPA+Clash & Breakage
新的成套设备	碰损,锈蚀,丢失等多种危险,价高可能被盗	All Risks 或 WA/FPA + Clash & Breakage 此外,还附加诸多特别条款,如: ①机械修缮(承保空运费)特别条款; ②机械修缮(含进口税)特别条款; ③装前卸后条款; ④省略检验条款; ⑤开箱延期(隐蔽损害)条款等
天然橡胶	汲湿变质,玷污,挤压	天然橡胶条款承保任何原因引起的湿损
原煤	自燃	煤炭条款承保火灾、爆炸或发热引起的损失,即使是由货物的本质缺陷引起的,比加保 HSSC 对被保险人更有利

（二）我国海运货物保险投保

当出口商需要对海运货物进行投保时，首先要跟保险公司联系，通常是填制一张投保单，经保险公司接受后就开始生效。投保单没有固定的格式，不同公司会有所区别。保险公司出立的保险单以投保人的填报内容为准，也可以由客户发送投保单中相应信息给保险公司，由保险公司操作人员填报投保单，再由客户审核确认。投保单主要包括以下内容：

①被保险人名称：要按照保险利益的实际有关人填写。

②标记：应该和提单上所载的标记符号相一致，特别要同刷在货物外包装上的实际标记符号一样，以免发生赔案时，引起检验、核赔、确定责任的混乱。

③包装数量：要将包装的性质如箱、包、件、捆以及数量都写清楚。

④货物名称：要具体填写，不要笼统地写纺织品、百货、杂货等。

⑤保险金额：通常按照发票 CIF 价加成 10%计算。需要指出的是保险合同是补偿性合同，被保险人不能从保险赔偿获得超过实际损失的赔付，因此溢额投保（如过高的加成、明显偏离市场价格的投保金额等）是不能得到全部赔付的。

⑥船名或装运工具：海运需写明船名，转运也需注明，联运需注明联运方式。

⑦航程或路线：如到目的地的路线有两条，要写上自××经××至××。

⑧承保险别：必须注明，如有特别要求也在这一栏填写。

⑨赔款地点：除特别声明外，一般在保险目的地支付赔款。

⑩投保日期：应在开航前或运输工具开航前。

（三）海运货物保险索赔

当被保险人保险的货物遭受损失后，索赔问题就产生了。被保险人应按照保单的规定办理索赔手续，同时还应以收货人的身份向承运人办妥必要的手续，以维护自己的索赔权利（如图 2-14 所示）。

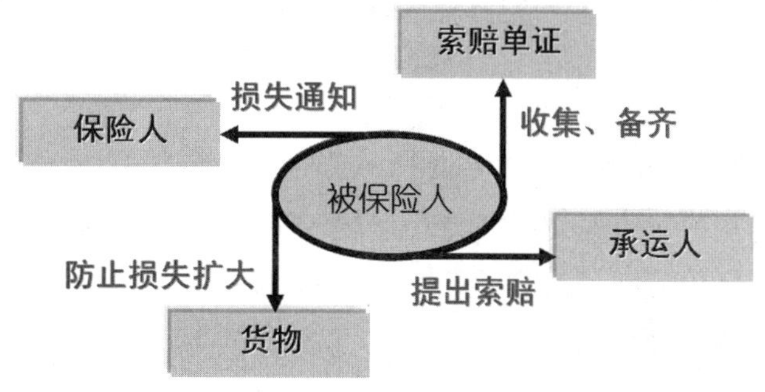

图 2-14 货物受损时索赔注意事项

1.损失通知

当被保险人获悉或发现保险货物遭损，应马上通知保险人，以便保险人检验损失，提出施救意见，确定保险责任，查核发货人或承运人责任。延迟通知，会耽误保险人进行有关工作，引起异议，影响索赔。

2.向承运人等有关方提出索赔

被保险人或其代理人在提货时发现货物明显受损或整件短少，除向保险公司报损外，还应立即向承运人、受托人以及海关、港务局等索取货损货差证明。当这些损失涉及承运人、受托人或其他有关方面如码头、装卸公司的责任，应立即以书面形式向他们提出索赔，并保留追偿权利，必要时还要申请延长索赔时效。

3.采取合理的施救、整理措施

保险货物受损后，作为被保险人的货方应该对受损货物采取措施，防止损失扩大。特别是对受损货物，被保险人仍须协助保险人进行转售、修理和改变用途等工作。

4.备全必要的索赔单证

①保单或保险凭证正本；

②运输契约，如提单、运单和邮单等；

③发票；

④装箱单、磅码单；

⑤向承运人或有责任方请求赔偿的书面文件；

⑥检验报告；

⑦海事报告摘录或海事声明书；

⑧货损货差证明；

⑨索赔清单。

5.索赔时效

索赔时效从被保险货物在最后卸载港全部卸离海轮后起算，最多不超过两年。

六、换取提单

完成出口申报工作后，应凭借场站收据（即排载单第八联）向船公司换取正本提单，此过程需要船公司、货主与厦门汉连物流有限公司之间的多次信息确认，方可确定最终的提单内容。

（一）确认提单

提单上每一项内容的填制都至关重要，为保证提单内容的准确性，在货物已经交付进场，但是在船舶开航的截关日之前承运人会跟厦门汉连物流有限公司（货运代理人或发货人）确认提单信息。工作人员应根据提单样本上显示的内容与实际出货情况进行校对，包括数量、重量体积、品名、唛头、运费条件、买卖双方的名称等内容。提单如需修改，要及时告诉承运人以便修改。修改后，承运人会再跟厦门汉连物流有限公司确认修改件，直至提单内容完全正确。在递交提单样本后，承运人签发正本提单前，一般可以对提单样本进行修改，但有的承运人会收取一定的费用。如果在船舶开航后再修改提单，承运人会收取更高的改单费用。

提单确认因各家船公司规定不同，实际操作方式也会有所不同。一般情况下，应根据订舱时的信息填制提单，做出提单样本，即提单确认通知书（如图 2-15 所示），发给发货人进行确认，应根据最终确认的信息核对修改船东电子提单信息，将该提单申请提交给船东，船东会根据申请上的信息签发正本提单。

<table>
<tr><td colspan="3">提单确认通知书</td><td colspan="4">TO：
发件时间：</td></tr>
<tr><td colspan="3" rowspan="4">发货人 Shipper：</td><td colspan="2">B/L NO 提单号：</td><td colspan="2"></td></tr>
<tr><td colspan="2">选择提单是否电放：</td><td colspan="2">电放正本</td></tr>
<tr><td colspan="2">客户编号：</td><td colspan="2"></td></tr>
<tr><td colspan="2">我司编号：</td><td colspan="2"></td></tr>
<tr><td colspan="3" rowspan="3">收货人 Consignee：</td><td colspan="2">发件人：</td><td colspan="2"></td></tr>
<tr><td colspan="2">提单类型：</td><td colspan="2"></td></tr>
<tr><td colspan="4">备注 Note：</td></tr>
<tr><td colspan="3">通知人 Notify Party：</td><td colspan="4" rowspan="3">海外代理：</td></tr>
<tr><td>船名航次
Vessel Voyage：</td><td colspan="2">起运港
Port of Loading：</td></tr>
<tr><td>卸货港
Port of Discharge：</td><td colspan="2">目的港
Final Destination：</td></tr>
<tr><td>标记及号码
(Marks & Nos.)</td><td>件数
Pkgs</td><td colspan="2">中英文货名
Description of Goods
(In Chinese & English)</td><td colspan="2">毛重
G.W(kgs)</td><td>体积(立方米)
Measurement(m^3)</td></tr>
<tr><td colspan="7"></td></tr>
<tr><td>箱号封号
(Container/
Seal no.)</td><td colspan="6"></td></tr>
</table>

图 2-15 提单确认通知书

(二)签发提单

提单的签署方法主要包括手签、印模、打孔、盖章等一切机械或电子的方法。实践中，除非信用证有规定必须用手签方式，一般都采用盖章方式签发。

船公司或其代理人根据发货人或其代理人在提单确认时对签单类型的不同要求，采用不同的提单签发形式，具体可分为正常签发和非正常签发。

1.正常签发

发货人或货运代理人凭场站收据(排载单第八联)，在与船公司或其代理人结清运费(运费需预付时)及其他费用(如拖车费、装箱费、改签费等)后,换取提单。此时,船公司正常签发的提单即为正本提单。正本提单一般都标有“Original”字样,有些国家也会用“Original”“Duplicate”“Triplicate”来分别表示其为全套正本提单中的第一联、第二联和第三联。

船公司及其代理人签发的正本提单份数往往是根据发货人或货运代理人的要求签发,实践中,一般签发一式三份的正本提单。签发正本提单的份数都会在提单正面标明,每一份正本提单具有同等效力,凭其中一份正本提单提货后,其他正本提单随即失效。

2.非正常签发

(1)电放提单

电放提单,即采用电报放货的提单,适用于“货到单未到”的情况,是承运人在未签发全套正本提单或保留全套正本提单时通过电讯方式(电子邮件、传真、电报等)通知目的港代理人,在货物到达目的港后,凭身份证明或者盖章后的“电放提单”传真件向承运人提取货物。电放申请书格式如图 2-16 所示。

电放申请书

致公司:

船名/航次:

开航日: 装货港:

卸货港: 交货地点:

提单号:

我们兹确认授权贵司对上述集装箱/货物进行电放,你们可将集装箱交付给下示收货人:

(收货人全称包括但不仅限于:地址/电话/传真/联系人)

我司在此保证承担贵司及贵司代理因电放上述集装箱/货物而承担的任何责任和后果。

请注意:此电放保函扫描件或传真件效力等同于正本,我司确保将尽快提供此保函的正本件给贵司,由此产生的一切责任均由我司承担。

托运人:(公章)

法定代表人或授权代理人签字:

年 月 日

(请务必填写电放当天日期)

图 2-16 电放申请书格式

(2)倒签提单

在实务操作中,当货物的实际装船日期晚于信用证规定的装船日期时,发货人将无法顺利结汇。为了避免出现这样的情形,发货人会要求承运人签发倒签提单。承运人会根据具体情况决定是否签发倒签提单。如果承运人愿意签发倒签提单,往往会要求发货人出具“倒签提单保函”,在保函中发货人应承诺承担因此所产生的一切责任与损失。倒签提单保函样本如图 2-17 所示。

倒签提单保函

×××有限公司：

现在我们请求贵公司签发下面所列的有关提单：

船名/航次：__________ 提单号：__________ 目的港：__________

货名：__________ 货价(IN USD)：__________ 柜量：__________

集装箱号/箱封号：__________________________

于__________年__________月__________日，我们____________________

____________________公司将以上货物交上述船舶承运，但由于信用证的装船期是__________年__________月__________日，我们要求贵司签发倒签提单，以使装船日期与信用证上的装船日期相符。

鉴于贵司按我们要求签发了倒签提单，在此我司做如下承诺：

1.由于贵司是按照我们请求签发了倒签提单，对于贵司、贵司雇员及代理由此可能承担的责任、承受的任何性质的损失或损害，我司都将给予赔偿，并保证你们不受任何损失。

2.若由于我们的请求，贵司、贵司雇员及代理受理任何起诉，我司将随时向贵司提供足够的基金以对抗该起诉。

3.如果贵司所有的船舶或其他任何船舶及财产由此而受到扣留或扣押或者受到此类威胁，我司保证在被请求时，即时提供保释金或其他担保以解除对该船舶或财产的扣留或扣押。

4.一旦发生索赔，我司将确保完全不影响到贵司而直接与索赔人解决该项索赔，并且赔偿贵司由此所支付的任何款项以及所产生的任何费用。

5.该保函应由中国法律解释。

__________ ____________________

(企业公章) (企业法人或授权人签章)

日期：

____

(承运人负责人签章)

日期：

图 2-17 倒签提单保函样本

(3)预借提单

若装运期和结汇期到期而货物因故未能及时装船或尚未装船完毕，发货人等到货物全部装船完毕再签发已装船提单，则会超过信用证所规定的结汇期，议付银行会以此为由而拒绝结汇。因此，信用证规定，发货人可以在货物尚未装船或尚未装船完毕的情况下，向承运人要求预借提单。承运人若愿意签发预借提单，也可以要求发货人出具“预借提单保函”，在保函中发货人应承诺承担因此所产生的一切责任与损失。

七、费用结算

在实际操作中，厦门汉连物流有限公司人员在向客户进行报价时，除了报出海运运费价格外，还会一并将吊柜费、拖车费、文件费、码头费、报关费、商检费和查箱费等费用向客户进行说明。事实上，海运运费本身除基本运费外还包括名目繁多的各种附加费，而在进行费用结算时，公司还会收取其已替客户代垫的其他相关费用，因此，费用核算和收费也就变得相当复杂，稍有不慎，可能会造成漏收客户费用的情况。

在货物出运后，工作人员即可根据报价单进行各项费用的结算工作。一票货物的出运费用，除了包括海运费用外，还包括了公司所提供的其他延伸性服务费用，如拖车服务费、报关报检服务费、仓储费、港口建设费等。因此，进行费用结算时，工作人员应根据各票货物的实际情况，明确各种应收款项和应付款项，根据报价单报价形式区分这些款项的性质，并根据核算结果制作对账单，与货主核对对账信息，核对无误后，通知财务部门开具发票，最终将开具的发票送达货主并催收相关款项。具体费用结算程序如图 2-18 所示。

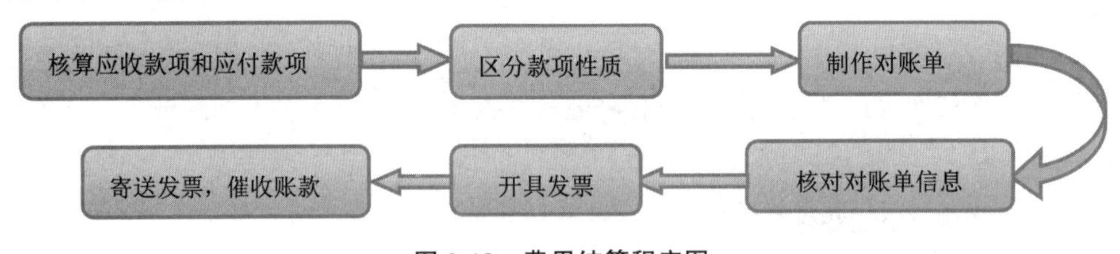

图 2-18　费用结算程序图

1.核算应收款项和应付款项

费用结算时，首先应明确各种应收款项和应付款项。应收款项是货运代理企业按照报价单的报价应向货主收取的各项费用；应付款项则是货运代理企业在操作该票货物时所产生的各项操作费用，如船公司费用、拖车费用、报关报检费用、保险费、码头装箱费等。

2.区分款项性质

国际货运代理企业的报价形式并没有统一的标准，也没有统一的涵盖范围。因此，在核算运费时，应对确认的应付款项进行区分，确认应付款项中哪些费用属于公司的实际操作成本，哪些费用属于代收代付的款项（代收代付款项采用实报实销，应凭相关收款单位的发票向货主收取费用）。

3.制作对账单

在与货主核对后，公司应根据报价单的报价制作对账单（Debit Note）。对账单是对货物运输产生的各项费用的汇总，是向客户确认各项费用的凭据。经过客户确认后的对账单不能再随意更改。

4.核对对账单信息

制作完成对账单后，应将对账单发送给客户进行确认，一般采用邮件或传真形式。

邮件或传真发出后，应及时与收件人进行确认，并委婉告知对方及时进行对账并回复邮件或传真予以确认。

5.开具发票

在客户确认无误，且收到客户的邮件或传真确认后，工作人员应将确认过的对账单信息转给公司财务部门，财务部门根据对账单的信息开具发票。

6.寄送发票，催收账款

财务部门开好发票后，国际货运代理企业工作人员将货运代理发票以及代收代付款项发票一起寄送给客户，并追踪签收情况。确认客户已经收到发票后，应向客户催收相关款项。

模块三 国际海运进口代理流程

在了解了出口海运的整体流程后，邱丹红对自己有了较大的信心，打算直接着手处理公司的进口业务，却被告知货物进口和出口并非简单的逆向操作。海运进口可以说是货运代理业务中涉及面最广、线最长、最复杂的业务，完整的海运进口业务，可以追溯至国外接货，其后安排装船、运输、保险，直至船舶到达我国港口后的卸货、接运、报检、报关、提货、转运等业务。为了使邱丹红更快上手，主管参照以往的案例，将进口业务简化成几个具体环节帮助她理解进口货运代理的流程。

学习思考：海运进口代理业务为何不能说是出口代理业务的逆向操作？

一、建立委托关系

海运托运委托书的签订是建立海运货运代理进口委托关系的标志，是规范双方权益的保障条件之一，货运代理公司无论是从事出口还是进口代理业务都必须先签订海运委托书。货运代理人与货主双方建立的委托关系可以是长期的，也可以是就某一批特定货物而签订的。海运进口货运代理委托书没有统一的格式，可以由各个公司自行制订。

主管提供了如下案例帮助邱丹红理解：厦门进出口外贸公司要从韩国釜山亚南五金有限公司 ANAN METALS CO.，LTD.进口制造车门中柱用激光焊接钢板 TAILOR WELDED BLANKSTEEL SHEETSAPFC390，该进出口合同采用 CIF 价格条款，货物毛重为 202 028.00 千克，共装 12 个 20GP 集装箱。厦门进出口外贸公司于 2013 年 3 月 13 日收到韩国釜山亚南五金有限公司发来的装船通知电，得知该批货物于 2013 年 3 月 12 日在韩国釜山装船驶往厦门港。为方便业务，厦门进出口外贸公司通过签署委托书的形式，委托厦门汉连物流有限公司代理该票货物的进口手续，直至进口货物运至其在厦门的仓库。厦门汉连物流有限公司与厦门进出口外贸公司之间签署的委托书如表 2-16 所示。

表 2-16 海运货运代理进口委托书

委托单位名称	厦门进出口外贸公司	委托书号	20130313001
受理单位	厦门汉连物流有限公司	合同号	08M1HD0052KR
船名航次	XIN HE SHI BA /054W	提单号	COHEXB054WSD202

装运港	釜山	卸货码头	厦门海沧嵩屿码头	靠泊时间	2013 年 3 月 16 日
商品编码(H.S.)	中英文货名	件数	毛重(KGS)	净重(KGS)	尺码(CBM)
73269010	制造车门中柱用激光焊接钢板 TAILOR WELDED BLANKSTEEL SHEETSAPFC390	96 BUNDLES	202 028.00	187 968.00	123.64

进口委托事项								随附单证							
换单	检验检疫	报关	代办保险	货运站拆箱	集装门到门	散货运输	转船/分批	商业发票	装箱单	进口许可证	原产地证书	正/副本提单	合同	危险品申报	征免税表
√	√	√			√			2	2		2	3	1		

单证特殊要求说明：	运输特殊要求说明：
备注：	

进口委托书及声明事项
1.本进口业务委托书均由委托人填写。
2.委托书一式两份，委托人和受托人各执一份。
3.费用结算按协议或费用确认书。

委托单位：厦门进出口外贸公司		受托单位：厦门汉连物流有限公司	
签名(盖章)		签名(盖章)	
联系人：	地址：	联系人：	地址：
电话：	传真：	电话：	传真：
日期：		日期：	

上述协议必须加盖双方公章并经法人代表签字，方可成立。

另外，主管向邱丹红强调在拟订委托协议时必须明确的内容包括：①委托人和受托人(即代理人)的全称；②注册地址；③委托方应提供的单证及提供时间；④代办事项的范围——明确代办事项范围，则一旦发生意外就能明确双方责任，避免因双方职责不明造成的损失；⑤服务收费标准及支付时间、支付方法；⑥违约责任条款；⑦有关费用、杂费及关税等支付时间；⑧委托方及受托人特别规定；⑨纠纷的解决途径及地点——发生纠纷后，协商无效后的解决途径通常有仲裁和诉讼两种，仲裁地点需要双方同意，诉讼可在契约地也可在被告所在地。

如果货主与出口商之间签订的是买方安排运输的贸易合同，也就是俗称的 FOB 合同，则确认委托关系之后的第二步工作应是租船订舱，具体可参照项目二任务二(P49)中的订舱内容来完成。然而，在实际操作中，跨境区段的运输往往会委托出口国货运代理企业来完成，国内货运代理企业绝大多数需要处理的进口货运都是 CIF 合同(如图 2-19 所示)。主管决定从实际出发，让邱丹红尽快掌握这部分内容。以上述厦门进出口贸易公司的进口货运委托为例，海运 OP 在确认了委托书后，紧接着需着手的就是委托人的单证审核。

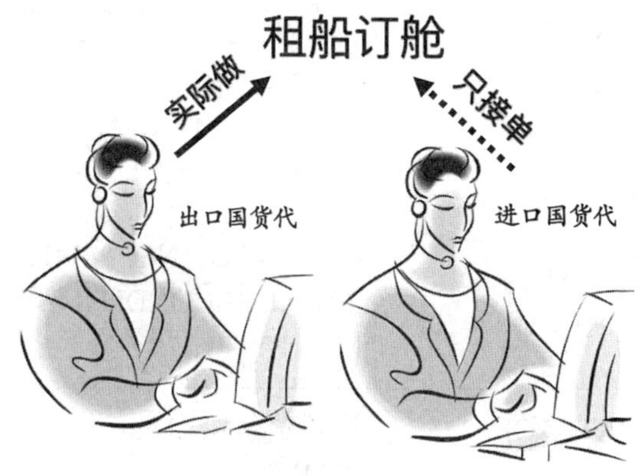

图 2-19 进口租船订舱责任示意图

二、审核单证

1.审核要点

①单据种类是否齐全。例如：判断货物是否属于限制类进口货物，是否需要提交进口许可证；是否应该配备保险凭证；若为电放，是否需要进口商提供银行保函等等。

②单据之间内容是否一致。要特别注意货名和数字等内容。

③单据中的印章和签字是否真实完整。

审单过程中尤其要注意以下两个要点：

①提单。提交的是否为海运提单，且海运提单是否清洁、是否是已装船提单、收货人和通知方是否明确、港口描述是否准确。

②背书。这部分主要看的是海运提单和保险单，确认这部分背书是否符合信用证的要求、是否连续正确。避免出现背书缺漏，以免影响换取提货单或是影响保险索赔。

2.海运进口主要单证

海运进口货运代理在确认委托关系后，需要整理和审核的主要单证包括：

(1)商业发票(Commercial Invoice)

商业发票是出口方向进口方开列的发货价目清单，是一笔业务的全面反映，内容包括商品的名称、规格、价格、数量、金额、包装等。商业发票是进口商办理进口报关不可缺少的文件，也是买卖双方记账的依据。商业发票是全套出口单据的核心，在单据制作过程中，其余单据均需参照商业发票缮制。如表 2-17 所示。

表 2-17 商业发票

<table>
<tr><td colspan="2">Shipper
ANANMETALS CO.,LTD.
NO.1508, CENTRAL PLAZA
SUAN－DONG,DONGNAE－GU,
BUSAN,KOREA</td><td colspan="2">No. &Date of Invoice
GA802011MAR 12, 2013</td></tr>
<tr><td colspan="2" rowspan="2">For Accountee & Risk of Messer
XIAMEN IMPORTS & EXPORTS TRADINGCORPORATION
13/F,XINHE BUILDING, 757
XIAHE RD, XIAMEN361000</td><td colspan="2">No. &Date of L/C
TF1303327190ILPD MAR 03, 2013</td></tr>
<tr><td colspan="2">L/C Issuing Bank
BANK OFXIAMENSIMING BRANCH</td></tr>
<tr><td>Loading Port
BUSAN, MAIN PORT OF KOREA</td><td>Final Destination
XIAMEN, CHINA</td><td colspan="2">Remarks
CONTRACT NO. 08M1HD0052KR
PACKING CONDITIONS AS CALLED FOR BY THE L/C</td></tr>
<tr><td>VESSEL
XIN HE SHI BA</td><td>VOYAGE
No.054W</td><td>Sailing on or about
MAR12, 2013</td><td>No. of Calls</td></tr>
<tr><td>Marks & Number</td><td colspan="3">Description of Goods
TAILOR WELDED BLANK STEEL SHEETS
APFC390
PRICE TERM:THE UNIT PRICE TO BE UNDERSTOOD CIFXIAMEN CHINA PER PC, ACTUAL NET WEIGHT, PACKING CHARGES INCLUDED
PACKING:STANDARD EXPORT PACKING</td></tr>
<tr><td>SIZE(MM)
1.2(2.0)×1464×635</td><td>QUANTITY(PCS)
24 000</td><td>UNIT PRICE(USD/PC)
USD 8.90</td><td>AMOUNT
USD 213 600.00</td></tr>
<tr><td colspan="4">GRAND TOTAL: 24 000 USD 213 600.00</td></tr>
</table>

(2)装箱单(Packing List)

装箱单是发票的补充单据,它列明了信用证(或合同)中买卖双方约定的有关包装事宜的细节,便于买方在货物到达目的港时供海关检查和核对货物,有时可以将其有关内容加列在商业发票上。如表 2-18 所示。

表 2-18 装箱单

<table>
<tr><td colspan="2">Shipper
ANANMETALS CO.,LTD.
NO.1508, CENTRAL PLAZA
SUAN−DONG,DONGNAE−GU,
BUSAN,KOREA</td><td colspan="3">No. &Date of Invoice
GA802011MAR 12, 2013</td></tr>
<tr><td colspan="2" rowspan="2">For Accountee & Risk Of Messer
XIAMENIMPORTS &
EXPORTSTRADING CORPORATION
13/F,XINHE BUILDING, 757
XIAHE RD, XIAMEN361000</td><td colspan="3">No. &Date of L/C
TF1303327190ILPD MAR 03, 2013</td></tr>
<tr><td colspan="3">L/C Issuing Bank
BANK OFXIAMENSIMING BRANCH</td></tr>
<tr><td>Loading Port
BUSAN, MAIN
PORT OF KOREA</td><td>Final Destination
XIAMEN,
CHINA</td><td colspan="3">Remarks
CONTRACT NO. 08M1HD0052KR
PACKING CONDITIONS AS CALLED
FOR BY THE L/C</td></tr>
<tr><td>VESSEL
XIN HE SHI BA</td><td>VOYAGE
No.054W</td><td colspan="2">Sailing on or about
MAR12, 2013</td><td>No. of Calls
2</td></tr>
<tr><td>Marks & Number</td><td colspan="4">Description of Goods
TAILOR WELDED BLANK STEEL SHEETS
APFC390
PRICE TERM:THE UNIT PRICE TO BE UNDERSTOOD
CIFXIAMEN CHINA PER PC, ACTUAL NET WEIGHT,
PACKING CHARGES INCLUDED
PACKING:STANDARD EXPORT PACKING</td></tr>
<tr><td>SIZE(MM)
1.2(2.0)×1464×635</td><td>QUANTITY
(PCS)
24 000</td><td>BUNDLES
96</td><td>NET
WEIGHT
187 968.00</td><td>GROSS WEIGHT
202 028.00</td></tr>
<tr><td>GRAND TOTAL:</td><td>24 000</td><td>96</td><td>187 968.00</td><td>202 028.00</td></tr>
</table>

(3)海运提单(Bills of Lading)

海运提单是承运人收到货物后出具的货物收据,也是承运人签署的运输契约的证明,提单还代表所载货物的所有权,是一种具有物权特性的凭证。如表 2-19 所示。

表 2-19 海运提单

<table>
<tr><td colspan="2">Shipper
ANANMETALS CO.,LTD.
NO.1508, CENTRAL PLAZA
SUAN—DONG,DONGNAE—GU,BUSAN,KOREA</td><td rowspan="5">ORIGINAL
B/L No.COHEXB054WSD202
COHEUNG MARINE
SHIPPING CO.,LTD.
AS CARRIER
BILL OF LADING</td></tr>
<tr><td colspan="2">Consignee
TO ORDER OF BANK OF XIAMEN SIMING
BRANCH</td></tr>
<tr><td colspan="2">Notify Party
XIAMEN IMPORTS & EXPORTSTRADING
CORPORATION
13/F,XINHE BUILDING, 757
XIAHE RD, XIAMEN361000
TEL:0592-6217309 FAX:0592-6217310</td></tr>
<tr><td>Ocean Vessel Voy. No.
XIN HE SHI BA /054W</td><td>Place of Delivery
XIAMEN,CHINA</td></tr>
<tr><td>Port of Loading
BUSAN, KOREA</td><td>Port of Discharge
XIAMEN,CHINA</td></tr>
<tr><td colspan="3">Container No.Seal No. Number of Kind of Packages Gross Weight Measurement
Marks and Numbers Description of goods
FSCU3324189/031879(20GP) N/M 20'×12 202 028.000 KGS 123.64 CBM
FSCU7702435/031811(20GP) (96 BUNDLES)CY/CY
FSCU7703200/031874(20GP) SAID TO BE: TAILOR WELDED BLANK STEEL SHEETS APFC390
FSCU7709614/031325(20GP) SIZE (MM):1.2(2.0)×1464×635 PCS:24 000.00 BUNDLES:96
FSCU7712660/031817(20GP) L/C NO: TF0803327190ILPD CONTRACT NO: 08M1HD0052KR
FSCU7826101/031860(20GP) NAME OF THE SHIPPING AGENT AT
GESU2541333/031871(20GP) DESTINATION:PENAVICOXIAMEN
GESU2611533/031819(20GP) PIC:MR.CUI MING
GESU3435589/031229(20GP) TEL:0592-6263284 FAX:0592-6742576
GESU3542355/031803(20GP) CLEAN ON BOARD "FREIGHT PREPAID"
GESU3545919/031886(20GP)
INBU3817267/031205(20GP)
Total No. of Containers or Packages (in words) SAY: TWELVE (12) CONTAINERS ONLY.</td></tr>
</table>

Freight and charges AS ARRANGED	Revenues Tons	Rate	Per	Prepaid X	Collect

续表

<table>
<tr><td>Freight prepaid at
SEOUL</td><td colspan="2">Freight payable at</td><td>Place and date of issue
BUSAN,KOREA MAR 12 2013</td></tr>
<tr><td>Total prepaid in</td><td>No. of original B(s)/L
THREE(3)</td><td colspan="2" rowspan="2">COSCO KOREA CO., LTD.
(Signature)
as Agent for COHEUNG MARINE SHIPPING CO., LTD</td></tr>
<tr><td colspan="2">Shipped on board (Date & Others)
MAR 12 2013</td></tr>
</table>

(4)原产地证书(Certificate of Origin)

原产地证书是出口商应进口商要求提供的、由公证机构、政府或出口商出具的证明货物原产地或制造地的一种证明文件。原产地证书是贸易关系人交接货物、结算货款、索赔理赔、通关验收、征收关税的有效凭证,还是出口国享受配额待遇、进口国对不同出口国实行不同贸易政策的凭证。在本案例中,出口国韩国作为《曼谷协定》优惠原产地规则的受惠国之一,在报关的时候必须要提供原产地证书才能享受优惠税率。

(5)检验检疫证书(Certificate of Quarantine)

该证书一般由出口国检验检疫机构提供,是否需要该证书,要看进口商品是否属于法定强制性检验商品的范畴,对法定检验商品的判断依据是该进口商品是否被列入《出入境检验检疫机构实施检验检疫的进出境商品目录》,即《法检目录》。

(6)保险证书(Insurance Certificate/ Policy)

采用CIF、C&I等交易方式且已由对方负责缴纳保险金的合同,为了避免纠纷,应要求对方出具已缴交相关费用的保险凭证。

(7)进口许可证(Import License)

对于属于对外贸易管制中被列入《中华人民共和国限制进口货物目录》的进口货物,无论是被要求采用许可证管理还是配额管理,在进口时都必须提交事务局、商务部等相关部门签发的进口许可证。

(8)加工贸易登记手册(Processing Trade Registration Handbook)

若进口货物系保税加工作业的原材料,为了暂缓缴纳关税,必须在报关时提交加工贸易登记手册。

(9)海关要求的其他单证(Other Documents Required by Customs)

学习思考:在这个案例中,厦门汉连物流有限公司要从委托方获得的单证包括哪些?具体要核对什么内容?

三、接货准备

厦门汉连物流有限公司在接到收货人提交的装运港装船通知后,必须密切联系船公司或其代理公司,随时掌握船舶动态,做好接货准备,以保证收货人能及时接到货物，避免延误提货手续的办理后造成集装箱滞港，产生保管费、集装箱超期使用费、再次搬运费等不应产生的费用。

（一）确定船期

货运代理公司获取船舶动态咨讯的主要渠道有：

①各大船公司在网上发布的船期表；

②国外发货人寄来的货运单证或发送电报所提供的船期；

③收货人或其代理向货运代理提供的进口货物装船情况；

④货运代理在装货港的分支机构或代理提供的有关船舶动态；

⑤各船公司卸港代理提供的进口货物船舶时间表。

班轮船期表的内容主要包括：航线、船名、航次编号、始发港、中途港、终点港的港口名称、到达和驶离各港的时间、其他有关注意事项等。

各班轮公司根据具体情况所编制、公布的船期表是有差异的。通常，近洋班轮航线因航线短且挂靠港少，船公司较容易掌握航区、挂靠港的条件、港口装卸效率等实际情况，可编制出较为准确的船期表，船舶严格按照船期表规定的时间航行。远洋航线由于航程长、挂靠港多、航区气象复杂多变，船公司难以掌握各种情况，在编制船期表时船舶运行的时间需要灵活，因此，船期报告分船期预报和船期确报两个阶段，船舶到港前 72 小时为船期预报，船舶到港前 24 小时为船期确报。国际货运代理操作员不仅应该知道如何获得船期表，还应清楚船期表中 ETA、ETD 等所代表的含义，具体如表 2-20 所示。

表 2-20　船期表阅读所需明确的关键词

缩写	全称	意义
ETA	Estimated Time of Arrival	船舶预计抵达的时间
ETD	Estimated Time of Departure	船舶预计离港的时间
ETS	Estimated Time of Sailing	船舶预计开航时间
ETB	Estimated Time of Berthing	船舶预计停靠码头的时间
船期表上的具体时间词		
原文	中文	意义
Booking Closing	截单期	船舶接受订舱的最后日期
CY Open	开港日	重柜可以还回船舶公司码头的时间
CY Closing	截港时间	码头截止收柜的时间
Customs Submission	截关时间	截止报关放行的时间

审阅单证后，不难从海运提单中得知提单是由 COSCO KOREA CO.，LTD 签发

的,海运OP随即可上网查询COSCO的船期表。如表2-21所示。

表2-21 船期表范例——中远(COSCO)船期表(部分)

船名	航次	Busan 釜山	Nagasaki 长崎	Taibei 台北	Xiamen 厦门
		ETA—ETD	ETA—ETD	ETA—ETD	ETA—ETD
HARROT	136W/136E	03.11—03.11	03.13—03.15	03.15—03.16	03.16—03.16
XINHE SHI BA	054W/054E	03.11—03.12	03.13—03.13	03.13—03.16	03.16—03.16
AL SAFAT	1120W/1120E	03.14—03.14	03.15—03.15	03.15—03.16	03.16—03.16

知识链接

二程船信息的获得

若遇到转船运输的进口货物,在提单上会出现"WITH TRANSSHIPMENT AT"字样,因货物发货时往往只确定了转船港而未确定二程船,因此提单上并未注明二程船船名。

在这种情况下,货运代理公司可以借助到港船舶的货物舱单来确定二程船信息。凡属转船货物,舱单上均会注明一程船名、提单号、装运港和装船日期等,通过与提单相对照锁定货物进而确定二程船信息。

若遇到货物舱单无法查明的情况,货运代理公司应立即向一程船公司或其代理咨询。

(二)准备单证

1.提货单

(1)提单的审核

收货人向银行付款后,将得到全套信用证单据,其中就包括能作为物权凭证的单据——提单。必须明确的是,提单和提货单是两个截然不同的概念,绝大多数情况下,提单要被置换成提货单才能提货。

交给收货人的提单有可能是指示提单、记名提单、空白抬头式提单。对于不同抬头的提单,在换取提货单之前,货运代理操作员必须要注意核查提单的背书。进口海运提单的背书是收货人在提单背面签字盖章以表示其为提单权益的合法持有者(如图2-20所示)。

①指示提单。发货人或开证行应首先在提单的背面进行背书,此时提单才可被转让。指示提单的背书又分成记名背书和空白背书两种。若为记名背书的指示提单,发货人或开证行应于提单背面写明实际收货人,提单受让人必须是背书中所写明的实际收货人,且要求实际收货人要作为提单的被背书人在提单背面空白处签字并盖收货人

印章。若为空白背书的指示提单,收货人作为提单的被背书人需要在提单背面空白处签字盖章,表示接受提单权益。

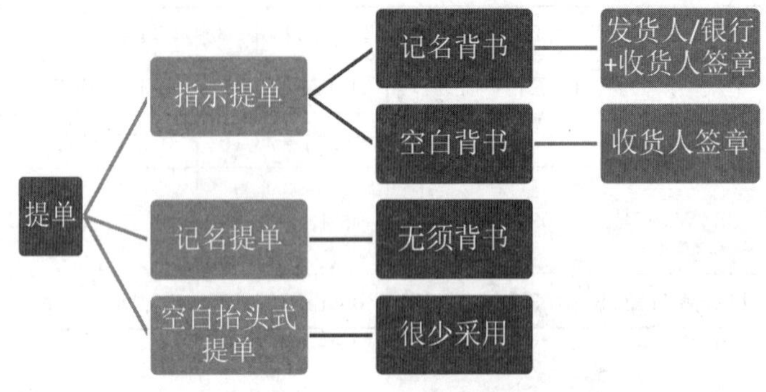

图 2-20 海运提单的背书要求

②记名提单。这种格式的提单为记名式,只能由收货人取得货物所有权,不可转让,因此无须背书,也就是不需要收货人在提单背面签字盖章。

因此货运代理公司操作员在获得海运提单时,必须要确认提单的类型,若为指示提单(出现“to the order of”等字样),则一定要确认收货人已完成提单背书(即签字盖章)手续,之后再凭海运提单向船公司或其代理人换取提货单。

(2)提货单的换取

在收到到货通知书后,海运 OP 应从单证中找到已经审核背书的正本海运提单,再连同到货通知书一起到 COSCO 公司办理换证事宜。在签发提货单时,船公司或其代理会对正本提单签发人的签署、提单签发的日期、提单背书的连贯性以及提单持有人是否正当进行判定。案例中的海运提单已清楚写明“Freight Prepaid”,因此,只要提单审核无误,船公司或其代理就有义务对提单持有人签发提货单,并加盖船公司或其代理的“进口提货章”。当然,如果是运费到付的提单,收货人应先支付到付运费,再办理提货单换取手续。提货单的换取等式如图 2-21 所示。

图 2-21 提货单的换取等式

值得一提的是,在实际操作中,由于邮寄慢且根据英文货运单证翻译的地址也不一定准确,在许多情况下,已经不发送纸制到货通知书,代之以电话、电邮或传真。因而,实际操作中,可以用正本提单直接换取提货单。

提货单本身不具备流通性,其收货人栏目必须是记名式的。提货单上必须列明船名、交货地点、集装箱号、铅封号、货物名称、收货人等提单上所记载的交货所必须的内容(如图 2-22 所示)。

提货单

致：厦门海沧嵩屿码头港区、场、站

收货人：厦门进出口贸易公司

下列货物已办妥手续，运费结清，准予交付收货人。

编号 13031417065

船名 XINHESHIBA	航次 054	起运港 釜山	目的港 厦门
提单号 COHEXB054WSD202	交付条款 CIF CY/CY		预付海运费
卸货地点 厦门港	到达日期 20130316	进库场日期 20130316	第一程运输

标记与集装箱号	货名	集装箱数	件数	重量(kg)	体积(m^3)
FSCU3324189	TAILOR WELDED	12	96 捆	202 028.00	123.64
FSCU7702435	BLANK STEEL				
FSCU7703200	SHEETS APFC390				
FSCU7709614	1.2(2.0) ×1464×635				
FSCU7712650					
FSCU7826101					

请核对放货：

GESU2541333 GESU2611533 INBU3817267

GESU3545919 GESU3435589 GESU3542355

公司负责人签字

2013 年 03 月 14 日

凡属法定检验、检疫的进口商品，必须向有关监督机构申报。

收货人章 (收货人章)	海关章 (海关放行章)	(签章)	(签章)
(签章)	(签章)	(签章)	(签章)

图 2-22 提货单范例

2.交货记录联单

在集装箱班轮进口货运业务中，普遍采用交货记录联单以代替班轮进口货运业务中所使用的提货单。它们性质一样，仅在组成和流转过程方面有所不同。

组成方面，交货记录联单的标准格式一般为一式五联，具体如表 2-22 所示，其中提货单为第二联。如果为门到门的整箱货物，货运代理人还应到船运代理企业的箱管部门办理提重箱和还空箱手续，由箱管部门开具提箱通知单、进场与出场设备交接单，并在提货单(图 2-22)上加盖船运代理“放箱章”。

表 2-22　交货记录联单的组成

交货记录联单	
第一联	到货通知书 Arrival Notice
第二联	提货单 Delivery Order
第三联	费用账单(蓝色)
第四联	费用账单(红色)
第五联	交货记录 Deliver Record

从流转程序上来看，提货单和交货记录联单的流转仅在堆场提货环节有所差别，提货单的流转相对简单一些。

3.电放保函

上文提及提货单必须由正本提单换取，然而正本提单的寄送可能会产生不必要的时间成本。因此在实务中，若发货人有办理电放手续，那货运代理公司就可凭借收货人出具的保函而无须正本提单，向卸货港的船公司分支机构或其代理办理电放提货手续，以便收货人及早提货。进口电放保函范例如图 2-23 所示。

进口电放保函

致：(船公司或其代理)

兹有我公司进口货物已经到达港，具体情况如下：

船名：(VESSEL NAME)

航次：(VOY)

提单号：

货物名称及重量：＿＿＿＿＿＿＿＿吨＿＿＿＿＿＿＿＿

该票货物在承运人处已办理了电放手续，现请贵司凭我公司的保函及所附提单副本办理放货手续，由此产生的一切责任、经济损失及法律纠纷均由我公司承担。

特出具此保函。

注：所附提单副本需背书盖收货人公司公章。

货代公司：(公章)　　　　收货人公司：(公章)

电话：　　　　电话：

经办人：　　　　经办人：

日期：　　　　日期：

图 2-23　进口电放保函范例

四、进口申报

承载货物的船舶完成进境申报的 14 天内,货物应完成进口申报工作。与出口申报一样,被列入《法检目录》的货物必须要先报检报验后报关,代理报检报关委托书也和出口申报一样,具体见项目五的介绍。

五、提取货物

(一)提取货物程序

货运代理人向货主交货有两种情况。一是象征性交货,即以单证交接。货物到港经海关查验,并在提货单上加盖海关放行章,将该提货单交给货主,即为交货完毕;二是实际性交货。除完成报关放行外,货运代理人负责在港口装卸区办理提货,并负责将货物运至货主指定地点,将货物交给货主。

以上两种交货,都应做好交货工作的记录。因象征性交货货运代理从业人员只需在取得加盖海关放行章的提货单后,将提货单交付给货主即可完成交货任务,程序较为简单,因此不再赘述。以下只以实际性交货为例来阐述这一程序。

1.提货预约

为缩短货物到港滞留时间,避免提货等待和码头拥堵等现象的发生,码头堆场一般都要求收货人或其货运代理人提前办理提货申请,也就是俗称的“提货预约”。预约程序一般可分成四阶段(如图 2-24 所示):

(1)申请。货运代理公司人员将办理完报检和报关手续的提货单、交货记录联单的其余三联(三至五联,下面简称交货记录三联单)、提箱通知单、进场与出场设备交接单(后两者可从船运代理企业箱管部门获得,堆场拆箱无须提供)交至码头堆场办理提货/箱申请,并填写提货作业申请单,说明提货/箱申请的种类(整箱提货、拆箱提货、CFS 仓库提货等)以及预计提货/箱时间。

(2)受理。堆场受理人员应先核对提货单是否手续齐全,若齐全则留下提货单作为放货依据。在此基础上,根据收货人计划提箱日期在“费用账单”联上加盖费用收取截至章,核算出应缴纳的港口费用,并在“交货记录”联上(交货记录联单第五联)盖章。在确定实际提货时间后,堆场人员应打印出正式的作业申请单(一式六联),并将其中的“客户联”连同“交货记录三联单”交付给货运代理公司。

(3)缴费。货运代理公司人员持“作业申请单客户联”和“交货记录三联单”到码头收费部门缴纳港口费用,收费员在收取费用后留下蓝色的“费用账单”联(交货记录联单第五联),作为收费依据,并在红色“费用账单”联(交货记录联单第四联)上加盖“费用收讫章”交还货运代理人。

(4)预约完成。堆场受理人员打印提箱凭证,在“交货记录”联、“作业申请单申请人联”加盖提箱放行章后将其发还给货运代理公司,并将作业申请单其他联分送至堆场、货运站、调度、检查口等部门以便其安排作业计划。

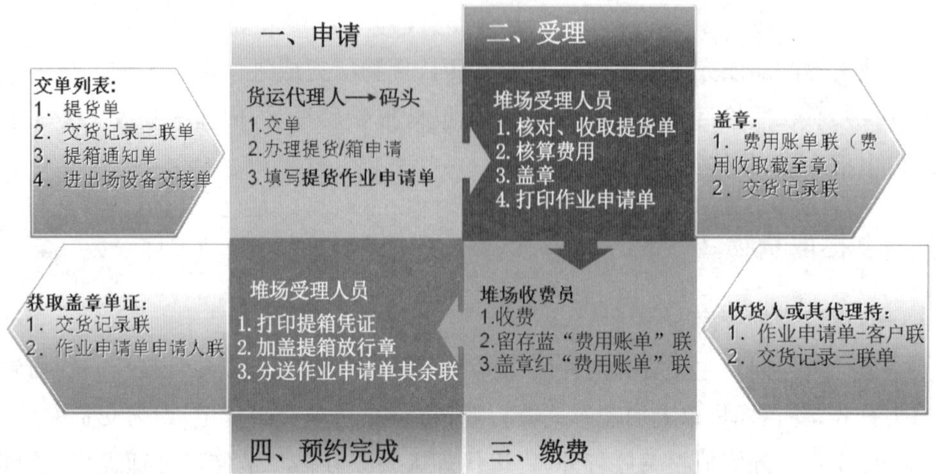

图 2-24　提货预约的流程

2.提取货物

提货方式(整箱货或拼箱货)的不同使得提货的手续也略有不同,但存在共同的基本程序(如图 2-25 所示):提货人凭港区或场站已盖章的提货单、作业申请单等在规定时间内到指定堆场或货运站提取货物。堆场、货运站一般应再次核对这些单证才可发放货物/箱子,并要求提货人对所提货物进行查验。集装箱堆场或货运站的人员与提货人在验收集装箱和货物时,应按实际情况填写并双方签字确认。提货完毕后,要求提货人在"交货记录"联规定的栏目内签名,以示确认提取的货物无误。同一张"交货记录"联上的货物分批提取时,必须等最后一批货物提取完毕后才能签收。"交货记录"联是证明船公司责任终止的重要单证,堆场或场站应收回"交货记录"联留存归档备查。

图 2-25　提货的基本程序

不同提货方式的其他要求:

(1)整箱货。堆场人员及货运代理人双方还需办理箱子交接检查手续,共同签发设备交接单。交接过程中,如果发现货物/箱子与单证不符或已发现有货损,则应做好货损报告交相关方签字确认,并在设备交接单上批注。交接完毕后,堆场应在己方的作业申请单上销账,并将"交货记录"联等单据存档备案。货运代理人在集装箱拆箱后,要负责按时将空箱送回到设备交接单上指定的还箱地点(即船公司存放空箱的空箱堆场)。如果超出免费使用天数,船公司的集装箱代理人将收取滞箱费,滞箱费按集装箱的种类不同而规定不同。

(2)拼箱货。一般情况下,货运站人员应将集装箱由堆场运至货运站拆箱。在码头堆场进行拼箱集装箱货物交接时，应由堆场和货运站人员共同在集装箱装箱单上签字作为货物交接的收据。集装箱运至货运站拆箱后，将通知收货人或其代理凭借提货单到货运站提货。

3.交货

完成提重箱的手续后，根据委托方的要求，邱丹红事先与拖车公司取得联系，负责将12箱集装箱运往金龙汽车公司的仓库，由收货人所属工作人员拆箱卸货。完成拆箱卸货工作后，要求拖车司机将空箱运回堆场，完成交接手续。

集装箱货物需继续运往内地最终交货点交货的情况有两种：

(1)收货人或其代理自行将货物运往内陆。对于收货人委托货运代理安排转运的，双方应签订“海运进口国内交接、代运协议书”。船公司对货物的责任终止于码头堆场。货运代理企业自行确定内陆承运人，并向堆场与船公司或其代理办理提重箱手续，做好交接记录，再将集装箱交至内陆承运人运往目的地。

(2)联运集装箱货物。由船公司或其代理确定内陆承运人，堆场与内陆承运人只需办理内部交接手续，船公司对全程运输负责。集装箱运至最终交货地点后，货运代理人再与内陆承运人办理货物交接记录。

其后，货运代理人还应负责做好返还空箱的工作。若未按规定期限和指定地点归还集装箱的，需支付集装箱超期使用费。

(二)延期提货的处理

货运代理企业原则上应在提货凭证上规定的作业时效内提货，若出现超时提货的情况，需重新办理申请并支付额外的费用，甚至可能出现因超期提取而被海关没收货物的情况。

《集装箱管理规则》对进口集装箱超期提货的规定如下：

①收货人超过规定期限不提货的，应按照有关规定或合同约定支付堆存费及集装箱超期使用费。

②集装箱卸船后，在堆场交付的货物超过10天不提货，堆场可将集装箱或货物转场堆放，由此产生的费用由收货人承担；10天内，因港口需要造成的集装箱或货物转场费用，由港口负担。

③自集装箱进境之日起三个月以上不提货的，海上承运人或港口可报请海关按规定处理，并以拍卖所得款项支付相关费用。

(三)退运货物的处理

退运货物一般可分为直接退运货物和一般退运货物。直接退运货物是因货物不符合国家相关规定而被海关强制退回，因此不存在提货环节。一般退运货物是因收货人发现货物存在质量缺陷、货物误卸/溢卸、延迟交货等问题，在海关放行后才发生的退运。对于一般退运货物，货运代理人一方面需按照退运货物的程序向海关申报，另一方面还需做好订舱事宜(出口订舱操作详见P49项目二中任务二的内容)。

报关方面，应填写出口货物报关单申报出境，并提供原货物进口时的进口货物报关单、保险公司证明或承运人溢装、漏卸的证明等有关资料，经海关核实无误后，验放有关货物出境。货物自进口之日起 1 年内原状退货复运出境的，经海关核实后可以免征出口关税，已征收进口关税和代征税的，自缴纳进口税款之日起 1 年内可向海关申请退还。

◆ 任务三 ◆ 国际海上货运代理业务——制单

任务导入

邱丹红在操作岗实习的这段时间里，接触了各种单证，比如场站收据、提单、集装箱设备交接单等。充分认识单证并掌握如何缮制，仍然需要在单证部进行学习和实操。这也正是她的下一轮实习岗位——单证岗。在单证岗将会有什么收获，邱丹红非常期待。

任务分析

由于国际贸易的特点主要是“单证交易”，因此，单证缮制水平的高低不仅影响公司的形象，更直接关系到货物是否可以顺利通关进出境、客户是否可以安全结汇。

制单员应与负责单证的客户人员联系，审核客户的托运单，并确认是否可以以托运单为准制作海运提单。若可以，将已经制作好的海运提单样本传真至承运人即可；若不可以，则应要求客户提供提单样本，再进行提单的校对。制单员在工作中应注意积累经验和增强主观能动性，从而确保与客户校对提单的次数降到最少。

任务实施

模块一　场站收据

场站收据(Dock Receipt，D/R)，是国际集装箱运输专用出口货运单证，它是由承运人或其代理人签发的证明已收到托运货物并对货物开始负有责任的凭证。

场站收据一般是在托运人订舱时与船公司或船运代理公司达成货物运输的协议。船运代理公司确认订舱后由其交至托运人或其代理填制，在承运人委托的码头堆场、货运站或内陆货站收到整箱货或拼箱货后签发生效。托运人或其代理可凭场站收据向船代换取已装船或待装船提单。随后根据业务需要送交相关部门，以获得货物舱位、出口报关放行、准予装船等。

一、场站收据的作用

场站收据是一份综合性单证，它把货物托运单(订舱单)、装货单(关单)、大副收据、理货单、配舱回单、运费通知等单证汇成一份，对提高集装箱货物托运效率和流转速度具有重要意义。场站收据具体有以下功能：

①船公司或船运代理公司确认订舱并在场站收据上加盖有报关资格的单证章后，将其交给托运人或其代理，运输合同开始执行；

②是出口货物报关的凭证之一；

③是承运人已收到托运货物并对货物开始负有责任的证明；

④是换取海运提单或者联运提单的凭证；

⑤是船公司、码头组织装卸、理货、配载的资料；

⑥是运费结算的依据；

⑦如信用证中有规定，可作为向银行结汇的单证，但不是物权凭证。

二、场站收据的构成

场站收据的组成格式在不同的港口、场站使用也有所不同。表 2-23 为厦门地区使用的格式。

表 2-23　场站收据的构成

联号	名称	颜色	用途
第一联	集装箱货物托运单——货方留底	白色	托运人留存备查
第二联	集装箱货物托运单——船运代理人留底	白色	编制装船清单、积载图、预制提单
第三联	货运代理人留底	白色	费用核算
第四联	运费通知	白色	运费收取通知
第五联	提箱联	白色	提取空箱
第六联	装货单——场站收据副本联	白色	报关、装船指示
	附页：缴纳出口货物港杂费申请书	白色	港方计算港杂费，拖车、堆场留底
第七联	大副联——场站收据副本联	粉红色	报关、船上留存备查
第八联	场站收据正本联	淡黄色	报关、船方据以签发提单
第九联	配舱回单	白色	货代缮制提单等

三、场站收据的内容

在场站收据联单核心联单中，核心联为六、七、八联，托运人或其代理在得到船公司或船运代理公司的订舱确认后即可同时打印出这三联单，他们的内容都是一样的。内容主要包括：场站收据编号（一般与提单号一致）；发货人、收货人、通知人名称及地址；前程运输、收货地点、装货港、卸货港、交货地点、目的地；船名及航次号；箱号、封签号；唛头、箱数、货名、重量、体积、集装箱总数；运杂费、预付地点、预付总额、到付地点；正本提单份数、交接货方式、货物种类、签收地点、订舱确认等。具体如图 2-26 所示。

<table>
<tr><td colspan="4">Shipper</td><td colspan="2">D/R NO.</td></tr>
<tr><td colspan="4">Consignee</td><td colspan="2">场站收据
DOCK RECEIPT</td></tr>
<tr><td colspan="4">Notify Party</td><td colspan="2" rowspan="3">Received by the carrier of the total number of containers or other packages or units stated below to be transported subject to the terms and conditions of the carrier's regular form of Bill of Lading which shall be deemed to be incorporated herein.

Date：　　　　场站章</td></tr>
<tr><td colspan="2">Pre-carriage by</td><td colspan="2">Place of Receipt</td></tr>
<tr><td colspan="2">Vessel/Voy.No.</td><td colspan="2">Port of Loading</td></tr>
<tr><td colspan="2">Port of Discharge</td><td colspan="2">Port of Delivery</td><td colspan="2">Final Destination</td></tr>
<tr><td>Container NO.</td><td>Seal NO.
Mark&Nos.</td><td>NO.of Containers or Packages</td><td>Kind of Packages; Description of Goods</td><td>Gross Weight</td><td>Measurement</td></tr>
<tr><td colspan="6">TOTAL NUMBER OF CONTAINERS OR PACKAGES(IN WORDS)：</td></tr>
<tr><td rowspan="2">Freight & Charges</td><td>Prepaid at</td><td colspan="2">Payable at</td><td colspan="2">Place of Issue</td></tr>
<tr><td>Total Prepaid</td><td colspan="2">NO.of Original B(s)/L</td><td colspan="2">BOOKING APPROVED BY</td></tr>
<tr><td colspan="2">Service type on Receiving
□CY □CFS □DOOR</td><td colspan="2">Service type on Delivery
□CY □CFS
□DOOR</td><td>冷藏温度</td><td>℉　　℃</td></tr>
<tr><td>Type of Goods</td><td colspan="3">□Ordinary，□Reefer，□Dangerous，□Auto
□Liquid，□Live Animals，□Bulk</td><td colspan="2">危险品</td></tr>
</table>

图 2-26　集装箱班轮场站收据

模块二 海运提单

学习思考：海运提单都有哪些类型？

提单是进出口贸易中非常重要的单证，是承运人接收货物或装船的收据，是货物的物权证明，也是海上运输合同成立的证明。

一、认识提单

1.提单的主要当事人

海运提单的主要当事人包括托运人、承运人、收货人和通知方。

托运人（Shipper/Exporter），一般为信用证里的受益人，即出口公司；承运人（Carrier）即只要是能以本人或者委托他人以本人的名义与托运人订立海上货物运输合同的人，在我国法律上就认定为承运人。收货人（Consignee），也称货主，收货人在货物到达目的地后，凭到货通知单和提单在指定港、站办理相关手续，付清应付费用后，验收并提取货物。通知方（Notify Party）是货物到达目的地时承运人可以联络的公司或个人，被通知人可能是买方本身，也可能是买方的代理人、中间商、银行或者是卖方。

托运人与承运人之间签订运输合同，承运人签发提单给托运人确认收货或装船，托运人将提单转让给收货人，收货人再凭借提单向承运人提取货物。

2.提单的分类

提单的类型多种多样，一份提单可以按照不同的划分方式来归类，下面仅介绍一些常见的或易混淆的提单类型。

（1）已装船提单 VS.收货待运提单（如表 2-24 所示）

表 2-24 已装船提单与收货待运提单的比较

	已装船提单（On Board B/L）	收货待运提单（Received for Shipment B/L）
签发情形	承运人已将货物装上指定船舶	承运人收到货物，但尚未装船
提单内容	注明载货船舶、航次和装船日期	没有明确的装船日期，往往不注明装运船舶的名称
银行结汇	买方往往会要求卖方提供已装船提单。已装船提单证明货物已经在载运船舶上，确保买方能在目的港提到货	买方往往不接受这种提单，因为待运提单使买方无法确定所获得的提单项下的货物最终能否顺利装船

(2)记名提单 VS.不记名提单 VS.指示提单(如表 2-25 所示)

表 2-25 记名提单、不记名提单与指示提单的比较

	记名提单(Straight B/L)	不记名提单(Bearer B/L)	指示提单(Order B/L)
提单收货人的抬头	具体写明收货人名称的提单 形式:①Consigned to A; ②Deliver to A; ③Onto A	不具体指明收货人名称的提单 形式:①to Bearer; ②空出不写	收货人通过"Order"方式进行指定的提单 形式:①to the order of ××Bank; ②to the order of A; ③to the order of shipper; ④to order
提单是否可以流转	不能转让	可以转让,无须背书	可以转让,但必须经过背书转让
提取货物	凭正本提单提货,但有些国家(如美国)允许仅凭"到货通知"上的背书和身份证明即可提货	凭正本提单提货	凭正本提单提货

(3)清洁提单 VS.不清洁提单(如表 2-26 所示)

表 2-26 清洁提单与不清洁提单的比较

	清洁提单(Clean B/L)	不清洁提单(Foul B/L)
货物状况	装船后货物表面状况良好	接货时发现货物有货损
提单批注	无货损、包装不良或其他有碍结汇的批注	承运人在提单上加注了有关货物及包装不良或存在缺陷等批注,明确责任
银行结汇	一般情况下,卖方向银行办理结汇时,都规定必须提交这种清洁提单	一般情况下,卖方凭不清洁提单无法到银行顺利结汇

学习思考:承运人为何会积极在提单上做相应批注?

提单批注常见类型如表 2-27 所示。

表 2-27　提单批注常见类型

批注类型	描述方式	是否构成不清洁提单
①对货物或包装状况的批注	A. ONE BAG BROKEN（一包有破损） B. ONE BALE OF ××× STAINED BY WATER（一包货有水渍） C. ALL ××× LOADED WET（全部×××货装船水湿） D. ONE CARTON NO. 3 MIDDEW STAINED（第 3 号纸箱有霉迹） E. ONE BOXES CARSHDE, CONTENT'S EXPOSED（一箱打碎，货物暴露） F. ONE STEEL TUBES BENT（一条钢管弯曲） G. DAMAGED BY VERMINS (RATS)（有虫或被鼠咬）	构成不清洁提单
	A. SECOND-HANDCASES（用过的箱子） B. USED DRUMS（旧桶）	不构成不清洁提单
②对货物数量的批注	A. SHORT SHIPPED ONE JAR（少装一坛） B. SHUT OUT ONE CASES（少装一箱）	尚有争议，为谨慎起见，卖方应尽可能换单
③对附加费用的说明	PORT EXPENSES AT DESTINATION TO BE BORNE BY THE CONSIGNEE（目的港费用由收货人负担）	不构成不清洁提单
④免责批注	A. N/R FOR PUTREFACTION（船方不负货物腐烂之责） B. N/R FOR NUMBER OF PIECES CAUSED BY BONDLES OFF（散捆后船方对件数不负责） C. SAID TO CONTAIN...（据托运人说有……）	不构成不清洁提单
⑤对运输方式的说明	SHIP MAY DISCHARGE THE GOODS AT THE NEATEST PORT IF UNABLE TO REACH THE DESTINATION（如不能进入目的港，船方可将货物在就近港口卸下）	不构成不清洁提单，实际上是承运人认为需要时重申他的权利和责任
⑥保留性陈述	A. SHIPPER'S LOAD, STOW, WEIGHT AND COUNT(托运人装箱、积载、计数) B. ABOVE PARTICULARS AS DECLARED BY SHIPPER, BUT WITHOUT RESPONSIBILITY OF OR REPRESENTATION BY CARRIER(上述托运人所声明的细节，承运人概不承担责任)	不构成不清洁提单，是承运人否认知悉货物的重量、尺码、质量、内容和价值等的批注，此类批注常印在提单的正面

(4)班轮提单 VS.货代提单

根据签发人不同,提单可分为班轮提单(Master B/L)和货代提单(House B/L)。前者俗称船东提单,是班轮运输中,由班轮公司或其代理人作为承运人所签发给托运人的提单;后者是无船承运业务的经营者以承运人的身份,签发给托运人的提单,在我国,无船承运人又具有国际货运代理的身份,因此,被称为货代提单。

(5)直达提单 VS.二程提单 VS.转船提单 VS.多式联运提单

直达提单(Direct B/L),顾名思义,就是货物从装货港装船后,中途不经过转船而直接运抵卸货港的提单。它是由承运人签发的,提单中仅记载起运港和卸货港,不能带有中途转船的批语。

二程提单(Switch B/L),是在直达运输的条件下,应托运人的要求,在某一约定的中转港凭在启运港签发的提单换发一套以该中转港为启运港,但仍以原来的托运人为托运人的提单,并注明"在中转港收回本提单,另换发以该中转港为启运港的提单"或"Switch B/L"字样的提单。当贸易合同规定以某一特定港口为装货港,而作为托运人的卖方因备货原因,不得不在这一特定港口以外的其他港口装货时,为了符合贸易合同和信用证关于装货港的要求,常采用这种变通的办法,要求承运人签发这种二程提单。

转船提单(Transshipment B/L),是承运人针对要求要在中途港换装其他船舶再运抵目的港的货物所签发的提单。

多式联运提单(Multimodal Transport B/L),一般由承担海运区段运输的船公司签发,指货物由海路、内河、铁路、公路和航空等两种以上不同运输工具共同完成全程运输时所签发的提单,这种提单主要用于集装箱运输。

(6)倒签提单 VS.预借提单 VS.顺签提单(如表 2-28 所示)

表 2-28 倒签提单、预借提单和顺签提单的比较

	倒签提单 (Anti-dated B/L)	预借提单 (Advanced B/L)	顺签提单 (Post-dated B/L)
签发时间	货物装船完毕,签发时间早于货物实际装船完毕的日期	货物尚未装船或尚未装船完毕,签发时间早于货物实际装船完毕的日期且签发的为已装船提单	货物装船完毕,签发时间晚于货物实际装船完毕的日期
签发目的	为符合信用证关于装运期的规定	信用证所规定结汇期即将届满,但货物尚未装船或尚未装船完毕	为符合信用证关于装运期的规定
法律责任	三者均为提单欺诈行为,掩盖提单签发实际情况,承运人承担责任		

(7)合并提单 VS.拆分提单

合并提单(Combined B/L),指根据托运人的要求,将同一船舶装运的同一装货港、同一卸货港、同一收货人的两批或两批以上相同或不同的货物合并签发一份提单。托运人或收货人为了节省运费，常要求承运人将本应属于最低运费提单的货物与其他另行签发提单的货物合并在一起只签发一份提单。

拆分提单（Separate B/L）即同一装货单的货物，可根据托运人的要求分列两套或两套以上的提单。托运人为了使在目的港的收货人提货方便，分开签多份提单，分属于几个收货人，这种提单称为拆分提单。只有标志、货种、等级均相同的同一批货物才能签发拆分提单，否则，会因在卸货港理货而增加承运人理货、分标志费用的负担。

（8）舱面提单

舱面提单（On Deck B/L），又称“甲板货提单”，是对装于舱面甲板的货物所签发的说明“货物装于甲板”字样的提单。货物装于甲板之上，易受海上风浪的影响而造成损坏。因此承运人不得随意将货物积载于舱面承运，如果擅自将货物装于舱面，承运人对货物因装于舱面而造成的灭失和损坏负赔偿责任。允许装载的情形包括：①商业习惯允许装于舱面的货物（如木材）；②法律或有关法规规定必须装于舱面的货物（如某些危险品）；③承运人与托运人协商同意装于舱面的货物。

（9）过期提单

过期提单（Stale B/L），是出口商在取得提单后未能及时到银行议付，因不及时而形成的提单，也称滞期提单。根据《跟单信用证统一惯例》规定，在信用证支付方式下，如信用证没有规定交单的特定期限，则要求出口商在货物装船日起 21 天内到银行交单议付，且不得晚于信用证的有效期限。

二、缮制提单

1.提单的正面内容

海运提单的格式并不统一，各家船公司和无船承运人都有自己的提单格式，但就其内容而言，各家船公司和无船承运人的提单基本一致。提单的正面部分，如图 2-27 所示，主要包括提单的记载事项和正面条款两部分。

Shipper

Bill of Lading No.:

Consignee(if ' To Order 'so indicate)

BILL OF LADING

RECEIVED the goods in apperent good order and condition and as far as ascertained by ressonable means of cheching, as specified above unless otherwise stated. The Carrier, in accordance with and to the extent of the provisions contained in this B/L, and with liberty to sub-contract, undertakes to perform and/ or in his own name to procure performance of the combined transport and the delivery of the goods, including all services which are necessary to such transport from the place and time of taking the goods in charge to the place and time of delivery and accepts responsibility for such transport and such services.
Weight, measures, marks numbers, quality, contents, descriptions and value as declared by the shipper but unknown by the carrier.
In accepting this B/ L the merchant expressly accepts and agrees to all its stipulations, exceptions and conditions whether written, printed, stamped or otherwise incorporated and in particular to the terms overleaf as if they were all signed by the merchant.
One of the Bs/L must be surrendered duly endorsed in exchange for the goods or delivery order.
IN WITNESS whereof the number of original Bs/ L have been signed, if not otherwise stated above, one of which being accomplished the other(s) to be void.

Notify party (No claim shall attach for failure to notify)

Pre - carriage by	Place of receipt	For Delivery of Goods,Please apply to:
Ocean vessel / Voyage No.	Port of loading	
Port of discharge	Place of delivery	

Particulars Furnished by shipper

MARKS & NUMBERS	Quantity & kind of Packages	DESCRIPTION OF PACKAGES AND GOODS	Gross weight KGS	Measurement CBM

COPY-NOT NEGOTIABLE

Total number of Containers or other Packages or units received by the Carrier (in words)

Freight and charges	Revenue tons	Rate per	Prepaid	Collect

EX.RATE @	Prepaid at	Payable at	Place and date of Issue
	Total prepaid in national currency	No. of original B(s) /L	

LADEN ON BOARD THE VESSEL

Date

Issued by ______________ (As Agent for the Carrier)

图 2-27 海运提单正面范例

(1)提单正面的记载事项

不同提单正面的记载事项都会有所不同。但提单作为国际通行的单证，为了业务和法律规制的需要，各国法律包括国际公约都规定提单正面的记载事项必须包含表2-29所示的十一项内容。我国《海商法》允许缺少其中一项或者几项，但目前绝大部分船公司和无船承运人所签发的提单，基本都涵盖了上述十一项内容。因此，这十一项内容是提单正面记载事项的最主要内容。

表 2-29 提单正面的必须记载事项

1	货物的品名、标志、包数或者件数、重量或者体积，以及运输危险货物时对危险性质的说明
2	承运人的名称和主营业所
3	船舶名称
4	托运人的名称
5	收货人的名称
6	装货港和在装货港接收货物的日期
7	卸货港
8	多式联运提单增列接收货物地点和交付货物地点
9	提单的签发日期、地点和份数
10	运费的支付
11	承运人或者其代表的签字

(2)提单正面条款

提单正面的条款是以印刷的形式，将以承运人免责和托运人作出的承诺为内容的契约文句，列记于提单的正面。常见的条款包括确认条款、不知条款、承诺条款、签署条款等。

①确认条款，是承运人表示在货物或集装箱外表状况良好的条件下，接受货物或集装箱，并同意承担按照提单所列的条款，将货物或集装箱从装货港或起运地运往卸货港或交货地，把货物交给收货人的责任条款(如图 2-28 所示)。

中远集装箱运输有限公司
COSCO CONTAINER LINES

TLX: 33057 COSCO CN
FAX: +86(021) 6545 8984

ORIGINAL

Port-to-Port or Combined Transport
BILL OF LADING

RECEIVED in external apparent good order and condition except as other-
Wise noted. The total number of packages or unites stuffed in the container,

图 2-28 确认条款

②不知条款，是承运人表示没有适当的方法对所接受的货物或集装箱进行检查，所有货物的重量、尺码、标志、品质、数量等都由托运人提供，承运人不承担责任的条款(如图 2-29 所示)。

中远集装箱运输有限公司
COSCO CONTAINER LINES

TLX: 33057 COSCO CN
FAX: +86(021) 6545 8984

ORIGINAL

Port-to-Port or Combined Transport

BILL OF LADING

RECEIVED in external apparent good order and condition except as other-Wise noted. The total number of packages or unites stuffed in the container, The description of the goods and the weights shown in this Bill of Lading are Furnished by the Merchants, and which the carrier has no reasonable means Of checking and is not a part of this Bill of Lading contract. The carrier has

图 2-29 不知条款

③承诺条款，是承运人表示承认提单是运输合同成立的证明，承诺按照提单条款的规定承担义务和享受权利，而且也要求货主承诺接受提单条款制约的条款(如图2-30所示)。

中远集装箱运输有限公司
COSCO CONTAINER LINES

TLX: 33057 COSCO CN
FAX: +86(021) 6545 8984

ORIGINAL

Port-to-Port or Combined Transport

BILL OF LADING

One of the original Bills of Lading must be surrendered and endorsed or sig-Ned against the delivery of the shipment and whereupon any other original Bills of Lading shall be void. The Merchants agree to be bound by the terms And conditions of this Bill of Lading as if each had personally signed this Bill of Lading.

图 2-30 承诺条款

④签署条款，是承运人表明签发提单正本的份数，每份提单具有相同效力，其中一份完成提货后其余各份自行失效，提取货物时必须交出经背书的一份提单以换取货物或提货单的条款(如图 2-31 所示)。

Consignee:		BILL OF LADING SHIPPED on board in apparent good order and condition(unless otherwise indicated) the goods or packages specified herein and to be discharged at the mentioned port of discharge or as near thereto as the vessel may safely get and be always afloat. The weight, measure,marks and numbers, quality, contents and value, being particulars furnished by the Shipper, are not checked by the Carrier on loading. The Shipper,Consignee and the Holder of this Bill of Lading hereby expressly accept and agree to all printed, written or stamped provisions, exceptions and conditions of this Bill of Lading, including those on the back hereof. IN WITHESS whereof the number of original Bills of Lading stated below have been signed, one of which being accomplished, the other(s) to be void.
Notify Party:		
Pre-carriage by	Place of Receipt	Agent Name for Delivery:

图 2-31 签署条款

(3)提单正面内容的缮制方法

海运提单的缮制一般以场站收据(集装箱运输)或托运单(杂货运输)为依据,要求内容完整、无错漏,且符合合同或者信用证的相关条款规定。海运提单正面的缮制方法可归纳为表 2-30。

表 2-30 海运提单正面的缮制方法

提单栏目	填写内容	注意事项
1.提单号码(B/L No.)	此栏由承运人或代理人按航次所属的提单套数编号	必须注明提单号,否则提单无效
2.托运人(Shipper)	①信用证有规定,按照信用证受益人名称和地址填; ②信用证没有受益人地址,则此栏可不填地址; ③信用证无特殊规定,且受益人是中间商,则也可以填写实际卖方名称地址	在信用证无特殊规定、以第三方实际卖方为托运人时,应考虑各方面是否可行,确保与信用证、托运单(场站收据)记录一致
3.收货人(Consignee)	①指示式:To order/To order of shipper/To order of × ×× Bank/To order of × ××Co.,Ltd. ②记名式:× ××Co.,Ltd. ③不记名式:空白/To bearer	实务中,指示式填写方式最普遍,采用指示式填写方式,提单可通过背书进行转让
4.被通知人(Notify Party)	①空白:信用证未规定或者是记名提单; ②货物进口商或其代理名称、地址:根据信用证规定填写	①当此栏放空时,要在副本提单上的这一栏中填上信用证申请人名称、地址; ②当信用证要求两个或两个以上公司,则此栏填写两个或两个以上公司名称、地址
5.前程运输(Pre-carriage By)	此栏适用于"多式联运"方式; 填写海运前一程的运输方式	如货物不需要转运,本栏留空
6.收货地点(Place of Receipt)	此栏适用于"多式联运"方式; 填写头程的收货地点	如货物不需要转运,本栏留空
7.船名航次(Ocean Vessel, Voy.No.)	填写实际承运货物的船舶名称和航次	
8.装货港(Port of Loading)	填写实际起运港名称	如信用证仅是笼统规定起运港名称或同时列明几个装运港,制单时需按实际情况填写一个港口名称

续表

提单栏目	填写内容	注意事项
9.卸货港(Port of Discharge)	填写实际卸货港(目的港)名称	①如信用证或合同中,没有规定具体卸货港,则需按照实际填写具体港口名次; ②如经转船,则可在目的港名称之后加注“With transshipment at ... ”(W/T AT); ③如货物卸至目的港后须以陆运方式转运至内陆,则在此栏填写卸货港名称后,另在货名栏下方空白处或在唛头中加注“In transit to ...”,不能直接在卸货港名称后填写
10.交货地点(Place of Delivery)	此栏适用于“多式联运”方式; 填写最终的交货地的名称	如果货物目的地就是目的港的话,本栏留空
11.唛头和号码(Marks & Nos.)	①有唛头,则按照实际货物、其他单据或信用证中的唛头填写; ②无唛头,可填“No Mark”或“N/M”	
12.集装箱号和铅封号(Container/Seal No.)	填写实际的集装箱箱号与铅封号	填写时有几个箱号就要填写几个,且铅封号与集装箱号要一一对应
13.件数和包装(No.of Containers or Packages)	装入集装箱内货物的外包装件数(运输包装)和集装箱箱数	①一般填写具体数字外,还要在下面加大写数量; ②散装货物无件数,可写“In Bulk”; ③裸装货物,应加上件数,如“1 UNIT”或“100 HEADS”
14.货名(Description of Goods)	填写货物名称	严格按照信用证规定填写,且要注意与其他单据货名一致
15.毛重(Gross Weight)	货物的实际毛重(包括包装材料在内的重量)	①一般以千克为计量单位; ②货物无毛重时,可在此栏中加注净重“N.W.”
16.尺码(Measurement)	货物的实际体积	一般以立方米为计量单位,小数点以后保留三位

续表

提单栏目	填写内容	注意事项
17.总箱数/货物总件数(Total Number of Containers and/or Packages)	用英文大写字母来填写集装箱的总箱数或货物的总件数	在件数前面需加上"Say"字样,在件数结尾加上"Only"字样
18.运费和费用(Freight and Charges)	①一般不填具体金额,只填写支付情况; ②Freight prepaid/Freight to paid; ③Freight to collect/Freight payable at destination; ④Freight payable as per charter party	①Freight prepaid/Freight to paid为装运港托运人支付运费; ②Freight to collect/Freight payable at destination为目的港收货人支付; ③Freight payable as per charter party为全程租船运输
19.货物价值申报(Declared Value Charge)	如托运人有货物价值向承运人申报,填此栏;如没有,则放空	
20.正本提单份数(Number of Original B/Ls)	托运人要求签发的提单份数	通常正本提单一式两份或一式三份,每份提单具有同等效力,收货人持其中的任意一份提取货物后,其他份提单自动失效
21.提单签发的地点和日期(Place and Date of Issue)	①签发地点:装货港或货物集中地点; ②签发日期:要求装船完毕的日期,与大副签署的收货单签发的日期一致	提单签发的日期不得晚于信用证规定的装运期
22.承运人签字(Signed for the Carrier)	①承运人签字: 提单上方已经印刷好的:COSCO BILL OF LADING 提单下方显示:COSCO(MR. LEO的签字) AS CARRIER或者THE CARRIER ②承运人的代理签字: 提单上方已经印刷好的:COSCO BILL OF LADING 提单下方显示:WINNERS SHIPPING COMPANY(MS. GINA的签字) As agent for and/or on behalf of the carrier COSCO	提单的签署必须可识别其身份,即签署时必须显示其身份与名称

续表

提单栏目	填写内容	注意事项
22.承运人签字(Signed for the Carrier)	③船长签字： 提单上方已经印刷好的：COSCO BILL OF LADING 提单下方显示：COSCO (或不注明，或者显示船名)(WIKKON 的签字)AS MASTER 或者 THE MASTER ④船长代理人签字： 提单上方已经印刷好的：COSCO BILL OF LADING 提单下方显示：WINNERS SHIPPING COMPANY(MS. GINA 的签字) As agent for and/or on behalf of the master WIKKON of the carrier COSCO ⑤货运代理人签字提单： 提单上方已经印刷好的：OKAY SHIPPING LOGISTICS LTD 提单下方显示：OKAY SHIPPING LOGISTICS LTD(MR. CHAN 的签字) AS CARRIER 或者 THE CARRIER	提单的签署必须可识别其身份，即签署时必须显示其身份与名称

2.提单的背面内容

海运提单正本的背面内容为事先印就的各种条款，提单副本的背面一般为空白。提单背面条款可以分为两类，一类是强制性条款，另一类是任意性条款。强制性条款的内容不能违反有关国际公约、国内法律或港口的规定，违反或不符合这些规定的条款无效。任意性条款是国际公约、国内法律或港口规定中没有明确规定的，允许承运人自行拟定的条款。这些条款一般是表明承运人与托运人、收货人或提单持有人之间承运货物的权利、义务、责任与免责的条款。

自我测试

一、单项选择题

1. 以下不属于班轮运输特点的是(　　)。

A.货主集中且固定

B.适合小批量的货物运输需要

C.船舶技术性能好、设备较齐全、船员技术素质较高

D.能够满足各种不同的货物运输要求，并且能较好地保证货运质量

2. 以下各知名船公司中英文缩写名称不正确的有(　　)。

A.马士基海陆 MSK　　B.中远集团 COSCO

C.美国总统邮轮 APL　　D.东方海外 CSCL

3. 集装箱货物交接方式中,CFS-CFS 是指(　　)。

A.门到门　　B.站到站

C.场到场　　D.沟到沟

4. 证明海上货物运输合同和货物已经由承运人接收或装船,承运人保证据以交付货物的单据是(　　)。

A.海运提单　　B.设备交接单

C.场站收据　　D.商业发票

5. 在集装箱运输中,FAK 是指(　　)。

A.不同等级费率　　B.均一费率

C.重量/尺码选择费　　D.选择航线费率

6. 某国内出口商拟通过海运托运一批货物到西雅图,以下哪条航线合适?(　　)

A.远东——北美西岸航线　　B.远东——北美东岸航线

C.远东——欧洲航线　　D.远东——地中海航线

7. 某出口公司一批货物于 2019 年 8 月 3 日装运,同日船舶开航。经出口公司要求,船公司签发提单的日期为 2019 年 7 月 25 日,则该提单为(　　)。

A.倒签提单　　B.顺签提单

C.预借提单　　D.已装船提单

8. 在国际海上货物运输中,货运事故主要是指运输过程中造成的货物(　　)。

A.全部损失　　B.水湿

C.灭失或损坏　　D.部分损失

9. 以下对海上货运代理常见的英文缩写描述不正确的是(　　)。

A.预计到港时间——ETD　　B.燃油附加费——BAF

C.码头操作费——THC　　D.国际标准集装箱单位——TEU

10. 货物出口报关的时间应是(　　)。

A.装船前　　B.装船后

C.货到目的港后　　D.备货前

二、多项选择题

1. 以下对海运销售的说法正确的是(　　　)。

A.开发客户,接受对外报价,并说服客户委托订舱

B.应具备一定的销售技巧、良好的沟通与表达能力等

C.熟悉主要的船公司、港口、航线、船期表等航运知识

D.熟悉公司的核心业务和优势航线并能够及时对客人进行合理报价

2. 以下属于班轮运输"四固定"的是(　　　)。

A.固定船期表　　B.固定航线

C.固定挂靠港口　　D.固定运费

3. 以下对租船运输的描述正确的是(　　)。

A.属于不定船期,没有固定的航线、装卸港及航期

B.主要用来运输国际贸易中的散杂货

C.船舶港口使用费、装卸费及船期延误,按租船合同规定划分及计算

D.货主和承运人需要事先签订运输合同

4. 以下提单收货人处应填写(　　)以表明该提单只能经由托运人背书转让。

A. to order　　B. to the order of carrier

C. to the order of shipper　　D. to bearer

5. 关于班轮运费,以下说法正确的是(　　)。

A.同一票货物如包装不同,其计费标准和等级也不同,如托运人未按不同包装分别列明毛重和体积,则全票货物均按收费较高者计收运费

B."W/M plus Ad.Val"表示该种货物分别按其FOB价格的某一百分比和毛重、体积计费,并选其中运费最高者

C.重量吨和尺码吨统称为运费吨

D.属于第一级的商品,其班轮运费的计收标准是最高的

三、操作题

1. 学生4～5人为一小组,根据以下资料,以小组为单位完成单证的填制

厦门ABC服饰有限公司(3502967285)向日本长崎的仰青株式会社以CIF合同进口1个集装箱的人造革鞋料PVC(海关编码为:59031020;法定计量单位:千克;运费USD 1 000;保率0.27%)。厦门ABC服饰有限公司于2013年8月8日(周四)收到日本仰青株式会社发来的装船通知电,得知货物已于2013年8月7日装船驶往厦门港。为方便业务,厦门ABC服饰有限公司委托厦门对外贸易货运代理有限公司代理该票货物的进口手续,并签发委托书。

厦门对外贸易货运代理有限公司于2013年8月12日填制入境货物报检单,并于2013年8月13日获得检验检疫局签发的入境货物通关单。次日,厦门对外贸易货运代理有限公司填制进口货物报关单向海关申报,经过海关审单、查验、完税等手续后,于2013年8月15日获得海关放行。厦门对外贸易货运代理有限公司应凭借盖有海关放行章戳记的提货单到厦门海沧码头提取货物,并用拖车运至厦门ABC服饰有限公司在南山路的仓库。

注:YDS为英度量单位,中文译为:码。

相关材料如下:

商业发票(Commercial Invoice)

<table>
<tr><td colspan="2">Shipper
YANGQING.,LTD.
ROOM1003, BEACH PLAZA
143 YUEPING STREET, BROADWAY, NAGASAKI</td><td colspan="2">No. &Date of Invoice
GA132673 AUG 7, 2013</td></tr>
<tr><td colspan="2" rowspan="2">For Accountee & Risk of Messer
XIAMEN ABC CLOTHES & ACCESSORIES LTD COMPANY
18/F, ZHONGWAIYUN BUILDING, 1303
XIAHE RD, XIAMEN 361000</td><td colspan="2">No. &Date of L/C
TF5268423956ILPD AUG 1, 2013</td></tr>
<tr><td colspan="2">L/C Issuing Bank
CONSTRUCTION BANK OF XIAMEN DONGDU BRANCH</td></tr>
<tr><td>Loading Port
NAGASAKI, MAIN
PORT OF JAPAN</td><td>Final Destination
XIAMEN, CHINA</td><td colspan="2">Remarks
CONTRACT NO.NTHY98102
PACKING CONDITIONS AS CALLED FOR BY THE L/C</td></tr>
<tr><td>VESSEL
AL SAFAT</td><td>VOYAGE No.
1120W</td><td>Sailing on or about
AUG 7, 2013</td><td>No. of Calls</td></tr>
<tr><td>Marks & Number</td><td colspan="3">Description of Goods
SHOE MATERIALS PVC
人造革
DETAILS AS PER CONTRACT
NO. NTHY98102—(1),(4),(5)
PRICE TERM:THE UNIT PRICE TOBE UNDERSTOOD CIFXIAMEN CHINA PER PC, ACTUAL NET WEIGHT, PACKING CHARGES INCLUDED
PACKING:STANDARD EXPORT PACKING</td></tr>
<tr><td>SIZE</td><td>QUANTITY
596.00 YDS</td><td>UNIT PRICE(USD/PC)
USD 2.86</td><td>AMOUNT
USD 1 704.56</td></tr>
<tr><td colspan="3">GRAND TOTAL: 596.00 YDS</td><td>USD 1 704.56</td></tr>
</table>

装箱单(Packing List)

<table>
<tr><td colspan="2">Shipper
YANGQING.,LTD.
ROOM1003, BEACH PLAZA
143 YUEPING STREET, BROADWAY,
NAGASAKI</td><td colspan="3">No. &Date of Invoice
GA132673 AUG 7, 2013</td></tr>
<tr><td colspan="2" rowspan="2">For Accountee & Risk of Messer
XIAMEN ABC CLOTHES &
ACCESSORIES LTD COMPANY
18/F, ZHONGWAIYUN BUILDING,
1303
XIAHE RD, XIAMEN 361000</td><td colspan="3">No. &Date of L/C
TF5268423956ILPD AUG 1, 2013</td></tr>
<tr><td colspan="3">L/C Issuing Bank
CONSTRUCTION BANK OF XIAMEN
DONGDU BRANCH</td></tr>
<tr><td>Loading Port
NAGASAKI,
MAIN
PORT OF JAPAN</td><td>Final Destination
XIAMEN, CHINA</td><td colspan="3">Remarks
CONTRACT NO.NTHY98102
PACKING CONDITIONS AS CALLED
FOR BY THE L/C</td></tr>
<tr><td>VESSEL
AL SAFAT</td><td>VOYAGE No.
1120W</td><td colspan="2">Sailing on or about
AUG 7, 2013</td><td>VESSEL
AL SAFAT</td></tr>
<tr><td>Marks & Number</td><td colspan="4">Description of Goods
SHOE MATERIALS PVC
DETAILS AS PER CONTRACT
NO. NTHY98102－(1),(4),(5)
PRICE TERM:THE UNIT PRICE TO BE UNDERSTOOD
CIFXIAMEN CHINA PER PC, ACTUAL NET WEIGHT,
PACKING CHARGES INCLUDED
PACKING:STANDARD EXPORT PACKING
MADE IN JAPAN</td></tr>
<tr><td>SIZE</td><td>QUANTITY
596.00 YDS</td><td>BUNDLES
4</td><td>NET WEIGHT
1 068.00</td><td>GROSS WEIGHT
1 128.00</td></tr>
<tr><td>GRAND TOTAL:</td><td>596.00 YDS</td><td>4</td><td>1 068.00</td><td>1 128.00</td></tr>
</table>

提单(Bill of Lading)

<table>
<tr><td colspan="2">Shipper
YANGQING.,LTD.
ROOM1003, BEACH PLAZA
143 YUEPING STREET, BROADWAY, NAGASAKI</td><td rowspan="5">ORIGINAL
B/L No.
COHEXB076WSD122
COHEUNG MARINE
SHIPPING CO.,LTD.
AS CARRIER
BILL OF LADING</td></tr>
<tr><td colspan="2">Consignee
TO ORDER OF CONSTRUCTION BANK OF XIAMEN
DONGDU BRANCH</td></tr>
<tr><td colspan="2">Notify Party
XIAMEN ABC CLOTHES & ACCESSORIES LTD
COMPANY
18/F, ZHONGWAIYUN BUILDING, 1303
XIAHE RD, XIAMEN 361000
TEL:0592-5086208 FAX:0592-5086209</td></tr>
<tr><td>Ocean Vessel Voy. No.
ALSAFAT /1120W</td><td>Place of Delivery
XIAMEN,CHINA</td></tr>
<tr><td>Port of Loading
NAGASAKI JAPAN</td><td>Port of Discharge
XIAMEN,CHINA</td></tr>
<tr><td colspan="3">Container No.Seal No. Number of Kind of Packages Gross Weight Measurement
Marks and Numbers Description of Goods
FSCU8324189/031876(20GP) N/M 1×20' 1 128.00 KGS 10 648 CBM
(4 BUNDLES) CY/CY
SAID TO BE: SHOE MATERIALS PVC DETAILS AS PER CONTRACT
NO. NTHY98102—(1),(4),(5)
PCS:596.00 BUNDLES:4
L/C NO: TF5268423956ILPD CONTRACT NO: NTHY98102
NAME OF THE SHIPPING AGENT AT
DESTINATION:PENAVICO XIAMEN
PIC:MR. CUI MING
TEL:081-958-3284 FAX:081-958-3285
CLEAN ON BOARD "FREIGHT PREPAID"
Total No of container or Packages (in words) SAY: ONE(1) CONTAINERS ONLY.</td></tr>
</table>

<table>
<tr><td>Freight and charges
AS ARRANGED</td><td>Revenues Tons</td><td>Rate</td><td>Per</td><td>Prepaid X</td><td>Collect</td></tr>
<tr><td>Freight prepaid at
TOKYO</td><td>Freight payable at</td><td colspan="4">Place and date of issue
NAGASAKI,JAPAN AUG 7 2013</td></tr>
</table>

续表

<table>
<tr><td>Total Prepaid in</td><td>No. of Original B(s)/L
THREE(3)</td><td rowspan="2">COSCOJAPAN CO., LTD.
(Signature)
as Agent for COHEUNG MARINE SHIPPING CO., LTD</td></tr>
<tr><td colspan="2">Shipped on Board (date & others)
AUG 7 2013</td></tr>
</table>

船期表(Sailing Schedule)

船名	航次	Nagasaki 长崎	Taibei 台北	Xiamen 厦门
		ETA—ETD	ETA—ETD	ETA—ETD
AL VIYA	1114W/1114E	08.07—08.08	08.09—08.09	08.10—08.10
AL SAFAT	1120W/1120E	08.05—08.07	08.08—08.09	08.10—08.11

(1)缮制海运进口货运委托书

进口货运委托书

<table>
<tr><td colspan="4">委托单位名称</td><td colspan="4">(1)</td><td colspan="4">委托书号</td><td colspan="4">20130806013</td></tr>
<tr><td colspan="4">受理单位</td><td colspan="4">(2)</td><td colspan="4">合同号</td><td colspan="4">(4)</td></tr>
<tr><td colspan="4">船名航次</td><td colspan="4">(3)</td><td colspan="4">提单号</td><td colspan="4">(5)</td></tr>
<tr><td colspan="2">装运港</td><td colspan="3">(6)</td><td colspan="3">卸货码头</td><td colspan="3">(7)</td><td colspan="3">靠泊时间</td><td colspan="2">(8)</td></tr>
<tr><td colspan="2">商品编码
(H.S.)</td><td colspan="3">中英文货名</td><td colspan="3">件数</td><td colspan="3">毛重
(KGS)</td><td colspan="3">净重
(KGS)</td><td colspan="2">尺码
(CBM)</td></tr>
<tr><td colspan="2">(9)</td><td colspan="3">(10)</td><td colspan="3">(11)</td><td colspan="3">(12)</td><td colspan="3">(13)</td><td colspan="2">(14)</td></tr>
<tr><td colspan="8">进口委托事项</td><td colspan="8">随附单证</td></tr>
<tr><td>换单</td><td>检验检疫</td><td>报关</td><td>代办保险</td><td>货运站拆箱</td><td>集装门到门</td><td>散货运输</td><td>转船/分批</td><td>商业发票</td><td>装箱单</td><td>进口许可证</td><td>原产地证书</td><td>正/副本提单</td><td>合同</td><td>危险品申报</td><td>征免税表</td></tr>
<tr><td></td><td></td><td></td><td></td><td></td><td></td><td></td><td></td><td></td><td></td><td></td><td></td><td></td><td></td><td></td><td></td></tr>
<tr><td colspan="8">单证特殊要求说明：</td><td colspan="8">运输特殊要求说明：</td></tr>
<tr><td colspan="16">备注：</td></tr>
</table>

续表

进口委托书及声明事项 1.本进口业务委托书均由委托人填写。 2.委托书一式两份,委托人和受托人各执一份。 3.费用结算按协议或费用确认书。 委托单位:(15)　　受托单位:(16) 签名(盖章)　　签名(盖章) 联系人:　地址:　联系人:　地址: 电话:　传真:　电话:　传真: 日期:　日期:

(2)厦门对外贸易货运代理公司的员工在收到到货通知书后,连同审核过的正本提单到船公司换取提货凭证,提货单上的内容必须准确核对,请尝试自行填写提货单。

提货单

致:___(1)___港区、场、站

收货人:___(2)___

下列货物已办妥手续,运费结清,准予交付收货人。

编号 13080617065

船名(3)			航次(4)	起运港(5)	目的港(6)
提单号(7)			交付条款(8)		到付海运费
卸货地点(9)	到达日期(10)		进库场日期(11)		第一程运输
标记与集装箱号(12)	货名(13)	集装箱数(14)	件数(15)	重量(KGS)(16)	体积(CBM)(17)
请核对放货: 公司负责人签字 年　月　日 凡属法定检验、检疫的进口商品,必须向有关监督机构申报。					

收货人章 (收货人章)	海关章 (海关放行章)	(签章)	(签章)
(签章)	(签章)	(签章)	(签章)

2. 角色扮演:模拟货运代理人进口流程

学生按 8~10 人一组,分成若干小组,以小组为单位,分别扮演进口过程中涉及的各方当事人(例如:船公司、检验检疫机构工作人员等),借助先前自行制作的单证,完成整个进口操作。

(1)评价对象

货运代理企业到相关单位办理的流转顺序、进口流程的完整度、单证的正确性、办理的效率性(考虑某些环节电话办理的可行性)。

(2)评价主体

评价主体为任课教师、企业代表和学生。

通过教师评价、企业评价和学生互评三种方式,针对各个小组的进口程序设计、材料的准确性和模拟过程中学生的具体表现来客观公正地作出评价。

(3)评价重点

①角色分配是否考虑完全,是否涵盖海运货物进口中涉及的各方当事人;

②进口流程设计是否合理、顺畅、有效率;

③单证流转是否准确;

④学生参与态度是否积极、演绎是否生动。

(4)实训步骤

学生自行分配角色,并按照要求准备相关单证。

实训评分表

组别	角色设置是否完全(20 分)	进口流程			单证流转是否准确(20 分)	参与态度和表现力(15 分)
		合理性(15 分)	顺畅度(15 分)	效率性(15 分)		

项目三　认识国际航空货运代理

项目描述

空运以其速度快、安全性好、服务质量高等优势成为国际物流中重要的运输方式，深受人们的青睐。深入认识与学习国际航空货运代理可以为今后从事国际货运代理行业打下坚实的基础。本项目的学习主要分为国际航空货运代理业务销售、国际航空货运代理业务操作以及国际航空货运代理业务单证三大任务，分别对应行业中的销售岗、操作岗和单证岗。

学习目标

知识目标

1.了解国际航空货物运输形式；

2.熟悉主要的航空公司、常见的航空代码、航线和航空港等航运知识；

3.掌握空运运费的计算；

4.熟悉航空货运集装器、常用的空运操作代码；

5.掌握国际空运进/出口代理业务的整体操作流程；

6.熟悉航空货运单的性质、作用及种类；

7.熟练填制国际货物托运书，能够根据信用证及国际货物托运书缮制航空运单。

能力目标

1.销售岗

(1)信息的查询和收集能力；

(2)扎实的业务基础；

(3)良好的沟通与表达能力。

2.操作岗

(1)熟练的空运进出口货运代理业务操作技能；

(2)良好的沟通、协调和应变能力。

3.单证岗

(1)熟练的单证缮制能力；

(2)丰富的制单经验和较强的主观能动性。

德育目标

1.培养学生基本道德和文明行为规范；

2.使学生具备一定的拼搏能力和品德心理。

学习情境分析

海运事业体实习结束后，邱丹红立马投入到同为汉连核心部门的空运事业体。在空运方面，汉连与厦航、华航、港航、澳航、顺丰航空等极具实力的航空公司均有签约并长期保持稳定的关系，使自身具有充足的仓位、优质的运输路线以及强大的全球海外代理网络。在空运事业体的销售、操作、制单等岗位中，邱丹红从销售岗开始实习。

◆任务一◆
国际航空货运代理业务——销售

任务导入

有了在海运事业体实习的销售经验后，邱丹红很快就投入到了国际航空货运代理的客户开发中。然而先前掌握的销售技巧，还得结合空运的相关基础知识才能得以充分施展。邱丹红在主管的指导下给自己制订了一个学习计划。那么，她打算从哪些空运基础开始学起呢？

任务分析

一名合格的国际航空货运代理销售人员，其主要任务不外乎是开发客户，说服客户委托订舱。除了必备的销售技巧外，业务基础至关重要。了解航空货物的运输形式，熟悉主要的航空公司、国家、城市、机场等代码，熟悉主要的航线、航空区划，掌握航空货运代理报价等都是开展航空货运代理业务的前提。

任务实施

模块一 承运人

学习思考：国际航空货物运输主要采用什么运输形式？

一、国际航空货物运输形式

1.班机运输(Scheduled Airline)

班机运输指具有固定开航时间、固定航线和固定停靠站的航空运输形式。班机运输能够安全、迅速、准确地送达货物，能够使收发货人比较准确地掌握货物的到达时间起运时间和到达地点。但由于班机运输一般使用客货混合型飞机(有些航线使用全货机)，载货量有限，因此不能保证数量多的货物及时出运，并且运价较高。

2.包机运输(Chartered Carriage)

包机运输分为整架包机运输和部分包机运输。整架包机运输是指航空公司将整架飞机租给包机人(发货人或航空货运代理公司)，从一个或几个航空站装运货物运至指定目的地的运输形式。部分包机运输是指航空公司把整架飞机分租给货运量不足整机的几家包机人，从一个或几个航空站装运货物运至指定目的地的运输形式。包机运输适合大宗货物运输，其运费率低于班机运输。

3.包舱(板)运输

包舱(板)运输指托运人在一定时间内向承运人租用飞机的部分或全部货舱、集装箱、集装板的运输形式。包舱(板)运输分为固定包舱和非固定包舱。固定包舱指托运人无论是否向承运人交付货物都必须支付运费；非固定包舱指托运人如果在航班起飞前72小时没有确定舱位，承运人可以自行销售舱位。

4.集中托运(Consolidation)

集中托运指航空货运代理公司将若干批单独发运的货物集中成整批向航空公司办理托运，填写一份总运单送至同一目的地，然后由其当地代理人负责收货并分发给各实际收货人的运输形式。集中托运可以为零散的货主争取较低的运费，已在世界范围内普遍开展，并形成较完善、有效的服务系统，是目前航空货运代理的主要业务之一。

5.航空快递(Air Courier)

航空快递指具有独立法人资格的企业将进出境货物或物品从发件人所在地通过自身或代理网络运给收件人的一种快速运输方式。此货物或物品称为快件，包括快件文件(如商务文件、资料、单证、合同、照片、机票等)和快件包裹(如小型样品、零配件等)。根据运送范围不同，航空快递分为国际快递、国内快递和同城快递，其中国际快递提供门到门、门到机场和专人派送三种服务方式。

二、世界主要航空公司及其代码

航空公司一般既有两字代码，又有三字代码，通常使用的是两字代码，但国际上有些航空公司也通常使用三字代码。表3-1是常见航空公司及其代码。

表3-1 常见航空公司及其代码

航空公司英文全称	中文全称	三字代码(ICAO代码)	两字代码(IATA代码)	数字代码
Air China limited	中国国际航空公司	CCA	CA	999
China Southern Airlines	中国南方航空公司	CSN	CZ	784
China Eastern Airlines	中国东方航空公司	CES	MU	781
Xiamen Airlines	厦门航空公司	CXA	MF	731
Dragon Air	香港港龙航空公司	KDA	KA	043
Korean Air	大韩航空公司	AKA	KE	180
Japan Airlines	日本航空公司	JAL	JL	131

续表

航空公司英文全称	中文全称	三字代码（ICAO 代码）	两字代码（IATA 代码）	数字代码
Singapore Airlines	新加坡航空公司	SIA	SQ	618
Thai Airways International	泰国国际航空公司	THA	TG	217
Air Canadian	加拿大航空公司	ACA	AC	014
United Airlines	美国联合航空公司	UAL	UA	016
Northwest Airlines	美国西北航空公司	NWA	NW	012
British Airways	英国航空公司	BAW	BA	125
Royal Dutch Airlines	荷兰皇家航空公司	KLM	KL	074
Lufthansa German Airlines	德国汉莎航空公司	DLH	LH	020
Air Franc	法国航空公司	AFR	AF	057
Swiss Air	瑞士航空公司	SWR	SR	085
Qantas Airways	澳洲航空公司	QFA	QF	081
Air Macau	澳门航空公司	AMU	NX	675
Emirates Skycargo	阿联酋航空公司	UAE	EK	176
Turkish Airlines	土耳其航空公司	THY	TK	235

模块二　常见航空代码

学习思考：常见的航空代码包括哪些？

一、国家代码

在航空运输中，国家的代码用两字代码表示，航空运输常见国家的两字代码如表 3-2 所示。

表 3-2　航空运输常见国家两字代码

英文全称	中文全称	两字代码
the People's Republic of China	中国	CN
Japan	日本	JP
Korea	韩国	KR

续表

英文全称	中文全称	两字代码
Singapore	新加坡	SG
Australia	澳大利亚	AU
Republic of India	印度	IN
United States of America	美国	US
Canada	加拿大	CA
The United Mexican States	墨西哥	MX
United Kingdom	英国	GB
France	法国	FR
Germany	德国	DE
Republic of South Africa	南非	ZA
the Russian Federation	俄罗斯	RU

二、城市代码

城市的三字代码在航空运输中占据重要的地位。运输本身是在空间上点与点的位移,因此,每运一票货物都涉及城市的三字代码。航空运输主要城市的三字代码如表 3-3 所示。

表 3-3 航空运输主要城市三字代码

国家名(英文)	国家代码	城市代码	城市名(英文)	城市名(中文)
China	CN	CAN	Guangzhou	广州
		HKG	Hong Kong	香港
		PEK	Beijing	北京
		SHA	Shanghai	上海
		SZX	Shenzhen	深圳
		TAO	Qingdao	青岛
		TSN	Tianjin	天津
Japan	JP	OSA	Osaka	大阪
		TYO	Tokyo	东京
Korea	KR	PUS	Pusan	釜山
Thailand	TH	BKK	Bangkok	曼谷

续表

国家名(英文)	国家代码	城市代码	城市名(英文)	城市名(中文)
Singapore	SG	SIN	Singapore	新加坡
India	IN	BOM	Mumbai	孟买
		CCU	Kolkata	加尔各答
the United Arab Emirates	UAE	DXB	Dubai	迪拜
Russia	RU	MOW	Moscow	莫斯科
Germany	DE	FRA	Frankfurt	法兰克福
		HAM	Hamburg	汉堡
United Kingdom	GB	LON	London	伦敦
France	FR	PAR	Paris	巴黎
Netherlands	NL	AMS	Amsterdam	阿姆斯特丹
		RTM	Rotterdam	鹿特丹
Spain	ES	MAD	Madrid	马德里
South Africa	ZA	DUR	Durban	德班
Australia	AU	MEL	Melbourne	墨尔本
		SYD	Sydney	悉尼
United States of America	US	LAX	Los Angeles, CA	洛杉矶
		NYC	New York, NY	纽约
		OAK	Oakland, CA	奥克兰
		SEA	Seattle, WA	西雅图
Canada	CA	YUL	Montreal, PQ	蒙特利尔
		YVR	Vancouver, BC	温哥华

三、机场代码

机场通常也用三字代码表示。一些城市机场的三字代码同所在城市的三字代码一样。表 3-4 是航空运输常见机场的三字代码。

表 3-4　航空运输常见机场三字代码

机场英文全称	中文全称	三字代码	所在国家
Capital International airport	首都国际机场	PEK	中国
Shanghai Pudong International airport	上海浦东国际机场	PVG	
Guangzhou Baiyun International airport	广州白云国际机场	CAN	
Narita	成田机场	NRT	日本
Kansai International	大阪关西国际机场	KIX	
Dulles International	杜勒斯国际机场	IAD	美国
O'Hare International	奥黑尔国际机场	ORD	
Heathrow	希斯罗国际机场	LHR	英国
Charles de Gaulle	戴高乐机场	CDG	法国
Frankfort International Airport	法兰克福机场	FRA	德国

模块三　航运知识

学习思考:主要的国际航线有哪些?

一、航线

1.定义

民航从事运输飞行,必须按照规定的线路进行,这种路线叫作航空交通线,简称“航线”。航线不仅确定了航行的具体方向和经停地点,还根据空中管理的需要规定了航路的宽度和飞行的高度层,以维护空中交通秩序,保证飞行安全。航线按飞机飞行的路线分为国际航线和国内航线。

2.国际航线

飞机飞行的线路跨越本国国境,通达其他国家的航线称为“国际航线”。国际航线主要包括:

(1)西欧—北美间的北大西洋航空线

该航线主要连接巴黎(法国)、伦敦(英国)、法兰克福(德国)、纽约(美国)、芝加哥(美国)、蒙特利亚(加拿大)等航空枢纽。

(2)西欧—中东—远东航空线

该航线连接西欧各主要机场至远东香港(中国)、北京(中国)、东京(日本)等机场。

途经雅典(希腊)、开罗(埃及)、德黑兰(伊朗)、卡拉奇(巴基斯坦)、新德里(印度)、曼谷(泰国)、新加坡等重要航空站。

(3)远东—北美间的北太平洋航线

这是北京、香港、东京等机场经北太平洋上空至北美西海岸的温哥华(加拿大)、西雅图(美国)、旧金山(美国)、洛杉矶(美国)等机场的航空线,可延伸至北美东海岸的机场。太平洋中部的火奴鲁鲁(又称"檀香山")是该航线的主要中继加油站。

此外,还有北美—南美、西欧—南美、西欧—非洲、西欧—东南亚—澳新、远东—澳新、北美—澳新等重要国际航空线。

3.国内航线

飞机飞行的起讫点、经停点均在同一国家境内的称为"国内航线"。

(1)干线

我国的骨干航线又称为干线,指首都北京至全国各省会城市和各大城市之间的航线,形成省际或大城市之间的空中交通通道,比如北京—南京。一般来说,干线的客货流量大,使用的机型运载能力强。

(2)支线

支线指大城市(一般指省会城市)至本地区中小城市之间的航线,主要目的是汇集或疏散客流和货流,辅助干线运输,例如,上海—黄山。

(3)地方航线

地方航线指省(地区)内的航线,例如,南京—连云港。地方航线主要用于地方上面交通不便的小城市之间的客、货、邮运输。

二、航空港

航空港指位于航线上的、为保证航空运输和专业飞行作业用的机场及其有关建筑物和设施的总称,是空中交通网的基地。按业务范围划分,航空港分为国际航空港和国内航空港。目前,世界上主要的国际航空港共 175 个,其中亚洲 44 个、非洲 40 个、欧洲 41 个、拉丁美洲 29 个、北美洲 8 个、太平洋岛屿及其他地区 13 个。世界主要航空港列名如表 3-5 所示。

表 3-5 世界主要航空港

地区	航空港
北美	华盛顿、纽约、芝加哥、蒙特利尔(加拿大)、亚特兰大(美国东南)、洛杉矶、旧金山、西雅图
欧洲	伦敦、巴黎、法兰克福、苏黎世、罗马、维也纳、柏林、哥本哈根、华沙、莫斯科、布加勒斯特(罗马尼亚)、雅典(希腊)
非洲	开罗、喀土穆(苏丹)、内罗毕(肯尼亚)、约翰内斯堡(南非)、布拉柴维尔(刚果)

续表

地区	航空港
亚洲	北京、上海、东京、中国香港、马尼拉(菲律宾)、曼谷(泰国)、新加坡、内比都(缅甸)、加尔各答(印度)、孟买(印度)、卡拉奇(巴基斯坦)、贝鲁特(黎巴嫩)
拉美	墨西哥城、加拉加斯(委内瑞拉)、里约热内卢(巴西)、布宜诺斯艾利斯(阿根廷)、圣地亚哥(智利)、利马(秘鲁)
大洋洲及太平洋岛屿	悉尼、奥克兰(新西兰)、楠迪(斐济)、火奴鲁鲁(美国)

三、航空区划

为方便世界各国航空公司的合作和业务联系，又考虑到世界不同地区社会经济与贸易状况的差异，国际航协(IATA)在制定运价规章的过程中，将世界划分为三个航空运输业务区：ARETC1、ARETC2 和 ARETC3，简称为 TC1 区、TC2 区和 TC3 区(TC：Traffic Conference Area)

1.TC1 区

TC1 区包括北美、中美、南美、格陵兰、百慕大和夏威夷群岛。

2.TC2 区

TC2 区由整个欧洲大陆(包括俄罗斯的欧洲部分)及毗邻岛屿、冰岛、亚速尔群岛、非洲大陆及毗邻岛屿、亚洲的伊朗及伊朗以西的地区组成，它主要有三个亚区：

①非洲区，含非洲大多数国家及地区，但非洲北部的摩洛哥、阿尔及利亚、突尼斯、埃及和苏丹不包括在内。

②欧洲区，包括欧洲国家和摩洛哥、阿尔及利亚、突尼斯三个非洲国家和土耳其(既包括欧洲部分，也包括亚洲部分)、俄罗斯(仅包括其欧洲部分)。

③中东区，包括巴林、塞浦路斯、埃及、伊朗、伊拉克、以色列、约旦、科威特、黎巴嫩、阿曼、卡塔尔、沙特阿拉伯、苏丹、叙利亚、阿拉伯联合酋长国、也门等。

3.TC3 区

TC3 区由整个亚洲大陆及毗邻岛屿(已包括在二区的部分除外)、澳大利亚和新西兰及毗邻岛屿、太平洋岛屿(已包括在一区的部分除外)组成。其中：

①南亚次大陆区，包括阿富汗、印度、巴基斯坦、斯里兰卡等南亚国家。

②东南亚地区，包括中国(含港澳台)、东南亚各国、蒙古、俄罗斯亚洲部分及土库曼斯坦等独联体国家、密克罗尼西亚等群岛地区。

③西南太平洋区，包括澳大利亚、新西兰、所罗门群岛等。

④日本、韩国、朝鲜区。

四、时差与飞行时间

1.时差的计算方法

时差的计算方法为两个时区标准时间(即时区数)相减,具体计算步骤如下:

①从世界标准时间表中找出始发站和目的站的标准时间;

②将起飞和到达的当地时间换算成世界标准时间(GMT);

③用到达时间减去起飞时间,就是飞行时间。

2.计算飞行时间

【例】一批货物从北京空运至西雅图。3 月 27 日,班机从北京于 13:40 出发,到达西雅图为当地时间 3 月 27 日 15:12。计算该货物的飞行时间。

解答:

① PEK=GMT+8, SEA=GMT−8

② PEK13:40−8=GMT5:40, SEA15:12+8=GMT23:12

③ 23:12−5:40=17:32,即:飞行时间为 17 小时 32 分钟。

模块四 运费计算

学习思考:如何计算航空运费?

一、国际航空货物运价体系

国际航空货物运价按制定的途径划分,主要分为协议运价和国际航协运价。

1.协议运价

协议运价是一种优惠运价,是航空公司与托运人签订协议,托运人保证每年向航空公司交运一定数量的货物,航空公司则向托运人提供一定量的运价折扣。目前,航空公司使用的运价大多是协议运价。协议运价又包括长期协议、短期协议、包板(舱)、返还及自由售价,包板(舱)又分为软包板(舱)和死包板(舱),返还又分为销售量返还和销售额返还。

2.国际航协运价

国际航协运价指 IATA(the Air Cargo Tariff)在 TACT 运价资料上公布的运价。国际航空货物运价使用 IATA 的运价手册(TACT Rates Books)结合并遵守国际航空货物运输规则(TACT Rules)共同使用。按照 IATA 货物运价公布的形式划分,国际货物运价可分为公布直达运价和非公布直达运价,如表 3-6 所示。

表 3-6　IATA 运价体系

<table>
<tr><td rowspan="6">IATA 运价</td><td rowspan="4">公布直达运价
(Published Through Rates)</td><td>普通货物运价(General Cargo Rate,GCR)</td></tr>
<tr><td>指定商品运价(Specific Commodity Rate,SCR)</td></tr>
<tr><td>等级货物运价(Commodity Classification Rate,CCR)</td></tr>
<tr><td>集装货物运价(Unit Consignment Rate,UCR)</td></tr>
<tr><td rowspan="2">非公布直达运价
(UN-Published Through Rates)</td><td>比例运价(Construction Rate,CR)</td></tr>
<tr><td>分段相加运价(Combination of Sector Rate,CSR)</td></tr>
</table>

公布直达运价是承运人直接公布出从始发地机场到目的地机场的直达运价。当从始发地机场到目的地机场没有公布直达运价时,承运人可使用两段或几段运价的不同组合,即非直达运价的比例运价和分段相加运价。

(1)比例运价。当从始发地到目的地无公布的直达运价时,可采用运价手册上公布的一种不能单独使用的附加数(Add-on amounts)与已知的公布的直达运价相加,构成非公布的直达运价。

使用比例运价时,普通货物的比例运价只能与普通货物运价相加,特种货物运价和集装设备的比例运价也只能与同类型的直达运价相加,不能混用。

(2)分段相加运价。在两地间既没有直达运价也无法利用比例运价时可以在始发地与目的地之间选择合适的计算点,分别找到始发地至该点、该点至目的地的运价,两段运价相加组成全程的最低运价。

无论是比例运价还是分段相加运价,中间计算点的选择,也就是不同航线的选择将直接关系到计算出来的两地之间的运价,因此承运人允许发货人在正确使用的前提下,以不同计算结果中最低值作为该货适用的航空运价。

3.国际航协公布的直达运价的使用

(1)除起码运费外,公布的直达运价都以公斤或磅为单位。

(2)公布直达运价采用重量分段对应运价和数量折扣原则。

(3)实务中,优先使用特种货物运价,其次是等级货物运价,最后是普通货物运价。

(4)承运货物的计费重量可以是货物的实际重量或者是体积重量,以高的为准;如果某一运价要求有最低运量,而计费重量又达不到要求,以最低运量为计费重量。

(5)如按特种货物运价、等级货物运价或普通货物运价计算的货物运费总额低于该航线上所规定的起码运费时,按起码运费计收。

(6)公布直达运价仅指基本运费,不包含附加费。

(7)公布直达运价是一个机场至另一个机场的运价,只适用于单一方向。

(8)运价的货币单位以始发地当地货币单位为准,费率以签发空运单时间为准。

实务中,各航空公司从竞争角度考虑,很少完全按照国际航协运价进行计费,但不能否定国际航协运价的价值,因为国际航协运价统一了国际空运价格的基准,是各航空公司运价的参照运价,尤其是运输特种货物时航空公司大都采用国际航协标准运价。

二、航空运费

1.航空运费

航空运费是将一票货物自始发地机场运输到目的地机场所应收取的航空运输基本费用,不包括一些其他费用。航空运费主要由两个部分组成,即货物适用的运价与货物的计费重量,用公式可表示为:

航空运费=适用运价×计费重量

2.航空货运的其他费用

(1)声明价值附加费(Valuation Charges)

与海上运输或铁路运输的承运人相似,航空承运人也要求把自己对货方的责任限制在一定的范围内,以降低经营风险。《华沙公约》对此作出了相关规定。

《华沙公约》中对由于承运人自身的疏忽或故意造成的货物的灭失、损坏或延迟规定了最高赔偿责任限额,这一金额一般为每公斤 20 美元或每磅 9.07 英镑或其他等值货币。如果货物的价格超过了上述值,即增加了承运人的责任,承运人要收取声明价值附加费。否则即使出现更多的损失,承运人对超出的部分也不承担赔偿责任。

实务中,货物的声明价值只对整件货物办理,不办理部分货物的声明价值。声明价值附加费的收取依据货物的实际毛重进行计算,计算公式为:

声明价值附加费=(货物价值-货物毛重×20 美元/公斤)×声明价值附加费费率

声明价值附加费的费率通常为 0.5%。大多数的航空公司在规定声明价值附加费费率的同时还要规定声明价值附加费的最低收费标准。如果根据上述公式计算出来的声明价值附加费低于航空公司的最低标准,则托运人要按照航空公司的最低标准缴纳声明价值附加费。不同航空公司的最低标准也不同。

(2)运单费(Document Charges)

运单费即缮制空运单的工本费,在其他费用栏(Other Charges)中用“AW”表示。如果空运单是航空公司缮制,该项费用归航空公司所有,在其他费用栏则填写“AWC”;如果空运单是空运代理缮制,该项费用归空运代理所有,在其他费用栏则填写“AWA”。

(3)垫付款与垫付费(Disbursements and Disbursements Fees)

①垫付款仅适用于运费到付(Charges Collect)的货物地面运输费、清关处理费及货运单工本费,由最后一个承运人向提货人收取。任何情况下,垫付款数额不能超过货运单上全部航空运费总额,但如若整票运费总额低于 100 美元时,垫付款金额允许达到此标准。

此项费用需按不同其他费用的种类代号、费用归属代号(A 或 C)及费用金额一并填写在空运单的其他费用栏。如"CHA"表示代理人代办始发地清关业务,"SUA"表示代理人将货物运输到始发地机场的地面运输费,"AWC"表示承运人填制的空运单。

②垫付费是因垫付款的存在而发生的费用,代码为"DB",该项费用归出票的航空公司所有,在空运单的其他费用栏中用"DBC"表示。垫付费为垫付款的10%,但每票货物的垫付费不得低于20美元或等值货币。

(4)危险品处理费(Charges for Shipments of Dangerous Goods-Handling)

国际航空货物运输中,对于危险品货物的运输,除收取危险品规则里的空运费外,还要收取相应的危险品收运手续费,以代码"RA"填写在其他费用栏。TACT RULES规定该项费用归出票航空公司所有,在空运单的其他费用栏表示为"RAC"。

从中国到IATA业务一区、二区、三区的所有到达站,每票货物的危险品处理费的最低收费标准均为CNY 400。

(5)运费到付货物手续费(Charges Collect Fee)

当空运费及其他费用为到付时,目的地的收货人除支付正常的空运费及其他费用外,还应支付运费到付货物手续费。该项费用由最后一个航空公司收取,并归其所有。

国际上不同国家的到付手续费收取标准不同。我国的运费到付货物手续费收取标准为空运费与声明价值附加费之和的2%,最低不低于CNY 100。

(6)燃油附加费(Bunker Adjustment Factor)

燃油附加费是因国际原油价格的变动而征收的,以弥补航空运输企业运输成本增加而造成的利润损失。大多数航线都有此项附加费,但标准不一,且在不断地调整。

除以上附加费外,在始发地机场、中转机场或目的地机场可能也会产生其他操作费用。

三、计费重量

计费重量是据以计算航空货物运输费用的重量,可能是货物的实际毛重或体积重量,也可能是运价表中的较高重量分界点的重量。

1.实际毛重(Actual Gross Weight)

实际毛重包括货物包装在内的重量。高密度(High Density Cargo)货物的实际毛重可能会作为计费重量。计算公式为:

总重量=单件包装的毛重×包装总件数

2.体积重量(Volume Weight)

依据国际航协的相关规定,货物的体积按一定折算标准折算所得的重量,折算标准为每6 000立方厘米折合1千克或366立方英寸折合1千克。低密度货物(Low Density Cargo),俗称轻泡货,其体积重量可能会作为计费重量。

货物体积重量的计算方法:测出货物的最长、最宽、最高,以厘米作单位,小数部分四舍五入后求货物的总体积,用总体积除以6 000立方厘米/千克,即可得到体积重量。

3.计费重量(Chargeable Weight)

在确定计费重量时,将货物的实际毛重与体积重量进行比较,取两者之高者作为本票货物运输的计费重量;但当使用运价表中较高重量分界点的较低运价计算的航空运费较低时,则较高重量分界点重量将作为该票货物的计费重量。

国际航协规定,国际货物的计费重量以 0.5 千克为最小计重单位,重量尾数不足 0.5千克的,按0.5 千克计算;0.5 千克以上但不足1 千克的,按1 千克计算,如:125.0001千克→125.5 千克;135.5002 千克→136.0 千克。

4.最低运费(Minimum Charge)

国际航协规定了某条航线上自始发地机场到目的地机场航空运费的最低标准。当按公布运价表中的对应价格计算所得的运费低于运价表中的"M"运价时,则该票货物的运费为运价表的最低运费。

四、运费核算

1.普通货物运价计算

普通货物运价是公布运价表中,除等级运价和指定商品运价以外的运价。

(1)计算步骤

第一步,求出货物的体积重量(Volume Weight)。

第二步,求出货物的总毛重(Total Gross Weight)。

第三步,比较体积重量与总毛重,取大者为计费重量(Chargeable Weight)。

第四步,根据公布运价表,找出适合计费重量的适用运价(Applicable Rate):

①计费重量小于 45 千克时,适用运价为 GCR N 运价(GCR N 运价表示重量在 45 千克以下的运价);

②计费重量大于 45 千克时,适用运价为 GCR Q45、GCR Q100、GCR Q300 等与不同重量等级分界点相对应的运价(航空货运对于 45 千克以上的不同重量分界点的普通货物运价均用"Q"表示)。

第五步,求出航空运费(Weight Charge),公式为:

$$航空运费=适用运价\times计费重量$$

第六步,若采用较高重量分界点的较低运价计算出的运费比第五步计算出的航空运费低时,取运费较低者作为本票货物的运费(Weight Charge)。

第七步,比较第六步计算出的航空运费与最低运费 M,取高者。

此类运价条件下,空运单运费栏中 Commodity Item No.栏不用填写。

(2)实例详解

【例】 Routing: BEIJING,CHINA (BJS)to AMSTERDAM,HOLLAND(AMS)

Commodity: Tools

Gross Weight:18 kg each

Dimensions:2 pieces,60 cm×40 cm×50cm each

公布运价如表 3-7 所示。

表 3-7 运价单

BEIJING Y.RENMINBI	CN CNY	BJS KGS	
AMSTERDAM	HL	M N 45	280.0 32.55 26.25

根据公布运价表给出的运价计算运费,并填写空运单运费计算栏。

解答:

Volume:60 cm×40 cm×50 cm×2=240 000 cm^3

Volume Weight:240 000 cm^3÷6 000 cm^3/kg= 40.00 kg

Gross Weight:36.00 kg

Chargeable Weight:40.00 kg

Applicable Rate:GCR N32.55 CNY/kg

Weight Charge:32.55 CNY/kg×40.00 kg= CNY 1 302.00

因为 40 kg 接近较高重量分界点 45 kg,所以用较高重量分界点的较低运价计算:

Chargeable Weight: 45.0 kg

Applicable Rate: GCR Q45 26.25 CNY/kg

Weight Charge: 26.25 CNY/kg×45.0 kg= CNY 1 181.25

比较两种算法的结果,取运费较低者:CNY 1 181.25。

航空货运单运费计算栏填制如表 3-8 所示。

表 3-8 航空货运单运费计算栏

No. of PIECES RCP	Gross Weight	kg lb	Rate class		Chargeable Weight	Rate/ Charge	Total	Nature and Quantity of Goods (Incl. Dim. and Vol.)
				Commodity Item No.				
2	36.0	K	Q		45.0	26.25	1 181.25	Tools 60 cm×40 cm× 50 cm×2

2.指定商品运价计算

(1)指定商品货物的分组和编号。国际航协根据货物的性质及其特点等对其进行分类,共分为十大组:

0001—0999 食用动物和植物产品;

1000—1999 活动物和非食用动物及植物产品;

2000—2999 纺织品、纤维及其制品；

3000—3999 金属及其制品，但不包括机械、车辆和电器设备；

4000—4999 机械、车辆和电器设备；

5000—5999 非金属矿物质及其制品；

6000—6999 化工品及相关产品；

7000—7999 纸张、芦苇、橡胶和木材制品；

8000—8999 科学、精密仪器、器械及配件；

9000—9999 其他货物。

其中每一组又细分为 10 个小组，每个小组再细分。公布指定货物运价时只要指出本运价适用于哪一组货物即可。常见指定商品及其代码如表 3-9 所示。

表 3-9 常见指定商品及其代码

代码	种类
0008	新鲜水果、蔬菜
0300	可食用的鱼、海鲜、海产品
0600	肉、肉制品(包括家禽和猎物)
1201	皮革及皮制品
1401	花木、幼苗、根茎、种子、植物和鲜花
2195	未进一步加工或制造的纱、线、纤维、布等纺织品
6001	化学制品、药品、药材

(2)指定商品运价的使用条件：①始发地至目的地之间有公布的指定商品运价；②托运人所交运的货物，其品名与有关指定商品运价的货物品名相吻合；③货物的计费重量满足指定商品运价使用时的最低重量要求。

(3)计算步骤：

第一步，先查询运价表，如运输始发地至目的地之间有公布的指定商品运价，则考虑使用指定商品运价。

第二步，查找 TACT Rates Books 的品名表，找出与运输货物品名相对应的指定商品代号。

第三步，计算计费重量。此步骤与普通货物的计算步骤相同。

第四步，比较计费重量与指定商品运价的最低重量标准。

第五步，比较第四步计算出的航空运费与最低运费 M，取两者的高者。

(4)航空货运单运费计算栏的填制。Commodity Item No.：填写指定商品代号，各栏与普通货物的航空货运单运费计算栏的填制相同。

(5)例题详解：

【例】Routing：GUANGZHOU，CHINA(GUA) to PARIS，FRANCE(PAR)

Commodity: fresh peaches

Gross Weight:5 pieces,58.2 kg each

Dimensions:5 pieces,60 cm×45 cm×35 cm each

公布运价如表 3-10 所示。

表 3-10 运价单

GUANGZHOU Y.RENMINBI	CN CNY	GUA KGS	
PARIS	FR	M	380.0
		N	36.25
		45	32.23
		300	30.50
		0008	
		300	22.50
		0300	
		500	20.25

根据公布的运价表给出的运价计算运费,并填写空运单运费计算栏。

解答:

查 TACT Rates Books 的品名表,品名编号"0008"所对应的货物名称为"FRUIT, VEGETABLES (FRESH)",符合指定商品代码"0008"。

Volume Weight:60 cm×45 cm×35 cm×5÷6000 cm^3/kg= 78.75 kg

Gross Weight: 58.2 kg×5 = 291.0 kg

Chargeable Weight:291.0 kg

①因为计费重量没有达到指定商品代码"0008"的最低重量 300 kg 的要求,所以只能先用普通运价计算:

Applicable Rate: GCR /Q45 32.23 CNY/kg

Weight Charge:32.23 CNY/kg× 291.0 kg=CNY 9 378.93

②因为货物计费重量接近指定商品代码"0008"的最低重量 300 kg,所以可以按指定商品运价使用规则计算,然后进行比较:

ACTUAL GROSS WEIGHT:291.0 kg

Chargeable Weight:300.0 kg

Applicable Rate: SCR 0008/Q300 22.50 CNY/kg

Weight Charge:22.50 CNY/kg×300.0 kg=CNY 6 750.00

比较①与②,取运费较低者,所以 Weight Charge 为 CNY 6 750.00。

航空货运单运费计算栏填制如表 3-11 所示。

表 3-11 航空货运单运费计算栏

No. of PIECES RCP	Gross Weight	kg lb	Rate class		Chargeable Weight	Rate/ Charge	Total	Nature and Quantity of Goods (Incl. Dim. and Vol.)
				Commodity Item No.				
5	291.0	K	C	0008	300.0	22.50	6 750.00	FRESH APPLES 60 cm×45 cm×35 cm×5

3.等级货物运价

等级货物运价(Class Rate or Commodity Classification Rates, CCR)是指在规定的业务区内或业务区之间运输少量的特定等级货物的运价。等级货物运价在国际航协的运价表中没有具体列明,而是以在 GCR N 运价基础上乘以一个百分比系数的形式构成,所乘系数大于 100%的,称为附加运价,所乘系数小于 100%的为附减运价。对于附加或不附加也不附减的等级货物运价用代码 S(Surcharged Commodity Classification Rates)表示,附减的等级货物运价用代码 R(Reduced Commodity Classification Rates)表示。

IATA 规定的等级货物包括运价附加类货物(如活动物、贵重货物、尸体、骨灰等)和运价附减类货物(如书报、杂志类货物和作为货物运输的行李等)。

(1)活动物运价。活动物运价如表 3-12 所示,此运价表不适用于 ECAA(Europe Common Aviation Areas,欧洲共同航空区)国家之间。

表 3-12 活动物运价表(节选)

IATA AREA (see Rule 1.2.2. Definitions of Areas)						
ALL LIVE ANIMALS Except: Baby Poultry Less than 72 hours old	Within 1	Within 2	Within 3	Between 1 & 2	Between 2 & 3	Between 3 & 1
	175% of Normal GCR	175% of Normal GCR	150% of Normal GCR	175% of Normal GCR	150% of Normal GCR	150% of Normal GCR
Baby Poultry Less than 72 hours old	Normal GCR	Normal GCR	Normal GCR Except:1 below	Normal GCR	Normal GCR Except:1 below	Normal GCR Except:1 below

Exception:①Within and from the South West Pacific sub-area:200% of the applicable GCR;②活体动物的最低运费标准为 200%M(不包括 ECAA 国家之间)。

活动物运价表的几点解释：

①运价系数与活动物的年龄及运输航线所在的国际航协规定的航区有关。

②“×% of Normal GCR”表示运价为 45 千克以下的普通运价 N 乘以×%，即×%N，如：175% of Normal GCR。此种运价的使用与货物的计费重量无关。

③“Normal GCR”表示使用运价表中的 45 千克以下的普通货物运价 N。如果表中没有 45 千克重量级的运价，可选用 100 千克以下普通货物运价，同样，如果表中没有 100 千克重量级的运价，可选用大于 100 千克的最低重量级的运价。此种运价的使用与货物的计费重量无关。

④“×% of the applicable GCR”表示在所适用的普通货物运价上乘以×%，如：200%N、200%Q45 kg、200%Q100 kg 等。此种运价的使用与货物的计费重量有关。

如果始发地和目的地的等级运价百分比不相同，以始发地的百分比为准。

活体动物的容器、途中喂养所用器皿及食物的重量均包含在计费重量中。

(2)贵重货物运价。贵重货物的运价除在 IATA 的 1 区与 3 区间且经北太平洋或中太平洋(朝鲜半岛至美国本土各点除外)，重量大于或等于 1000 千克的贵重货物的运价为 150%N 运价以外，其余的均以 200%N 运价收取。

贵重货物的最低运价为公布运价表中 M 的 200%，且不低于 50 美元或等值货币。

(3)尸体与骨灰运价。除 IATA 2 区骨灰运输以 300%N 收取、棺柩运输以 200%N 收取外，其他各区内棺柩使用 N 运价(运价与计费重量无关)，骨灰则按适用运价收取(运价与计费重量有关)。

IATA 2 区内的最低运费为 200%M，且不得低于 65 美元或等值货币；其他各区内的最低运费均按公布运价表中的 M 收取。

(4)书刊类运价。书刊类包括图书、期刊、报纸、杂志和专用设备等。

此类运价为附减运价。在 IATA 1 区内、1 区与 2 区之间的运输均以 67%N 的运价收取，其他各区及区间内的运输均以 50%N 的运价收取。使用此运价时，可以使用普通货物公布运价表的较高重量分界点的较低运价，两者比较后取较低者。

最低运费在各区内均以公布运价表中的 M 收取。

(5)作为货物运输的行李运价。此类运价为附减运价。除 1 区及 2 区与 3 区间的运输使用普通货物运价或指定商品运价外，其他各区及其之间的运输均按 50%N 标准计收。使用此运价时，可以使用普通货物公布运价表的较高重量分界点的较低运价，两者比较后取较低者。

最低运费在各区内均以公布运价表中的 M 收取。

(6)实例详解：

【例】Routing：Mexico City，Mexico (MEX) to Rome，Italy (ROM)

Commodity：Sheep

Gross Weight：96.0 kg

Dimensions：160 cm×80 cm×80 cm

公布运价如表 3-13 所示。

表 3-13 运价单

Mexico City U.S. DOLLAR	MX USD	MEX KGS	
ROME	IT	M	400.00
		N	65.20
		45	45.25
		100	42.50
		300	40.00

根据公布的运价表及活动物运价表 3-12，计算航空运费并填写空运单运费栏。

解答：

Volume：160 cm×80 cm×80 cm=1 024 000 cm^3

Volume Weight：1 024 000 cm^3÷6 000 cm^3/kg=170.67 kg

Gross Weight：96.0 kg

Chargeable Weight：171.0 kg

Applicable Rate：175%N= 175%×65.20 USD/kg=114.1 USD/kg

Weight charge：114.1 USD/kg×171.0 kg=USD 19 511.1

航空货运单运费计算栏填制如表 3-14 所示。

表 3-14 航空货运单运费计算栏

No. of PIECES RCP	Gross Weight	kg lb	Rate class		Chargeable Weight	Rate/ Charge	Total	Nature and Quantity of Goods (Incl. Dim. and Vol.)
				Commodity Item No.				
1	96.0	K	S	N175	171.0	114.1	19 511.1	Sheep 160 cm× 80 cm×80 cm

【例】Routing：SHANGHAI，CHINA (SHA) to OSAKA，JAPAN (OSA)

Commodity：Periodicals

Gross weight：10 pieces，32.26 kg each

Dimensions：10 pieces，50 cm×40 cm×40 cm each

公布运价如表 3-15 所示。

表 3-15 运价单

SHANGHAI Y.RENMINBI	CN CNY	SHA KGS	
OSAKA	JP	M N 45 100 300	220.00 30.20 22.22 18.42 15.20

根据公布的运价表及活动物运价表 3-12，计算空运费并填写空运单运费栏。

解答：

Volume：50 cm×40 cm×40 cm×10=800 000 cm^3

Volume weight：800 000 cm^3÷6 000 cm^3/kg = 133.33 kg

Gross weight：32.26 kg×10=322.6 kg

Chargeable weight：323.00 kg

Applicable rate：R 50% of the Normal GCR，即 50%×30.20 CNY/kg = 15.10 CNY/kg

Weight charge：15.10 CNY/kg×323.00 kg = CNY 4 877.3

航空货运单运费计算栏填制如表 3-16 所示。

表 3-16 航空货运单运费计算栏

No. of PIECES RCP	Gross Weight	kg lb		Rate class / Commodity Item No.	Chargeable Weight	Rate/ Charge	Total	Nature and Quantity of Goods (Incl. Dim. and Vol.)
10	322.6	K	R		322.6	15.10	4 877.3	Periodicals 50 cm×40 cm×40 cm×10

模块五 空运代理报价

学习思考：货运代理人在报价前应事先了解哪些信息？

一、空运代理费用

不同航空公司的空运费是有区别的，所提供的服务也不一样。一般来说，空运费低的空运时间较长，空运费高的空运时间较短。因此，航空货运销售代理人在报价给客户时，一定要了解客户真正的需求。对于客户而言，最好将相关的要求，特别是时间的要求告知航空货运销售代理人，以便于代理人提供能匹配其相关要求的航空公司。客户在询价时，代理人需从客户（询价人）处了解到以下八点基本信息，根据其要求提供运价及航班安排：

①品名（是否为危险品，危险品运输的要求是有别于普通货物的）；

②重量、体积（尺寸大小，涉及运费及是否是轻泡货物）；

③包装（是否为木箱，有无托盘，根据包装选择合适的航班及机型）；

④目的机场；

⑤要求时间（直飞或转飞，客户时间上的需求）；

⑥要求航班（各航班服务及价格差异）；

⑦提单类别（主单及分单）；

⑧所需运输服务（报关方式、代办单证、是否清关派送等）。

注意：应根据不同货型包装提供合适的航班安排方案。

二、始发港本地费

始发港本地费包括报关费、提单费、入闸费、机场地面费等相关的费用，不同始发港机场的收费标准略有不同。厦门机场空运货物本地收费标准如表 3-17 所示。

表 3-17 厦门空运进口/出口本地操作收费标准

一、厦门空运进口本地费用			
服务项目	收费标准	税率	备注
操作费	RMB 100/SHPT	6%	
换单费	RMB 250/SHPT	6%	
货站费	RMB 0.45/SHPT	6%	MIN:RMB 5/SHPT
EDI(舱单信息录入费)	RMB 4/SHPT	6%	
报关费	RMB 250/SHPT	6%	
验货费	RMB 100/SHPT	6%	
送货费	根据具体地址报价	9%	
叉车费	RMB 0.04/KG	6%	
代垫仓储费	RMB 0.2/KG	6%	普货，免费期 3 天， MIN：RMB 10/SHPT
其他费用	实报实销		如查验、开箱费等

续表

二、厦门空运出口本地费用			
服务项目	收费标准	税率	备注
报关费	RMB 150/SHPT	6%	
验货费	RMB 100/SHPT	6%	
操作费	RMB 100/SHPT	6%	
单证费	RMB 100/SHPT	6%	
航司舱单费	RMB 100/SHPT	6%	
海关舱单传输费	RMB 100/SHPT	6%	
货站费	RMB 0.5/KG	6%	MIN：RMB 5/SHPT
接货费	根据具体地址报价	9%	
其他费用	实报实销		如查验、开箱费等
备注： 1.如产生其他费用，实报实销； 2.人民币含税报价不含保险费和装卸费			

◆ 任务二 ◆
国际航空货运代理业务——操作

任务导入

邱丹红刚到空运操作部的第一天，主管就跟他说明了空运 OP 的岗位职责，即进出口的一条龙操作。除此之外，还必须表达清晰，能够与报关行、司机、外勤等进行良好沟通与协调；能够看懂各航空公司的官网，了解货物状态，能自主查询航班时间、周期等信息。除了对这个“一条龙操作”不大明白外，邱丹红觉得自己一定能够胜任这份工作。

任务分析

在空运代理行业中，出口一条龙通常指：订舱—安排接货—对单—预配—刷单—报关—主分单录入—预告—催缴；进口一条龙通常指：进口换单—进口清关—接送货安排—催缴。操作人员需要熟悉空运代理进出口操作流程，并具有一定的英语基础以及良好的沟通表达能力。

任务实施

模块一　航空飞行器

学习思考：飞机货舱有哪些装载限制？

一、航空飞行器的概述

本节所述的航空飞行器指承载空运货物的民用航空飞机。

1.按机身的宽窄划分

民用飞机可以分为窄体飞机和宽体飞机。其中，窄体飞机的机身宽约 3 米，旅客座位之间有一个走廊，这类飞机往往只在其下舱装运散货；宽体飞机的机身较宽，一般在 4.72 米以上，这类飞机可以装运集装货物和散货。

2.按实际用途划分

民用飞机可以分为全货机、全客机和客货混用机三种。一般飞机主要有两种舱位，即主舱(Main Deck)和下舱(Lower Deck)，但波音 747 型飞机较其他机型多了一个上舱(Upper Deck)，如图 3-1、图 3-2 所示。

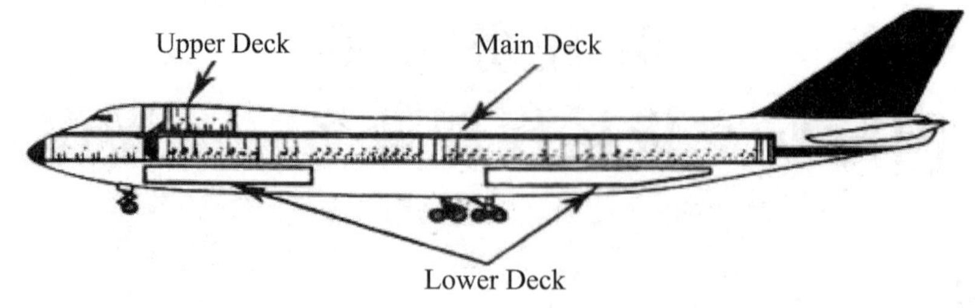

图 3-1　波音 747 舱位结构图

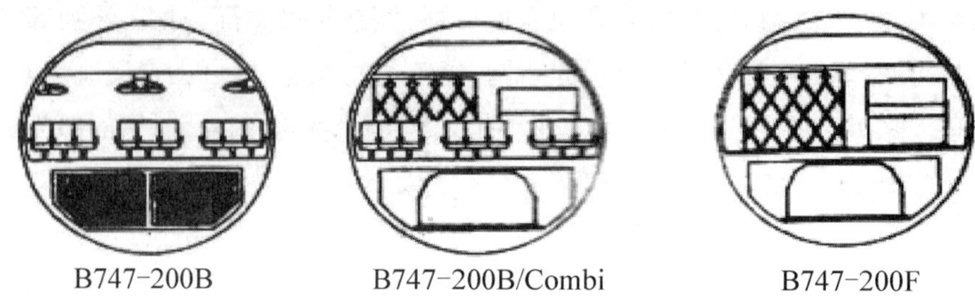

图 3-2　波音 747 客机、客货混用机和全货机剖面图

(1)全货机：主舱及下舱全部载货，具有较大的货舱和货舱门，地板上还有滚体传输装置，便于大型货物装卸。

(2)全客机：只在下舱载货。

(3)客货混用机：在主舱前部设有旅客座椅，后部可装载货物(视航行任务而调整)，下舱用于装货。

二、装载限制

1.重量限制

由于飞机结构的限制，飞机制造商规定了每一货舱可装载货物的最大重量限额。任何情况下，所装载的货物重量都不得超过此限额，否则，飞机的结构有可能遭到破坏，影响飞行安全。

飞机装载重量的限制有对飞机的主货舱和下货舱的部分舱位的装载量限制、累积装载量限制、联合装载量限制及两侧装载量不对称的限制。具体机型的重量限制如表 3-18 所示。

2.容积限制

由于货舱内可利用的空间有限，因此，容积也成为运输货物的限制条件之一。轻泡货物已占满货舱内的所有空间却没有到重量限额，相反，高密度货物(业内称为重货)的重量已达到限额但货舱内仍会剩余很多空间却无法利用。所以，通过采用混运装载，即将轻泡货物与重货混装，这样的装载方式比较经济。具体机型的容积限制如

表 3-18 所示。

3.舱门限制

由于货物只能通过舱门装入货舱内，货物的尺寸必然会受到舱门的限制。具体机型的舱门尺寸限制如表 3-18 所示。

表 3-18 不同机型货舱舱门尺寸、货舱总容积及货物载量表

机型	前舱门 cm	后舱门 cm	散舱门 cm	货舱总容积 cbm	货物载量 ton
B737 系列	86×122	89×122		30～40	2～3
B747 系列	168×264	168×264	112×119	120～175	60～120
B757 系列	108×140	112×140	81×122	50～68	5～7
B767 系列	340×170	178×170	96×110	100～110	15
A300 系列	270×178	181×171	95×95	115.7	13.76
A330 系列	244×170	244×170	95×106	136～161.4	13.76
A340 系列	244×170	244×170	95×63	136～161.4	13.76

注：①B737 系列机型属于窄体机，无散舱，不接托盘货，货物单件毛重不能超过 80 kg；

②B757 系列机型限制不接托盘货。

4.地板承受力

飞机货舱内每一平方米的地板可承受一定的重量，如果超过它的承受能力，地板和飞机结构很有可能遭到破坏。如 B737 系列、A319 机型的地板承受力为 732 kg/m^2。

在实际操作中，可以按以下公式计算：

$$地板承受力=\frac{货物的重量}{地板接触面积}$$

计算出地板承受货物实际的压强，如果超过飞机的地板承受力最大限额，应使用 2～5 cm厚的垫板，加大底面面积，垫板面积可以按以下公式计算：

$$垫板面积=\frac{货物的重量}{地板承受力限额}$$

模块二 航空货运集装器

学习思考：航空货运集装器主要包括哪些？

在航空货物运输初期，货物都是以散件形式运输，当大型宽体飞机投入运营后，为解决大批量货物的装载和卸载的难题，开始使用集装箱、集装板及集装棚等集装设备进行集装运输。集装运输是将一定数量的单位货物装入集装器作为运输单元进行运输，集装运输的优势有：减少货物装运时间和减少地面等待时间，提高工作效率；减少货损和货差等差错事故，提高运输质量；节省货物的包装材料和费用；有利于组织联合运输和门到门服务。

按集装箱是否注册分类，可分为注册和非注册两种；按集装器种类，通常可划分为集装箱和集装板。

一、集装箱

集装箱是一个独立的箱体，能直接与飞机上的装载和固定系统结合，无须任何附属设备。国际航空货运集装箱如表 3-19 所示。

1.空运集装箱的分类

空运集装箱一般分为陆空联运集装箱、主货舱集装箱、下货舱集装箱及一些特殊集装箱，如保温箱、马厩、牛栏等运载活体动物的集装箱及运载汽车的运输设备等。陆空联运集装箱有 20 英尺和 40 英尺两种，高和宽均为 8 英尺，此种集装箱只能装在全货机或客机的主货舱；主货舱集装箱的高度在 163 cm 以上，只能装在全货机或客机主舱；下货舱集装箱的高度在 163 cm 以下，只能装在宽体机的下舱。

2.集装箱代号的组成

集装箱的面板四周会标有一定的代号，如 AKE24307CA、AKH02126AF 等，以表示集装器的类型、尺寸、外形与机型是否适配、是否注册等。

(1)前三位为字母，其表示的含义分别为：

第一位字母代表集装器的类型。A：注册飞机集装箱；B：非注册飞机集装箱；R：保温的注册飞机集装箱；M：保温的非注册飞机集装箱；F：非注册飞机集装板；P：注册飞机集装板；N：注册飞机集装板网套；G：非注册集装板网套；U：非结构集装棚；V：汽车运输设备；H：马厩；X、Y、Z 仅供航空公司内部使用。

第二位字母代表集装器底板尺寸(单位：cm)。

A：224×318　　B：224×274　　E：224×135　　G：224×606

K：153×156　　L：153×318　　M：244×318

第三位字母代表集装器的外形及与飞机的适配性，即集装器的外形是否适合某种机型货舱的锁定系统。

A：适用于 B747F 上舱集装箱；

E：适用于 B747、A310、DC10、L1011 的下货舱无叉眼装置的半型集装箱；

N：适用于 B747、A310、DC10、L1011 的下货舱有叉眼装置的半型集装箱；

P：适用于 B747Combi 上舱、B747、A310、DC10、L1011 下舱的集装板。

(2)中间 4 或 5 位数字为序号。

(3)最后两位字母表明集装器的所有或注册人，通常是由航空公司的两字代码来表示。

表 3-19 国际航空货运集装箱

类型	规格及适用情况	参考图形
AKE 集装箱	IATA 代码:LD3 规格尺寸:156 cm×153 cm×163 cm 可用容积:152 cu.ft,4.3 m^3 净重:100 kg[金属门] 最大毛重:1 588 kg 适用机型:B747、B747F、B767、B777、A330、A340 机型下货舱	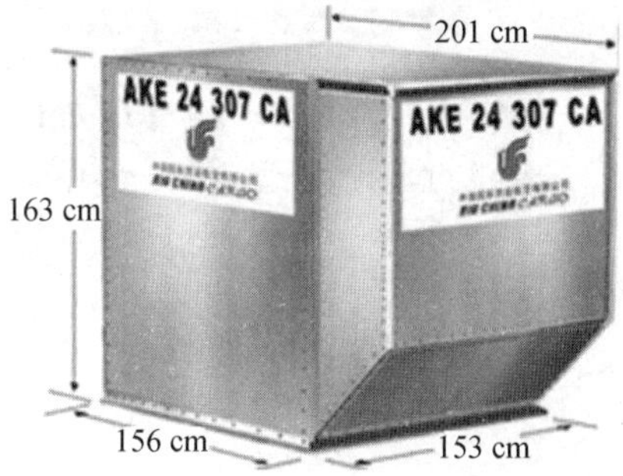 201 cm 163 cm 156 cm 153 cm AKE 24 307 CA
DPE 集装箱	IATA 代码:LD2 规格尺寸:119 cm×153 cm×163 cm 可用容积:3.4 m^3 净重:100 kg 最大毛重:1 225 kg 适用机型:B767 下货舱,B747、B777 下货舱	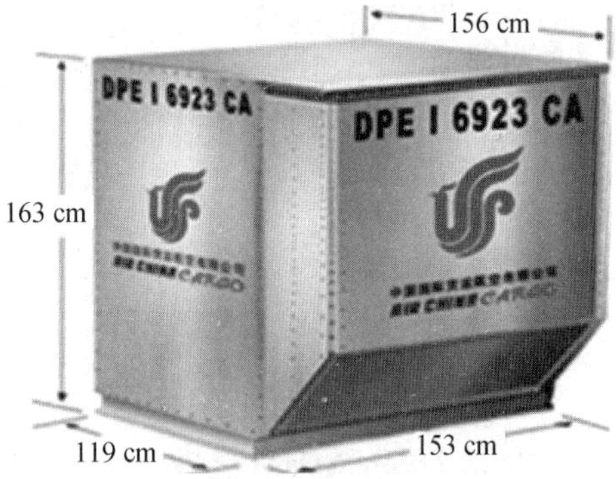 156 cm 163 cm 119 cm 153 cm DPE I 6923 CA
ALF 集装箱	IATA 代码:LD6 规格尺寸:318 cm×153 cm×163 cm 可用容积:8.9 m^3 净重:160 kg 最大毛重:3 175 kg 适用机型:B747、B747Combi、B777、A330、A340 等机型下货舱	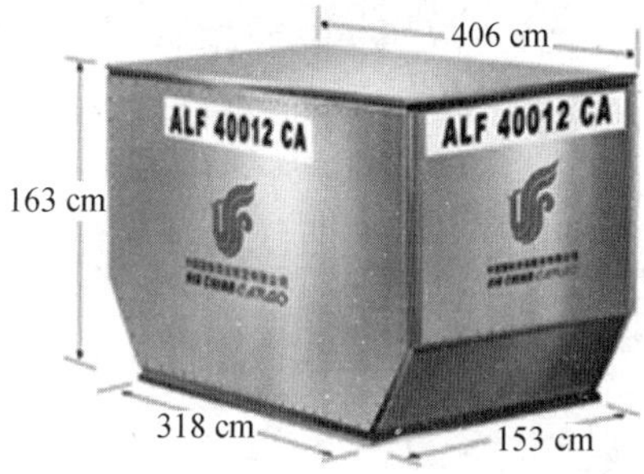 406 cm 163 cm 318 cm 153 cm ALF 40012 CA
AMP 集装箱	IATA 代码:AM 规格尺寸:318 cm×224 cm×163 cm 可用容积:11.5 m^3 净重:200 kg 最大毛重:6 804 kg 适用机型:B747、B747F、B767、B777、A330、A340 等机型下舱、B747F、B747Combi 主货舱	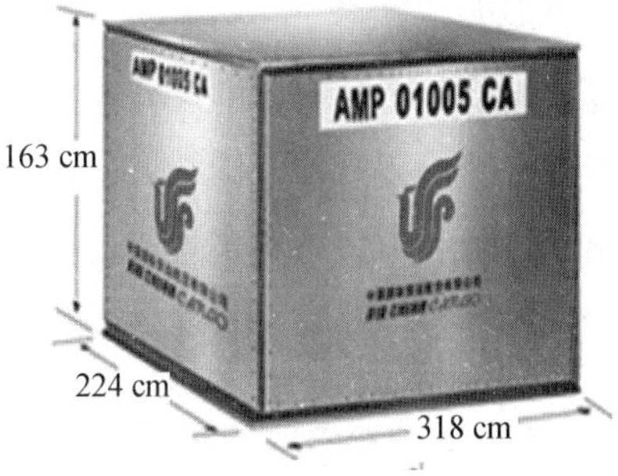 163 cm 224 cm 318 cm AMP 01005 CA

续表

类型	规格及适用情况	参考图形
DQF 集装箱	IATA 代码:LD8 规格尺寸:244 cm×153 cm×163 cm 可用容积:7.2 m^3 净重:125 kg 最大毛重:2 449 kg 适用机型 :B767 下货舱	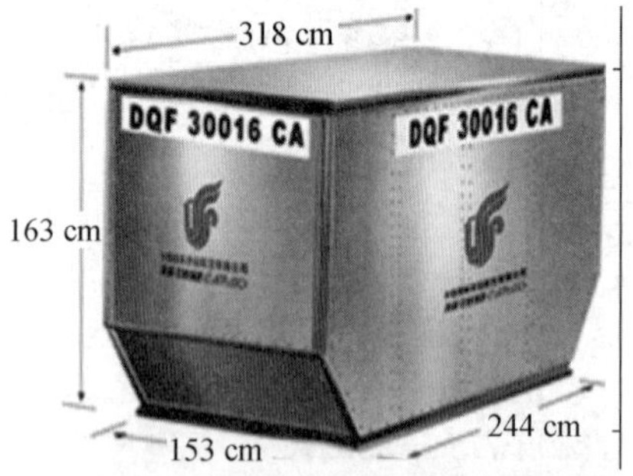
AMA 集装箱	IATA 代码:AM 规格尺寸:318 cm×244 cm×244 cm 可用容积:17.5 m^3 净重:379 kg 最大毛重:6 804 kg 适用机型:B747F、B747Combi 主货舱	
HMJ 集装箱(马厩)	IATA 代码:HM 规格尺寸:318 cm×244 cm×235 cm 可用容积:可装 3 匹马 净重:805 kg 最大毛重:3 800 kg 适用机型:B747F、B747Combi 主货舱	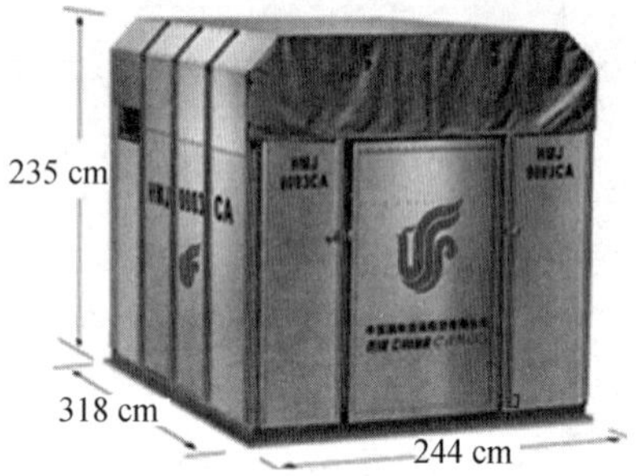

二、集装板和网套

集装板是一个具有标准尺寸的、由平整底面和中间夹层的硬铝合金制成的夹板,四边带有卡锁轨或网带卡锁眼;网套是用来把货物固定在集装板上的装置,网套的固定是靠专门的卡锁装置来实现的。国际航空货运集装板如表 3-20 所示。

表 3-20 国际航空货运集装板

类型	规格及适用情况	参考图形
PAG 集装板	类型:PA 规格尺寸:318 cm×224 cm×163 cm 净重:120 kg 最大毛重:6 033 kg 适用机型:B747、B747F、B767、B777A330、A340 等机型下货舱、B747F、B747Combi	163 cm 224 cm 318 cm
PRA 集装板	类型:PR 规格尺寸:498 cm×244 cm×300 cm 净重:400 kg 最大毛重:11 340 kg 适用机型:B747F、B747Combi 主货舱	244 cm 300 cm 498 cm 244 cm
PMC 集装板	类型:PM 规格尺寸:318 cm×244 cm×163 cm 净重:135 kg 最大毛重:6 804 kg 适用机型:B747、B747F、B767、A330、A340 等机型下货舱、B747F、B747Combi 主货舱、下货舱	163 cm 244 cm 318 cm
PGA 集装板	类型:PG 规格尺寸:606 cm×244 cm×300 cm 净重:500 kg 最大毛重:13 608 kg 适用机型:B747F、B747Combi 主货舱	244 cm 300 cm 606 cm 244 cm

续表

类型	规格及适用情况	参考图形
FQA 集装板	类型:P8 规格尺寸:244 cm×153 cm×163 cm 净重:60 kg 最大毛重:2 449 kg 适用机型:B767 下货舱	163 cm 153 cm 244 cm
FLA 集装板	类型:PL 规格尺寸:318 cm×153 cm×163 cm 净重:68 kg 最大毛重:3 175 kg 适用机型:B747、B747F、B747 Combi、A330、A340 等机型下货舱	163 cm 153 cm 318 cm

模块三 航空货运常用操作代码

学习思考:航空货运常用操作代码主要包括哪些?

一、航空货运常用操作代码

航空货运操作代码主要是用来提示操作人员在运输过程中应注意货物的性质及应采取的相应的操作方法,具体如表 3-21 所示。

表 3-21 航空货物运输操作代码(部分)

操作代码	英文全称	中文全称
AOG	AIRCRAFT ON GROUND	急等修理的飞机零件
AVI	LIVE ANIMALS	活动物
BIG	OUTSIZED	超大货物
CAO	CARGO AIRCRAFT ONLY	限装货机
DIP	DIPLOMATIC MAIL	外交信袋

续表

操作代码	英文全称	中文全称
EAT	FOODSTUFFS	食品
FIL	UNDEVELOPED/UNEXPOSED FILM	未冲洗/未曝光的胶卷
FRO	FROZEN GOODS	冷冻货物
HUM	HUMAN REMAINS IN COFFIN	尸体
ICE	DRY ICE SHIPMENT	干冰冷藏货物
LHO	LIVING HUMAN ORGANS/BLOOD	人体器官/血浆
NWP	NEWSPAPERS,MAGAZINES	报纸,杂志
OBX	OBNOXIOUS CARGO	有强烈异味的货物
OHG	OVERHANG ITEM	拴挂货物
PEF	FLOWERS	鲜花
PEM	MEAT	肉
PER	PERISHABLE CARGO	鲜活易腐货物
PES	FISH/SEAFOOD	鱼/海鲜
VAL	VALUABLE CARGO	贵重物品
WET	SHIPMENTS OF WET MATERIAL NOT PACKED IN WATERTIGHT CONTAINERS	湿潮货物
HEA	HEAVY CARGO,150KGS AND OVER PER PIECE	单件 150 千克以上的货物

二、常用危险品代码

危险品货物运输的操作最复杂,操作难度最大,这类货物的外包装都会标注上特定的操作代码,具体如表 3-22 所示。

表 3-22　常用危险品代码

危险品代码	英文全称	中文全称
RCL	CRYOGENIC LIQUID	低温液体
RCM	CORROSIVE MATERIAL	腐蚀性物品
RCX	EXPLOSIVES 1.3C	爆炸物 1.3C 类
RFL	FLAMMABLE LIQUID	易燃液体
ROP	ORGANIC PEROXIDE	有机过氧化物

续表

危险品代码	英文全称	中文全称
RPG	TOXIC GAS	有毒气体
RRW	RADIOACTIVE MATERIALS, CATEGORY Ⅰ-WHITE	一级放射物品，Ⅰ类白色包装

三、常用操作缩写

在航空运输过程中，经常会碰到一些缩写，这些缩写的表现形式也是代码，但各有不同的表示方法。表 3-23 为常用的操作缩写代码。

表 3-23 常用操作缩写代码

缩写代码	英文全称	中文全称
AWB	AIR WAYBILL	航空货运单
CASS	CARGO ACCOUNT SETTLEMENT SYSTEM	货运账目清算系统
CC	CHARGES COLLECT	运费到付
CCA	CARGO CHARGES CORRECTION ADVICE	货物运费更改通知
LAR	LIVE ANIMALS REGULATIONS	活动物规则
NVD	NO VALUE DECLARED	无声明价值
PP	CHARGES PREPAID	运费预付
SLI	SHIPPER'S LETTER OF INSTRUCTION	空运托运书
ULD	UNIT LOAD DEVICE	集装器
HAWB	HOUSE AIR WAYBILL	航空分运单
MAWB	MASTER AIR WAYBILL	航空主运单

模块四　国际空运代理操作流程

学习思考：简述国际航空货运代理进出口操作流程。

一、国际航空货运代理出口操作流程

1.揽货(Canvass)

揽货又称市场销售，从航空公司的角度来看，是航空公司为争取更多的货源，向市场上需要运输及与此相关的服务的消费者进行推销的活动；从国际航空货运代理角度来看，揽货是货运代理人向国际货物收货人、发货人推荐自己的与国际货物运输有关的服务。

目前,航空公司的揽货活动通常都委托给国际航空货运代理公司,航空公司与空运代理公司签订长期的代理协议,将板、舱“批发”给各一级空运代理企业。

货运代理在进行揽货时应注意国际航空货运中对货物的体积和重量的要求:

(1)空运货物最小体积为:长+宽+高≥40 cm,且最小边≥5 cm(新闻稿件类货除外);

(2)非宽体飞机载运的货物,每件货物重量一般不超过80公斤,体积一般不超过40 cm×60 cm×100 cm;

(3)宽体飞机载运的货物,每件货物重量一般不超过250公斤,体积一般不超过100 cm×100 cm×140 cm。

超过以上重量和体积的货物,承运人可依据机型及出发地和目的地机场的装卸设备条件,确定可收运货物的最大重量和体积。

2.订舱(Booking)与确认订舱(Confirm Booking)

订舱是货运代理人向航空公司提出货物运输申请并递交托运申请书(托运单)的行为(如图3-3所示)。航空公司根据自身的情况考虑是否能够接受托运申请,如果接受托运申请,航空公司便会向货运代理人发送订舱确认书,并通知托运人备单、备货。

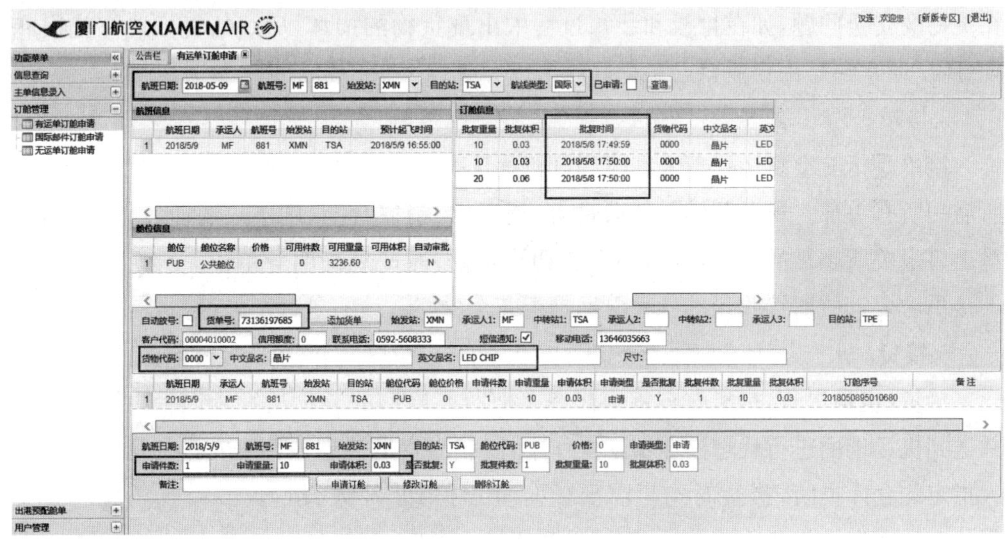

图3-3 订舱申请页面(以厦门航空为例)

在实际操作过程中,货物出口的接单流程如下:发货人发托运书给货运代理人(此托书的收货人和发货人是实际收货人和发货人,用于分单信息的录入),货运代理人根据托运书来确认是订舱还是委派给其他同行。如自己订舱,货运代理人直接在航空公司的官网录入所需订舱的信息(包括航班信息、目的地、提单号、件数、重量、体积、品名等),待航空公司批复后,确认是否订舱成功;如委派给其他同行订舱,需要做托运书给同行(此托运书的收货人和发货人是两家货运代理企业),同行再根据托运书的内容跟航空公司订舱。

3.提取集装板或集装箱

航空公司在回复订舱确认书时，将根据货物数量、尺码、性质及形状配备集装箱或集装板，并出具“航空集装箱/板”凭证。货运代理人持此凭证向航空公司箱板管理部门领取与订舱货量相应的集装板或集装箱，并办理相应的交接手续，提集装板或集装箱时应注意不能弄错集装板或集装箱的型号，因为不同型号的集装板或集装箱对应不同的机型及飞机的舱位。该环节通常货运代理企业较少涉及。

4.打板和装箱

打板和装箱可以在空运代理自己的仓库或场地进行，也可以在航空公司指定的场地进行。打板和装箱时应注意以下几点：

(1)尺寸较大的物件打在板上，尺寸较小的则装在箱内，而且板上或箱内的货必须是轻的、小的在上，重的、大的在下；

(2)打板高度应根据机舱规格进行，不能超高，也不能超出底板边沿，并用网套加固；

(3)大宗货物及集中托运的货物应尽可能将整票货物打在一个或几个板箱内；

(4)打好的板要封盖好塑料纸以防潮、防雨。

在实际操作过程中，打板和装箱都是企业自己操作，因为在打板和装箱过程中存在货物的安全问题，如在打板和装箱过程中出现货物的损坏，后续的责任追究就很麻烦，所以通常都是由企业自己装箱好后出货。

5.接单

接单是指航空货运代理人在收到订舱确认书后，从发货人手中接过空运货物出口所需的所有单证。所需要的单证通常有：托运书、销售合同(副本)、商业发票、装箱单等出口报关所必需的单证，可能还会有如许可证、原产地证明等单证。航空货运代理人接单后要审核所接收到的各种单据是否齐全、规范，填写是否正确等。

6.接货

接货(也称提货)是指航空货运代理人把所要出口的货物从发货人手中接收过来并送到机场地面进行代理。在实际操作中，由航空货运代理人调度安排的司机到发货人指定的仓库提货，提货时司机需要核对货物信息[件数、箱型(散箱或托盘)、唛头等]，确认无误并将货物装车后，直接送到货站出港区，等待过磅入库。

7.标记贴签

航空货运代理人接到货物可直接将货物送到机场货站，之后航空货运代理人将制作主标签和分标签贴在货物的外包装上。

(1)标记中的信息包括托运人和收货人的姓名、地址、联系电话、合同号及运输过程中的一些操作注意事项等；

(2)标签可分为识别标签、操作标签及特种货物标签。

①识别标签上详细列明了本票货物运输的一般信息，包括货运单号、件数、重量、始发站、目的站、经停站。一般货物用贴签，特殊货物通常用挂签。

根据国际航空运输协会 606 号决议《条形码标签》，目前，国际航空货运可使用条形码标签如图 3-4 所示。条形码标签上列明的信息有：航空货运单号码、目的站、主条形码、本批运输的货物总件数。图 3-5 为航空货运标签，图 3-6 为空运代理条形码标签。空运代理条形码标签上有两个条形码。

图 3-4　航空公司条形码标签

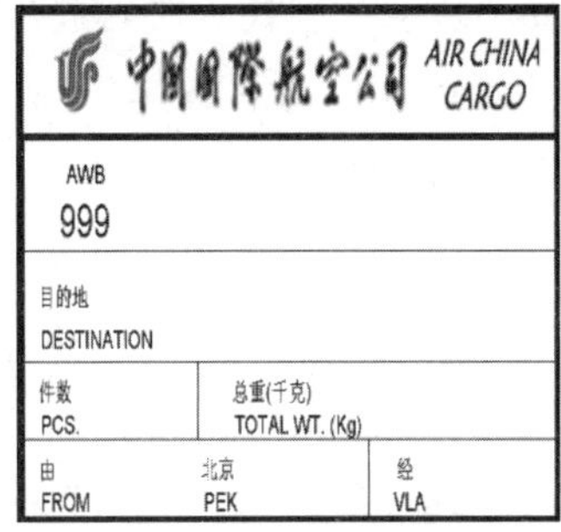

图 3-5　航空货运标签

图 3-6　空运代理条形码标签

②操作标签是货物运输及仓储过程中注意事项的一些标志，具体如图 3-7 所示。

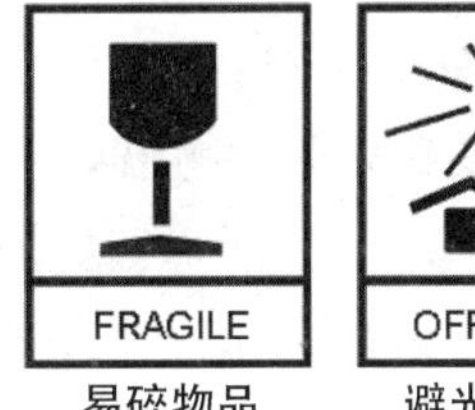

图 3-7　空运操作标签

③特种货物标签是说明特种性质的种类识别标志，具体如图 3-8 所示。

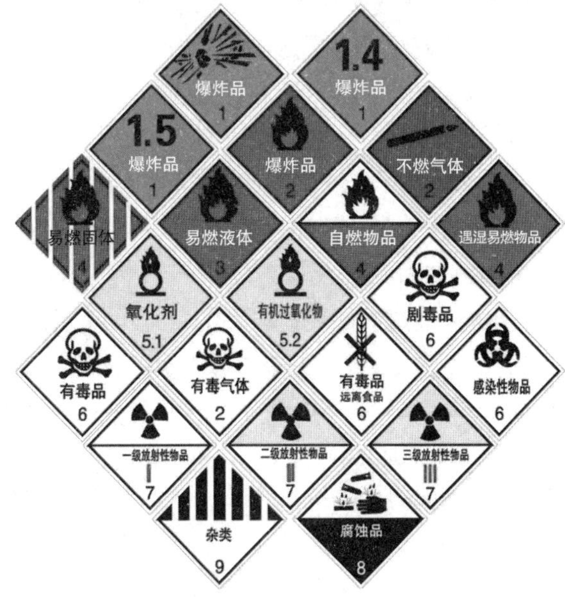

图 3-8　危险品货物标签

8.过磅和打单

货运代理人将贴好标签的货物交给货站过安全检查,并进行过磅和丈量货物尺寸,折算货物体积重量。货站将整单货物的实际毛重和折算的体积重量录入“可收运书”,加盖“安检章”和“可收运章”,在签名确认后即可将货物存在仓库。但一些危险性货物及超大超重货物,货站会要求航空公司代表对其进行审核,签字说明后方可入仓。

航空货运代理人应根据货站的“可收运书”将全部货物数据录入航空公司的货运单系统并打印出货运单,以供报关用。

注意,过磅后的步骤就是刷出正本空运提单。过磅后有了货物确切的重量,计算出计费重量,就可以刷出空运提单。而刷出正本空运提单的方式,不同的航空公司操作不一样。目前是只有厦门航空公司是自行刷出提单,再通过货运代理人的外勤转交到报关行(报关需要用到提单);而其他航空公司,大部分都是由货运代理人自己刷出正本空运提单(货运代理人事先会找航空公司拿空白的正本提单),货运代理人在有了确切的货物重量后,再自己套打正本空运提单。

9.报检和报关

在货物到达机场货站后托运人应及时办理出口报关手续,以免产生仓储费用。报关可由托运人自行报关,也可委托代理报关。报关员首先对货物出口所必需的单证进行审核,包括报关单、代理报关委托书(自理报关不需要)、通关单(法检货物才需要)、合同、发票、装箱单等,审核报关单是否加盖有报关专用章、单据是否齐全、各单据上的数据信息是否正确且一致。各项准备妥当后方可向海关申报。

出口的报关和报检:出口报关正常是需要委托有报关资质的报关企业申报,报关员对报关所需单证的审核包括发票、清单、合同(看具体申报贸易条款是否需要)、申报要素(含商编及对应所需确认的申报信息)、报关委托书及其他申报所需资料;而出口报检,只有法检货才需要做,非法检货不需要做报检。

10.费用结算

在出口货运操作中,如果运费预付,费用结算是承运人与货运代理人的结算;如果运费到付,则费用结算是承运人与收货人或其代理结算。费用主要包括空运费、地面运输费、打板和装箱费及其他各种服务费用。

11.发运签单(实际操作中叫作随机交接)

航空公司的地面代理接到加盖有海关放行章的货运单后,审核所使用的运价是否正确和货物性质是否适合航空运输,审核无误后签发空运单,然后将随机单证(包括空运单、发票、装箱单等)和货物一并交给航空公司,由航空公司安排装机运输。当报关放行后,就进行随机交接,随机交接包含:正本空运提单、清单、发票等(清单、发票等其他资料是否需要放进随机,根据客户实际的要求而定)。

12.航班信息跟踪

随机单证和货物交给航空公司后,航空公司可能会因各种原因而未能按预定的时间将货物运出,或未能按预定的时间抵达目的地,所以,国际货运代理人应对航班做实时跟踪,掌握航班信息,以便及时采取应对措施。同时,航班信息跟踪也为货物中转和目的地接货等业务事先做好安排提供支持,也能更好地掌握货物动态。目前,航班信息跟踪也是国际货运代理企业提高其服务质量、增强企业竞争力的手段。航班信息跟踪的方式有很多,可以通过电话、电子邮件或直接在航空公司网站上进行信息跟踪。

二、国际航空货运代理进口操作流程

航空货物进口运输业务流程包括:代理货物信息预报→单货交接→理货与仓储→理单→发送到货通知→制单→代理报检报关→费用结算→发货→送货或转运等环节。

1.代理货物信息预报

在国外出发港发货前,国外空运代理就要把空运单、航班、件数、重量、品名、实际收货人及其地址、联系电话等内容发送给目的地代理。

2.单货交接

空运货物入境时,空运单及与本票货物相关的其他单据也随机到达,运输工具及货物都在海关监管之下。货物卸下后存入航空公司或机场的监管仓库,然后将进口货物的舱单信息录入系统并传送给海关留存,以备报关使用。舱单信息包括总运单号、收货人、始发站、目的站、件数、重量、货物品名、航班号等。同时根据运单上的收货人地址寄发提货通知。交接时做到单单核对,即交接清单与总运单核对,单货核对,即交接清单与货物核对。单货交接时常见的问题及处理方式如表 3-24 所示。

表 3-24 单货交接核对问题及处理方式

总运单	清单	货物	处理方式
有	无	无	总运单退回
有	无	有	清单上加总运单号
无	有	有	总运单后补
无	有	无	清单上划去
有	有	无	总运单退回
无	无	有	货物退回

3.理货与仓储

理货时应逐一核对每票货物的件数,再次检查货物有无破损情况,如果确有交接单货时未发现的问题,应立即向航空公司提出交涉;仓储时按大货、小货、重货、轻货、单票货、混载货、危险品、贵重品、冷冻品、冷藏品分别堆存、进仓,登记每票货储存区号,并录入电脑仓储管理系统。

仓储过程中应注意防雨、防潮、防重压、防变形、防升温变质、防暴晒;贵重物品和危险品都应单独设置专门的保管仓库并做特殊监管。

4.理单

理单业务包括拆单、分类理单编号及编制各类单证。

(1)拆单,即货运代理人将集中托运的总运单项下的分运单分理出来,确认与到货情况是否一致,并编制成清单录入计算机系统;将集中托运总运单下的发运清单录入计算机系统,以便按分运单分别报检、报关及提货业务之用。

(2)分类理单按不同用途和目的有多种分类方法:

①按航班号理单,便于区分进口方向;

②按进口代理人理单,便于掌握和反馈信息,提高服务水平;

③按分货主理单,将货量稳定且较大的货主的运单分理出来,以便与客户联系,方便制单、报关及转运、送货;

④按口岸、内地或区域理单,便于联系内地货运代理,做好集中转运;

⑤按运费到付或运费预付理单,便于安全收费;

⑥按寄发运单和自取运单的客户理单,便于安排邮寄运单和接待客户。

空运代理分类理单时,必须把代理公司自己设定的编号写在每一票货物的总运单和分运单上,以便代理公司内部操作及客户查询。

5.到货通知

货物到港后,承运人或代理应及时、准确地发出到货通知。

(1)及时是要求尽早、尽快、尽妥,以减少仓储费和避免滞报金。

①尽早即要求货物到港后的第一个工作日内应通知货主;

②尽快即要求电话或传真通知客户,单证需要传递的应尽可能用特快专递,以缩短单据的传递时间;

③尽妥即要求保证在一周内以电函或信函的形式第三次通知货主,并将收货人尚未提货的情况告知发货人或其代理;两个月时,第四次以电函或信函的形式通知货主收货人尚未提货的情况;三个月时第五次以电函或信函的形式通知货主货物将被上交海关,并由海关处理的情况,提醒货主及时采取补救措施。

(2)到货通知应准确地向货主提供以下内容:

①总运单号、分运单号及空运代理的编号;

②货物的件数、重量、体积、品名及发货人和发货地;

③运单、发票上已编注的合同号;随机到达的已有单证及尚缺的报关所需单证;

④到付运费金额及地面代理服务收费标准;

⑤空运代理公司及仓库的地址、电话及联系人;

⑥提示货主海关的有关规定:超过运输工具进境 14 天后报关的将收取滞报金,超过三个月尚未报关的货物将上交海关处理。

学习思考:收货人或其代理在收到发货人的装机通知后很久没有收到承运人的到货通知该怎么办?

6.制单、报关

制单是依据空运单、发票及证明货物合法进口的有关批文,填制货物进口报关单。报关可由货主自理报关也可代理报关,自理报关的货主应自制报关单并准备所有报关所需单证;代理报关需货主出具代理报关委托书,代理在收到报关委托书后进行制单报关。

7.收费、发货

办理完报检、报关等手续后,货主持盖有海关放行章、出入境检验检疫局放行章的进口提货单到所属监管仓库付费提货。

所付费用包括:到付运费及垫付佣金;单证、报关费;仓储费;装卸、铲车费;航空公司到港仓储费;海关预录入、检验检疫等代收代付费;关税及垫付佣金等。

8.送货与转运

进口货物清关后货主不能前来自取货物的需空运代理安排送货上门;对于内地货物需安排转运业务。

办理转运业务有两种方式,一种是在办理完清关手续后转运,另一种是在进境地口岸不办理清关手续,而只办理转关及监管运输手续,之后在另一设有海关的内地口岸办理清关手续。但不管是哪一种,货物都一直处在海关的监管之下,所以转关运输亦称监管运输。

◆ 任务三 ◆
国际航空货运代理业务——制单

任务导入

邱丹红有了海运制单的经验后，对于空运的基本岗位职责已然没那么陌生。但是，由于单证差异较大，主管还是仔细地跟她交代了空运岗的一些主要职责：接单后信息的完整录入；确认提单信息的准确性，快速反馈必要的信息给客服；准确、完整地打印标签；准确、完整地录入托书和航司系统；及时向部门负责人反馈操作过程中的突发事件或自身解决不了的问题。

任务分析

空运代理业务中主要的单证是国际货物托运单和航空运单。托运单是航空运单缮制的依据，其填写的内容正确与否直接影响航空运单的填写。航空运单不仅是托运人与承运人之间的运输合同的证明，还是承运人已接收货物的证明。因此，航空运单的完整性和准确性至关重要。认识和掌握托运单和航空运单的填制是制单人员顺利完成制单工作的前提。

任务实施

模块一 国际货物托运单

学习思考：如何填写国际货物托运单？

一、国际货物托运书的性质

国际货物托运单（Shipper's Letter of Instruction）是托运人办理货物托运时填写的书面文件。表单上列有填制航空货运单所需的各项内容，因此其填写的内容正确与否直接影响航空货运单的填写。

国际货物托运书由托运人填写并加盖公章，并应印有授权于承运人或其代理人代其在航空货运单上签字的文字说明。它是托运人委托航空货运代理承办航空货运的依据，是货运代理填制航空货运单的依据，是货运代理与托运人结算费用的依据。因此,它是一份非常重要的法律文件。

二、内容与填制

国际货物托运书的格式与内容,如表 3-25 所示。

(1)托运人账号(SHIPPER'S ACCOUNT NO.):本栏填写托运人用于结算费用的银行账号。

(2)托运人姓名及地址(SHIPPER'S NAME AND ADDRESS):本栏填写托运人的姓名和详细地址(街名、城市名称、国名),以及便于联系的电话号、电传号或传真号。

(3)收货人账号(CONSIGNEE'S ACCOUNT NO.):本栏填写收货人用于结算费用的银行账号。

(4)收货人姓名及地址(CONSIGNEE'S NAME AND ADDRESS):本栏填写收货人的姓名和详细地址(街名、城市名称、国名),以及便于联系的电话号、电传号或传真号。由于航空货运单不能转让,因此本栏内不得填写"order"(凭指示)或"to order of the shipper"(凭托运人指示)等字样,也不能空白不填。

(5)航班/日期(FLIGHT/DATE):填写航班号及日期。

(6)另请通知(ALSO NOTIFY):除填收货人之外,如托运人还希望在货物到达的同时通知其他人,请另填写通知人的全名和地址。

(7)代理人的名称和城市(ISSUING CARRIER'S AGENT NAME AND CITY):本栏填写航空货运代理的名称和地址。

(8)始发站(AIRPORT OF DEPARTURE):本栏填写始发站机场的全称。

(9)到达站(AIRPORT OF DESTINATION):本栏填写到达站机场的全称。

(10)要求的路线/申请订舱(REQUESTED ROUTING/REQUESTING BOOKING):本栏用于航空公司安排运输路线时使用,但如果托运人有特别要求,也可填入本栏。

(11)托运人的声明价值(SHIPPER'S DECLARED VALUE):指对每批货物在交货时特别声明的价值。供运输用的声明价值:《华沙公约》对由承运人自身疏忽或故意造成的货物损坏、残缺或延误规定最高赔偿责任限额为货物毛重每千克不超过 20 美元或其等值。如果货物价值超出了上述价值,托运人就需要向承运人声明货物的价值,并支付声明价值附加费。若无须声明价值,则本栏空着不填或填写"NVD"(no value declared)字样。供海关用的声明价值:用于海关征税,即海关根据此栏所填数额征税。若未办理此声明价值则填写"NCV"(no commercial value)字样。

(12)保险金额(AMOUNT INSURANCE):本栏填写国际航空货物保险金额。中国民航各空运企业暂未开展国际航空货物运输代理保险业务,本栏可空着不填。

(13)所附文件(DOCUMENT TO ACCOMPANY AIR WAYBILL):本栏填写随附航空货运单运往目的地的文件名称,如发票、装箱单、托运人的动物证明等。

(14)件数和包装方式(NUMBER AND KIND OF PACKAGES):本栏填写该批

货物的总件数并注明其包装方式，如包裹(Package)、纸板盒(Carton)、盒(Case)、板条箱(Crate)、袋(Bag)、卷(Roll)等。如货物没有包装，则填写散装(Loose)。

(15)实际毛重(ACTUAL GROSS WEIGHT)：本栏应由承运人或航空货运代理称重后填入。如托运人已填写，则承运人或航空货运代理必须复核。

(16)运价类别(RATE CLASS)：本栏可空着不填，由承运人或其代理人填写。

(17)计费重量(CHARGEABLE WEIGHT)：本栏应由承运人或航空货运代理量出货物尺寸计算出计费重量后填入。如托运人已填写，则承运人或航空货运代理必须复核。

(18)货物品名及数量(包括体积及尺寸)[NATURE AND QUANTITY OF GOODS (INCL.DIMENSIONS OR VOLUME)]：本栏详细填写货物的品名、数量和尺寸。若一批货物中有多种货物，则分别填写。危险品应填写适用的准确名称及标贴的级别。

(19)处理事项(HANDLING INFORMATION)：本栏填写货物外包装上的标记或操作要求等。

(20)托运人签字(SIGNATURE OF SHIPPER)：托运人必须在本栏内签字。

(21)日期(DATE)：填写托运人交货的日期，托运人必须在本栏内签字。

(22)其他所有项目均由承运人或航空货运代理确定相关事宜后填入。

表 3-25 国际货物托运书 货运单号码

SHIPPER'S LETTER OF INSTRUCTION NO.OF AWAYBILL

1.托运人账号 SHIPPER'S ACCOUNT NO.	2.托运人姓名及地址 SHIPPER'S NAME AND ADDRESS	供承运人用 FOR CARRIER USE ONLY 5.航班/日期 FLIGHT/DATE
3.收货人账号 CONSIGNEE'S ACOUNT NO.	4.收货人姓名及地址 CONSIGNEE'S NAME AND ADDRESS	已预留吨位 BOOKED

续表

<table>
<tr><td colspan="3">6.另行通知 ALSO NOTIFY</td><td colspan="2" rowspan="5">运费
CHARGE</td></tr>
<tr><td colspan="3">7.代理人的名称和城市
ISSUING CARRIER'S AGENT NAME AND CITY</td></tr>
<tr><td colspan="3">8.始发站 AIRPORT OF DEPARTURE</td></tr>
<tr><td colspan="3">9.到达站 AIRPORT OF DESTINATION</td></tr>
<tr><td colspan="3">10.要求的路线/申请订舱
REQUESTED ROUTING/REQUESTING BOOKING</td></tr>
<tr><td colspan="2">11.托运人声明
SHIPPER'S DECLARED VALUE</td><td rowspan="2">12.保险金额
AMOUNT INSURANCE</td><td colspan="2" rowspan="2">13.所附文件
DOCUMENT TO ACCOMPANY AIR WAYBILL</td></tr>
<tr><td>供运输用
FOR CARRIAGE</td><td>供海关用
FOR CUSTOMS</td></tr>
<tr><td>14.件数和包装方式
NUMBER AND KIND OF PACKAGES</td><td>15.实际毛重
ACTUAL G.W/ kg</td><td>16.运价类别
RATE CLASS</td><td>17.计费重量
CHARGEABLE WEIGHT</td><td>18.货物品名及数量
NATURE AND QUANTITY OF GOODS</td></tr>
<tr><td colspan="5">货物不能交与收货人时,托运人指示的处理方法
SHIPPER'S INSTRUCTIONS IN CASE OF INABILITY TO DELIVER SHIPPMENT AS CONSIGNED</td></tr>
<tr><td colspan="5">19.处理事项(包括包装方式、货物标志及号码)
HANDLING INFORMATION(INCLUDING METHOD OF PACKING IDENTIFYING MARKS AND NUMBERS, ETC)</td></tr>
<tr><td colspan="5">托运人证实以上所填全部属实并遵守承运人的一切运载章程
THE SHIPPER CERTIFIES THAT THE PARTICULARS ON THE FACE HERE OF ARE CORRECT AND AGREES TO THE CONDITIONS OF CARRIAGE OF THE CARRIER.</td></tr>
<tr><td>20.托运人签字:
SIGNATURE OF SHIPPER:</td><td>21.日期:
DATE:</td><td colspan="2">经手人:
AGENT:</td><td>日期:
DATE:</td></tr>
</table>

模块二 航空运单

学习思考：航空运单主要有什么作用？

一、航空运单的性质与作用

航空运单(Airway Bill，AWB)是由承运货物的航空公司制定，由托运人(或以托运人的名义)按照航空公司的要求填制并由航空公司确认的，用以表明托运人和承运人之间所订立的运输契约。航空运单与海运提单不同，它不具备物权凭证的特性，不可转让，在空运单上都会有“Not Negotiable”字样。

航空运单的作用主要有：

①承运人与托运人之间的运输合同证明。

②承运人已接收货物的证明文件。

③承运人据以核收运费的凭证及运费收据。

④承运人内部业务的证明。

⑤进出口货物办理清关手续的必须单证。

⑥航空公司业务操作的依据。航空运单随货机同行，承运人会根据运单上的相关信息对货物做出相应的组织安排。

⑦当承运人承办保险或托运人要求承运人代办保险，航空运单也可以作为保险证明(载有保险条款的航空运单又被称为红色航空运单)。

二、航空运单的种类

(1)按空运单有无出票人的标志可分为航空公司运单和中性运单。航空公司运单上面有航空公司的 logo 等标志，而中性运单上面则没有。

(2)按空运单的出票人可分为主运单和分运单。

①主运单(Master Air Waybill，MAWB)。主运单由航空公司签发，每一票货物的出运都必须出具主运单。

②分运单(House Air Waybill，HAWB)。分运单是在集中托运业务(Consolidation)中，由空运代理人在办理货物出运时签发给发货人的运单。集中托运业务中的空运代理即体现为集中托运人(Consolidator)的身份。

知识链接

直发单

实际操作过程中，航空运单除了以上所述的主分单和分运单(实际操作过程中，这种出主单和分单的，称为货代单)，还有一种直发单。所谓直发单是只出一张运单，运单上的收货人和发货人就是实际的收货人和发货人。在操作过程中，需要事先跟客户确认要出哪种模式的运单。

货代单和直发单的区别：货代单一主一分或一主多分，而直发单只有一张提单；货代单的主单收货人和发货人是两家货运代理企业，分单才是实际收货人和发货人；直发单是直接体现实际收货人和发货人；换单的操作方式不同，货代单由MAWB上收货人到货站换单；直发单只能由企业(或企业委派人)换单。

三、 航空运单的构成

我国国际航空货运单由一式十二联组成，包括三联正本、六联副本和三联额外副本。航空货运单的每一份正本都印有背面条款，涉及航空货物运输的相关法律问题，如索赔、保险、运输更改等。航空货运单的构成及各联的功能如表 3-26 所示。

表 3-26 航空货运单的构成及各联的功能

序号	名称	分发对象及用途	颜色
1	Original 3	交托运人，作为承托双方运输合同及承运人收运货物的证明	浅蓝色
2	Copy 9	交代理人，供代理人留存	白色
3	Original 1	交出票航空公司，作为承托双方运输合同证明及运费结算凭证	浅绿色
4	Original 2	随航班货物交收货人，以备进口报关、提货之用	粉红色
5	Copy 4	提货收据，收货人提货时签字，并由承运人留存以证明妥善交货	浅黄色
6	Copy 5	目的地机场	白色
7	Copy 6	第三承运人	白色
8	Copy 7	第二承运人	白色
9	Copy 8	第一承运人	白色
10	Extra copy	供承运人使用	白色
11	Extra copy	供承运人使用	白色
12	Extra copy	供承运人使用	白色

四、航空运单的缮制

各航空公司所使用的航空运单大多借鉴 IATA 所推荐的标准格式，虽有不同但差别并不大。下面仅就 IATA 的标准格式对各栏目的填写说明予以介绍(如图 3-9 所示)。

(1A) (1) (1B) (1A) (1B)

Shipper's Name and Address (2)	(3) Shipper's Account Number	Not Negotiable Air Waybill (1C) ISSUED BY
		Copies 1,2 and 3 of this Air Waybill are originals and have the same validity. (1D)
Consignee's Name and Address (4)	(5) Consignee's Account Number	It is agreed that the goods described herein are accepted in apparent good order and condition (except as noted) for carriage SUBJECT TO THE CONDITIONS OF CONTRACCT ON THE REVERSE HEREOF. ALL GOODS MAY BE CARRIED BY ANY OTHER MEANS INCLUDING ROAD OR ANY OTHER CARRIER UNLESS SPECIFIC CONTRARY INSTRUCTIONS ARE GIVEN HEREON BY THE SHIPPER, AND SHIPPER AGREES THAT THE SHIPMENT MAY BE CARRIED VIA INTERMEDIATE STOPPING PLACES WHICH THE CARRIER DEEMS APPROPREATE. THE SHIPPER'S ATTENTION IS DRAWN TO THE NOTICE CONCERNING CARRIER'S LIMITATION OF LIABILITY. Shipper may increase such limitation of liability by declaring a higher value for carriage and paying a supplemental charge if require. (1E)
Issuing Carrier's Agent Name and City (6)		Accounting Information (10)
Agent's IATA Code (7)	Account No. (8)	
Airport of Departure (Addr. of First Carrier) and Requested Routing (9)		Reference Number (34A) / Optional Shipping Information (34B) (34C)

TO (11A)	By First Carrier Routing and Destination (11B)	TO (11C)	by (11D)	TO (11E)	by (11F)	Currency (12)	CHGS Code (13)	WT/VAL PPD (14A)	WT/VAL COL (14B)	OTHER PPD (15A)	OTHER COL (15B)	Declared Value for Carriage (16)	Declared Value for Customs (17)

Airport of Destination (18)	Flight/Date (19A)	for Carriage Use Only	Flight/Date (19B)	Amount of Insurance (20)	INSURANCE-If carrier offers insurance and such insurance is required in accordance with the conditions thereof, indicate amount to be insured in figures in box marked "amount of insurance" (20A)

Handling Information (21)

(21A) SCI

No. of pieces RCP	Gross Weight	Kg Lb	Rate Class / Commodity Item No.	Chargeable Weight	Rate / Charge	Total	Nature and Quantity of Goods (incl. Dimensions or Volume)
(22A)	(22B)	(22C)	(22E) (22D) (22Z)	(22F)	(22G)	(22H)	(22I)
(22J)	(22K)					(22L)	

Prepaid	Weight Charge	Collect	Other Charges
(24A)		(24B)	(23)
(25A)	Valuation Charge	(25B)	
(26A)	Tax	(26B)	
(27A)	Total Other Charges Due Agent	(27B)	Shipper certify that the particulars on the face hereof are correct and that in so far as any part of the consignment contains dangerous goods, such part is properly described by name and is in proper condition for carriage by air according to the applicable dangerous goods Regulations. (31) Signature of Shipper or His Agent
(28A)	Total Other Charges Due Carrier	(28B)	
(29A)		(29B)	
Total Prepaid (30A)		Total Collect (30B)	(32A) (32B) (32C) Executed on (Date) At (Place) Signature of Issuing Carrier or It's Agent
Currency Conversion Rates (33A)		CC Charges in Dest. Currency (33B)	
For Carrier's Use Only at Destination (33)		Charges at Destination (33C)	Total Collect Charges (33D)

ORIGINAL 3 (FOR SHIPPER) A

图 3-9 国际航协标准格式空运单

1.航空运单号码(the Air Waybill Number)

航空运单号码应清晰地填写在空运单的左上角、右上角及右下角(中性空运单应自行填制)。空运单号码一般以 11 位数字表示,前三位数字是航空公司的三字代码(Airline Code Number)(1A),后八位中的前 7 位数字为该票货物的顺序编号(Serial Number),第 8 位数字为检验号(1B)。如:205-99480500,784-71956883,880-

00677268,176-84099164。

2.始发站机场(Airport of Departure)(1)

该栏填写始发站机场的IATA三字代码,如果始发地机场名称不明确,可填写机场所在城市的三字代码。

3.货运单所属承运人的名称及地址(Issuing Carrier's Name and Address)(1C)

此处一般印有航空公司的标志、名称及地址,无须再填写。

4.正本联说明(Reference to Originals)(1D)

此栏无须填写。

5.契约条件(Reference to Conditions of Contract)(1E)

此栏一般情况下无须填写,承运人需要时才填写。

6.托运人栏(Shipper)

此栏有两项内容:

(1)托运人姓名和地址(Shipper's Name and Address)(2)。此项填写托运人的姓名、地址、国家或国家两字代码及托运人的电话、传真等联系方式。

(2)托运人账号(Shipper's Account Number)(3)。此项无需填写,除非承运人需要。

7.收货人栏(Consignee)

此栏有两项内容:

(1)收货人姓名和地址(Consignee's Name and Address)(4)。此项填写收货人的姓名、地址、国家或国家两字代码及收货人的电话、传真等联系方式。此项必须明确填写具体的收货人姓名,而不得填写"TO ORDER"或"TO ORDER OF ×××"等,因为空运单上均有"NOT NEGOCIABLE"字样。

(2)收货人账号(Consignee's Account Number)(5)。此项仅供承运人使用,一般不填写,除非最后的承运人需要。

8.承运人代理栏(Issuing Carrier's Agent)

此栏有三项内容:

(1)名称和城市(Name and City)(6)。该项填写填制空运单、并向承运人收取佣金的承运人代理的国际航协代理人的名称和所在机场或城市。

根据货运代理机构管理规定,该佣金必须支付给目的站国家的一个国际航协代理人,该国际航协代理人的名称和所在机场或城市必须填入此栏。

(2)国际航协代码(Agent's IATA Code)(7)。代理人在货账结算区(CASS[①] Areas),打印国际航协7位数字代码,后面加三位CASS地址代码和7位数字代码的检验位,如34-41234/5671;如果代理人不在货账结算区(Non-CASS Areas),只打印国际航协7位数字代码即可,如14-30288。

---

① CASS: Cargo Accounts Settlement System,货物财务结算系统。

(3)账号(Account No.)(8)。此项一般不填写,除非承运人需要。

9.财务说明(Accounting Information)(10)

填入运费的付款办法。如果是运费预付,可填入"FREIGHT PREPAID";如果是运费到付,可填入"FREIGHT COLLECT"。对于退回原地的货物,在新的航空货运单的此格内填入"RETURNED CARGO ORIGINAL AWB NO...",对于行李作货物托运的货物,填入旅客的客票号码、乘机的航程航班号及日期。还可以填入必要的关于运费付款办法的其他内容:如以现金或支票支付运费时,应注明"Cash"(现金)、"Check"(支票)字样;以旅费证 MCO(Miscellaneous Charges Order)支付运费时,只能用于作为货物运输的行李的运输,此栏应填 MCO 号码及应支付的金额,并填写"客票及行李票"号码、航班、日期等信息。但代理人不得接受托运人使用 MCO 作为付款方式。

10.运输路线(Routing)

此栏有四项内容:

(1)始发站机场及所要求的路线(Airport of Departure and Requested Routing)(9)。此项填写第一承运人所在机场或城市名称,与前面的始发站机场栏填写一致。

(2)运输路线和目的站(Routing and Destination)。此项可能涉及多个承运人。

☆至 TO(11A)。此处填目的站机场或第一个转运点的 IATA 三字代码,如果该城市有多个机场,且不清楚机场名称时,可填城市代码。

由第一承运人 by(First Carrier)(11B)。此处填第一承运人的名称(全称或 IATA 两字代码均可)。

☆至 TO(11C)。此处填目的站机场或第二个转运点的 IATA 三字代码,如果该城市有多个机场,且不清楚机场名称时,可填城市代码。

由第二承运人 by (Second Carrier)(11D)。此处填第二承运人的名称(全称或 IATA 两字代码均可)。

☆至 TO(11E)。此处填目的站机场或第三个转运点的 IATA 三字代码,如果该城市有多个机场,且不清楚机场名称时,可填城市代码。

由第三承运人 by (Third Carrier)(11F)。此处填第三承运人的名称(全称或 IATA 两字代码均可)。

(3)目的站机场(Airport of Destination)(18)。填写最后承运人的目的地机场全称,如果该城市有多个机场,且不知道机场名称时,可填写城市全称。

(4)航班/日期(Flight/Date)(19A)(19B)。此处仅供承运人使用。此栏一般不填写,除非参加运输的各有关承运人需要。如果是两航段或多航段运输,可将每一航段的航班/日期分列到此处。

11.货币(Currency)(12)

此栏填写始发国的 ISO(国际标准组织)的货币代号,通常是国家两字代码加上货币的英语首写字母,如 CNY——CHINA YUAN,USD——UNITED STATES DOLLAR。

除目的站"国家收费栏"内的款项,空运单上所列的金额均按上述的货币支付。

12.运费代号(CHGS Code)(13)(仅供承运人使用)

此栏一般不填写,仅电子传送空运单信息时使用。

13.运费(Charges)

此项填写航空运费、声明价值附加费及其他费用支付方式。

①WT/VAL 航空运费和声明价值附加费预付和到付。两项费用必须全部预付或全部到付,不允许部分预付或部分到付。如果是预付则在“预付(PPD)”(14A)栏内打“×”,否则在“到付(COL)”(14B)栏内打“×”。

②OTHER(Charges at Origin)在始发站的其他费用预付和到付。此栏填写在始发站发生的除声明价值附加费之外的其他费用,该项费用必须全部预付或全部到付,不允许部分预付或部分到付。如果是预付则在“预付(PPD)”(15A)栏内打“×”,否则在“到付(COL)”(15B)栏内打“×”。

14.供运输声明价值(Declared Value for Carriage)(16)

此栏打印托运人对所托运货物声明的价值金额。如果托运人没有对所托运货物的声明价值,此栏必须打印“NVD”(NO VALUE DECLARED)字样,即没有声明价值。

15.供海关用声明的价值 (Declared Value for Customs)(17)

此栏打印货物及通关时所需的商业价值金额。如果货物没有商业价值,此栏必须打印“NCV”(NO COMMOCIAL VALUE)字样。在实际操作中,往往也可填为“AS PER INVOICE(S)”。

16.保险金额(Amount of Insurance)(20)

如果承运人向托运人提供代办货物保险业务,此栏打印投保的金额;如果承运人不提供此项服务或托运人不要求投保此栏打印“NIL”或“×××”符号。(20A)项为保险说明,无须填写。

17.储运注意事项 (Handling Information)(21)

此栏填写货物在仓储和运输过程中所应注意的事项。

(1)对于危险货物,有两种情况。一种是需要附托运人的危险品申报单,则本栏内应打印“DANGEROUS GOODS AS PER ATTACHED SHIPPER'S DECLARATION”字样,对于要求装货机上的危险货物,还应在加上“CARGO AIRCRAFT ONLY”字样。另一种是属于不要求附危险品申报单的危险货物,则应打印“SHIPPER'S DECLARATION NOT REQUIRED”字样。

(2)当一批货物中既有危险货物也有非危险货物时,应分别列明,危险货物必须列在第一项,并填写危险品的件数。此类货物不要求附危险品申报单,其中的危险货物不是放射性物质且数量有限。

(3)其他注意事项尽可能使用“货物交换电报程序”(CARGO-IMP)中的代号和简语,如:货物上的标志、号码以及包装方法;随货运单所附文件的名称,如托运人的动物证明书“SHIPPER'S CERTIFICATION FOR LIVE ANIMALS”装箱单“PACKING LIST”,

发票“INVOICE”等；除收货人外，另请通知人（不同于收货人）的姓名、地址、国家，以及电话、电传或传真号码；货物所需要的特殊处理规定；海关规定等。

18.航空运价细目（Consignment Rating Details）（22A）至（22L）。

一票货物中如含有两种或两种以上不同运价类别计费的货物应分别填写，每填写完一项另起一行，如果含有危险品，则该危险品应列在第一项。

（1）件数/运价组合点（No. of Pieces/RCP）（22A）。RCP（Rate Construction Point），此栏填写货物的件数。如果所使用的货物运价种类不同时，应分别填写，并将总件数填写在（22J）栏内；如果使用非公布直达运价计算运费时，在件数的下面还应打印运价组合点城市的 IATA 三字代号。

（2）毛重（Gross Weight）（22B）。适用于运价的货物实际毛重（以千克为单位时可保留至小数后一位），并与件数相对应。分别填写时，应将总毛重填写在（22K）栏内。

（3）重量单位（kg/lb）（22C）。此栏中，以千克为单位时填写“K”，以磅为单位时填写“L”。

（4）运价等级（Rate Class）（22D）。填写所采用的货物运价种类代码，常用的六种代码为：

M——最低运费 Minimum Charge；

N——45 公斤以下（或 100 公斤以下）运价 Normal Rate；

Q——45 公斤以上运价 Quantity Rate；

C——指定商品运价 Specific Commodity Rate；

R——等级货物附减运价 Class Rate Reduction；

S——等级货物附加运价 Class Rate Surcharge。

（5）商品品名编号（Commodity Item No.）（22E）。此栏应根据所采用的货物运价种类填写，并与（22D）栏对应。

①使用指定商品运价时，打印指定商品品名代号，对应（22D）中的代码 C。

②使用等级货物运价时，此栏打印附加或附减运价的比例。附减运价：如所适用的费率为 N 运价的 50％，则填写为 N50，对应（22D）中的代码 R；附加运价：如所适用的费率为 N 运价的 150％，则填写为 N150，对应（22D）中的代码 S。

③如果是集装货物，打印集装货物运价等级。

（6）计费重量（Chargeable Weight）（22F）。打印与运价相应的货物计费重量。

（7）运价/运费（Rate/Charge）（22G）。此栏打印与（22D）对应的运价。

①当使用最低运费时，打印与运价代码“M”对应的最低运费；

②当使用非最低运费的普通运价时，打印与运价代码“N”“Q”相应的运价；

③当使用等级运价时，打印与运价代码“S”或“R”对应的附加或附减后的运价；

④当使用指定商品运价时，打印与运价代码“C”相应的运价。

（8）总计（Total）（22H）。此栏打印计费重量与适用运价相乘后的运费金额。如果是最低运费或集装货物基本运费时，本栏与“运价/运费”栏内的金额相同；如果分别填写，将航空运费总额填写在(22L)栏内。

(9)货物品名和数量(Nature and Quantity of Goods)(22I)。本栏应按要求打印，尽可能地清晰简明。打印货物的品名(用英文大写字母)，不得填写表示货物类别的统称；当一票货物中含有危险货物时，应分别打印，而且应将危险货物列在第一项；如果是集合货物，本栏应打印“Consolidation as Attached List”(集装托运货物，按所附的每一票据办理)；打印货物的外包装尺寸或体积，用“长×宽×高”表示，以厘米作单位；可打印货物的产地国。

(10)总件数(No. of Pieces)(22J)。此栏打印(22A)中各组货物的件数之和。

(11)总毛重(Gross Weight)(22K)。此栏打印(22B)中各组货物毛重之和。

(12)总计(Total)(22L)。此栏打印(22H)中各组货物运费之和。

(13)(22Z)此栏一般不打印。如果承运人要求，可打印有关服务代号。

19.其他费用(Other Charges)(23)

此栏一般打印在始发站发生的其他费用。打印“其他费用”金额时，应冠以代码。在代码与所收金额之间须加字母“C”或“A”以表明此费用为谁收，“C”表示该费用为承运人所收取，“A”表示该费用为代理人收取。

如：INA 2 580 为代理人收取的代办保险服务费 2 580 元；

DBC 45.00 为承运人收取的代垫付款手续费 45.00 元；

空运单中常见的其他费用代码：

AC(Animal Container)——动物容器租费

AS(Assembly Service Fee)——集中货物服务费

AW(Air Waybill)——货运单费

BR(Bank Release)——银行放单费

CD(Clearance and Handling-Destination)——目的站清关操作费

CH(Clearance and Handling)——始发站办理海关手续和处理费

DB(Disbursement Fee)——代垫付款手续费

DF(Distribution Service)——分发服务费

FC(Charges Collect Fee)——运费到付手续费

HR(Human Remains)——尸体，骨灰附加税

IN(Insurance Premium)——代办保险服务费

LA(Live Animals)——动物处理费

MA(Miscellaneous-Due Agent)——代理人收取的杂项费用

MC(Miscellaneous-Due Carrier)——承运人收取的杂项费

MY(Fuel Surcharge)——燃油附加费

PK(Packaging)——包装服务费

PU(Pick-up)——货物提取费

RA(Dangerous Goods Surcharge)——危险品处理费

SD(Surface Charge Destination)——目的站地面运输费

SI(Stop in Transit)——中途停运费

SO(Storage-Origin)——始发站保管费

SR(Surface Charge-origin)——始发站地面运费

SU(Storage-destination)——目的站仓储费

TR(Transit)——过境费

UH(ULD Handling)——集装设备操作费

20.预付(Prepaid)或到付(Collect)

此栏中的左侧费用预付,右侧费用到付。

(1)Weight Charge 运费。打印货物计费重量计得的货物运费。与(22H)或(22L)中的金额一致。全部预付的打印在(24A)栏中,全部到付的打印在(24B)栏中。

(2)Valuation Charge 声明价值附加费。如果托运人提出货物运输声明价值,此栏则应填写声明价值附加费。

声明价值附加费计算公式:

(声明价值—实际毛重×最高赔偿额)×0.5%

全部预付的打印在(25A)栏中,全部到付的打印在(25B)栏中。

(3)Tax 税款。此栏打印适用的税款。全部预付的打印在(26A)栏中,全部到付的打印在(26B)栏中。

(4)Total Other Charges 其他费用总额。

①Total Other Charges Due Agent 由代理人收取的其他费用总额,打印由代理人收取的其他费用总额。全部预付的打印在(27A)栏中,全部到付的打印在(27B)栏中。

②Total Other Charges Due Carrier 由承运人收取的其他费用总额,打印由承运人收取的其他费用总额。全部预付的打印在(28A)栏中,全部到付的打印在(28B)栏中。

(5)无名称阴影栏目(29A)和(29B)。一般不打印,除非承运人需要。

(6)Total 总计。(30A)中打印(24A)、(25A)、(26A)、(27A)及(28A)等栏目中有关预付款项之和,(30B)中打印(24B)、(25B)、(26B)、(27B)及(28B)等栏目中有关到付款项之和。

21.托运人签字栏(Signature of Shipper or His Agent)(31)

此栏打印托运人的名称,且托运人应在本栏目中签字或盖章。

22.承运人填写栏(Carrier's Execution Box)

(1)Executed on (Date)填开日期(32A)。按日—月—年的顺序打印货运单的填开日期,月份可用缩写,如:12JAN 2013。

(2)At (Place)填开地点(32B)。此栏打印机场或城市的全称或缩写。

(3)Signature of Issuing Carrier or It's Agent 填开货运单的承运人或其代理签字(32)。填开货运单的承运人或其代理人在此栏中签字。

23.仅供承运人在目的站使用(For Carrier's Use Only at Destination)(33)

此栏一般不打印。

24.用目的国家货币付费

仅供承运人使用。(30A)至(33D)。

(1)Currency Conversion Rates 货币兑换比价(33A)。此栏打印目的站国家货币代码和汇率。

(2)CC Charges in Destination Currency 用目的站国家货币付费(33B)。用(33A)中的汇率乘以(30B)中所列的到付总额,即折算成目的站国家货币的金额,打印在此栏中。

(3)Charges at Destination 目的站的费用(33C)。最后承运人将目的站发生的费用金额,包括利息等打印在此栏中(以目的站国家的货币为单位)。

(4)Total Collect Charges 到付费用总额。打印(33B)与(33C)内的费用金额之和。

自我测试

一、单项选择题

1. 下列城市属于 IATA 三个航空运输业务区中的 TC1 区的是(　　)。

A.纽约　　B.伦敦　　C.北京　　D.堪培拉

2. 集中托运是由(　　)将若干批单独发运的货物集中成一批办理托运。

A.航空公司　　B.航空货运代理公司

C.机场　　D.货主

3. 航空货物托运书的填写和审核分别由(　　)来完成。

A.货运代理、航空公司　　B.货运代理、托运人

C.托运人、航空公司　　D.托运人、货运代理

4. 在相同运价种类、相同航程、相同承运人条件下,应优先使用的 IATA 运价是(　　)。

A.普通货物运价　　B.等级货物运价

C.指定商品运价　　D.协议运价

5. 在国际航空货物运输中,CC 表示(　　)。

A.无声明价值　　B.货物运费更改通知书

C.运费到付　　D.航空货运单

6. 在国际航空货物运输中,如果托运人没有声明价值,在航空货运单栏"Declared Value for Carriage"栏中必须填写(　　)。

A. AWA　　B. AWC　　C. NVD　　D. NCV

7. 在集中托运下,航空货运单分别为主运单和分运单。以下关于主运单和分运单的表述不正确的是(　　)。

A.主运单是国际航空货运代理人与承运人交接货物的凭证

B.主运单是国际航空货运代理人与发货人交接货物的凭证

C.在主运单中托运人栏和收货人栏都是实际的托运人和收货人

D.在分运单中托运人栏和收货人栏都是实际的托运人和收货人

二、多项选择题

1. 在国际航空货物运输中,装运货物时应考虑到飞机本身的装载限制。这些限制因素包括(　　)。

A.最大重量限额　　B.机舱容积限额

C.舱门限制　　D.地板承受力限额

2. 下列不能以集中托运形式运输的货物有(　　)。

A.珠宝　　B.金丝猴　　C.服装　　D.干冰

3. 以下对集中托运的叙述正确的是(　　)。

A.启运地货物由集中托运人将货物交付航空运输公司

B.目的地货物由集中托运人的分部或代理从航空公司提取,再转给收货人

C.货主与航空公司有直接的契约关系

D.集中托运形式下托运人结汇的时间提前

4. 航空快递业务的形式有(　　)。

A.门到门服务　　B.门到机场服务

C.专人派送　　D.货到付款

三、操作题

1. 空运单实例问答——根据下面的空运单实例回答问题

(1)本票业务的航线是(　　)。

(2)本票业务的承运人是(　　)。

(3)本票业务的声明价值分别是(　　)和(　　)。

(4)本票业务的总毛重和计费重量分别是(　　)和(　　)。

(5)本票业务由(　　)收取了共(　　)附加费。

(6)本票业务是重货还是泡货?

880	HAK	00677268	880- 00677268

Shipper's Name and Address	Shipper's Account Number	Not Negotiable Air Waybill ISSUED BY 海南航空股份有限公司 HAINAN AIRLINES CO., LTD. HAINAN CHINA
ZHONGSHAN CO. LTD HAINAN BRANCH NO. 126 HAIXIU ROADHAIKOU CITY 570206. HAINAN P.R. CHINA TEL：0898-65915800 FAX：0898-65913200		Copies 1, 2 and 3 of this Air Waybill are originals and have the same validity.
Consignee's Name and Address	Consignee's Account Number	It is agreed that the goods described herein are accepted for carriage in apparent good order and condition (except as noted) and SUBJECT TO THE CONDITIONS OF CONTRACT ON THE REVERSE HEREOF. ALL GOODS MAY BE CARRIED BY AND OTHER MEANS INCLUDING ROAD OR ANY OTHER CARRIER UNLESS SPECIFIC CONTRARY INSTRUCTIONSARE GIVEN HEREON BY THE SHIPPER. THE SHIPPER'S ATTENTION IS DRAWN TO THE NOTICE CONCERNING CARRIER'S LIMITATION OF LIABILITY. Shippermay increase such limitation of liability by declaring a higher value for carriage and paying a supplemental charge if required.
BOLIN INPORT & EXPORT CO. LTD SEAKZOLIANGENIGERCNBHCARGOCITY 568D 81569 FRABJFYRT MAIN-FLLGHAFEN TEL：069 920 76885		
Issuing Carrier's Agent Name and City		Accounting Information
Agent's IATA Code	Account No.	FREIGHT PREPAID
Airport of Departure (Addr. of First Carrier) and Requested Routing		
HAIKOU (HAK – PEK – FRA)		

To	By First Carrier Routing and Destination	to	by	to	by	Currency	CHGS Code	WT/VAL PPD	WT/VAL COLL	Other PPD	Other COLL	Declared Value for Carriage	Declared Value for Customs
PEK	HU	FRA	HU			C.N.Y		PPD		PPD		NVD	NCV

Airport of Destination	Flight/Date For carrier Use Only Flight/Date	Amount of Insurance	INSURANCE- If Carrier offers insurance, and such insurance is requested in accordance with the conditions thereof, indicate amount to be insured in figures in box marked "Amount of Insurance."
FRANKFURT	HU 7281, 18JAN HU7957, 20JAN	×××	

Handing Information

(For USA only) These commodities licensed by U.S. for ultimate destination ....Diversion contrary to U.S. law is prohibited

No of Pieces RCP	Gross Weight	Kg lb	Rate Class Commodity Item No.	Chargeable Weight	Rate / Charge	Total	Nature and Quantity of Goods (incl. Dimensions or Volume)
5	2949. 6	K	Q	2950. 0	25.20	74340.00	CONSOLIDATION AS PER ATTACHED CARGO MANIFEST (ROTATING BLADE) DIM：95×88×98CM/2PCS 58×46×54CM/1PCS 145×119×98CM/1PCS 115×119×98CM/1PCS VOL：4.81CBM
5	2949. 6					74340.00	

Prepaid	Weight Charge	Collect	Other Charges
74340.00			MYC：8920.00 AWC：150.00 ENS：50.00
	Valuation Charge		
	Tax		
	Total other Charges Due Agent		Shipper certifies that the particulars on the face hereof are correct and that insofar as any part of theconsignment contains dangerous goods, such part is properly described by name and is in proper condition for carriage by air according to the applicable Dangerous Goods Regulations.
	Total other Charges Due Carrier		
9120.00			.... Signature of Shipper or his Agent
Total Prepaid		Total Collect	17JAN2016 HAIKOU HAINAN AIRLINE CO.
83460.00			
Currency Conversion Rates		CC Charges in Dest. Currency	
			Executed on (date) at(place) Signature of Issuing Carrier or its Agent
For Carrier's Use only at Destination		Charges at Destination	Total Collect Charges 880- 00677268

ORIGINAL 3（FOR SHIPPER）A

2. Please fulfill AWB on the basis of the sales contract/invoice/packing list of Guangzhou Rax Trading Co., LTD

Flight schedule to be:

LYS-XIY HU7908/1907

XIY-CAN HU7839/2107

CONTRACT

NO: XYX20180710

DATE: 2018/7/10

Buyer: Guangzhou Rax Trading Co., Ltd.

Address: ShiJiYingHuang Mansion,No.38 JianXin North Road,JiangBei District,Guangzhou China

Seller: VALLE INDUSTRIE

Address: ZI MOLINA - LA CHAZOTTE, 101 RUE ALBERT CAMUS, 42353 LA TALAUDIERE

This contract is made by and between the Buyer and the Seller,whereby the Buyer agrees to buy and the Seller agrees to sell the undermentioned commodity according to the terms and conditions stipulated below:

Item	Description	Specification	Quantity/ PCS	Price/USD	Total(USD)
1	Steel Balls	420C	30000	0.13	3900.00
TOTAL					3900.00

Port of Shipment: LYON

Condition of carriage: CIF GUANGZHOU

Terms of Payment: 60 DAYS T/T

VALLE INDUSTRIE

ZI MOLINA - LA CHAZOTTE, 101 RUE ALBERT CAMUS, 42353 LA TALAUDIERE

TEL: +33477476897

PACKING LIST

SHIP TO :Guangzhou Rax Trading Co., Ltd.

ADDRESS:S guangzhou yuexiu district jianshe lu lu yi 'an plaza 1001-1010

BILL TO: Guangzhou Rax Trading Co., Ltd.

ADDRESS:ShiJiYingHuang Mansion,No.38 JianXin North Road,JiangBei District,Guangzhou China

CIF GUANGZHOU

Description ofgoods	Quantity(PCS)	PCS/ Box	No. of Box	Net Weight(KG)	Gross Weight(KG)	Mearsur ement
Steel Balls 420C	30,000	2,000	15	140.00	150.00	0.88
TOTAL			15	140.00	150.00	

Box size: 870x420x160mm

MADE IN FRANCE

VALLE INDUSTRIE

ZI MOLINA - LA CHAZOTTE, 101 RUE ALBERT CAMUS, 42353 LA TALAUDIERE

TEL: +33477476897

INVOICE

SHIP TO :Guangzhou Rax Trading Co., Ltd.

ADDRESS:ShiJiYingHuang Mansion,No.38 JianXin North Road,JiangBei District,Guangzhou China

BILL TO: Guangzhou Rax Trading Co., Ltd.

ADDRESS:ShiJiYingHuang Mansion,No.38 JianXin North Road,JiangBei District,Guangzhou China

CIF GUANGZHOU

Item	Description of goods	Quantity (PCS)	Unit Price(USD)	TOTAL(USD)
1	Steel Balls 420C	30, 000	0. 13	3900. 00
TOTAL		30,000		USD 3,900.00

MADE IN FRANCE

880 | LYS | 33222453 — 880- 33222453

Shipper's Name and Address	Shipper's Account Number	Not Negotiable Air Waybill ISSUED BY 海南航空股份有限公司 HAINAN AIRLINES CO.，LTD. HAINAN CHINA
(1)		Copies 1, 2 and 3 of this Air Waybill are originals and have the same validity.
Consignee's Name and Address	**Consignee's Account Number**	It is agreed that the goods described herein are accepted for carriage in apparent good order and condition (except as noted) and SUBJECT TO THE CONDITIONS OF CONTRACT ON THE REVERSE HEREOF. ALL GOODS MAY BE CARRIED BY AND OTHER MEANS INCLUDING ROAD OR ANY OTHER CARRIER UNLESS SPECIFIC CONTRARY INSTRUCTIONSARE GIVEN HEREON BY THE SHIPPER. THE SHIPPER'S ATTENTION IS DRAWN TO THE NOTICE CONCERNING CARRIER'S LIMITATION OF LIABILITY. Shippermay increase such limitation of liability by declaring a higher value for carriage and paying a supplemental charge if required.
(2)		
Issuing Carrier's Agent Name and City		**Accounting Information**
Tribillion France Logistics SAS CARGOPORT-BP 313 +33 472237272		FR/RA/10009-04
Agent's IATA Code	**Account No.**	
20 4 7080 6000		
Airport of Departure (Addr. of First Carrier) and Requested Routing		
(3)		

To	By First Carrier Routing and Destination	to	by	to	by	Currency	CHGS Code	WT/VAL PPD	WT/VAL COLL	Other PPD	Other COLL	Declared Value for Carriage	Declared Value for Customs
(4)	(5)	(6)	HU			EURP	X	X		X		NVD	NCV

Airport of Destination	Flight/Date	For carrier Use Only Flight/Date	Amount of Insurance	INSURANCE- If Carrier offers insurance, and such insurance is requested in accordance with the conditions thereof, indicate amount to be insured in figures in box marked "Amount of Insurance."
(7)	(8)		×××	

Handing Information

(For USA only) These commodities licensed by U.S. for ultimate destination ....Diversion contrary to U.S. law is prohibited

No of Pieces RCP	Gross Weight	Kg lb	Rate Class Commodity Item No.	Chargeable Weight	Rate / Charge	Total	Nature and Quantity of Goods (incl. Dimensions or Volume)
(9)	. (10)	K		(11)	2	(12)	(13)
							VOLUME：(14) CBM

Prepaid Weight Collect	Charge Collect	Other Charges
Valuation Charge		
Tax		
Total other Charges Due Agent		Shipper certifies that the particulars on the face hereof are correct and that insofar as any part of theconsignment contains dangerous goods, such part is properly described by name and is in proper condition for carriage by air according to the applicable Dangerous Goods Regulations.
Total other Charges Due Carrier		LOYON VALERIAN
		Signature of Shipper or his Agent
Total Prepaid	Total Collect	19.07.18 LYON ST EXUPERY AERO
Currency Conversion Rates	CC Charges in Dest. Currency	
		Executed on (date) at(place) Signature of Issuing Carrier or its Agent
For Carrier's Use only at Destination	Charges at Destination	Total Collect Charges — 880- 33222453

项目四　认识国际陆运及多式联运

项目描述

铁路联运以其连贯性强、风险小、不易受天气影响等优势成为毗邻国家之间货物运输的主要选择；公路运输更是以其灵活便捷、实现“门到门”服务等特点在国际货物运输中起着重要的衔接作用；国际多式联运则把国际海上运输、航空运输、公路运输、铁路运输等多种运输方式有机结合并形成优势互补，为客户提供一站式的门到门运输服务，是国际货物运输组织上的创新。本项目的学习主要包括认识国际陆运及多式联运业务基础、国际陆运及多式联运业务操作两个任务。

学习目标

知识目标

1.了解铁路联运、公路运输、国际多式联运的概念、特点及优势；

2.熟悉我国主要的铁路与公路口岸；

3.熟悉国际多式联运的运输组织形式；

4.了解国际多式联运经营人及其类型和责任范围；

5.掌握国际铁路联运、公路运输及多式联运的业务操作；

6.掌握国际铁路联运、公路运输及多式联运相关运费的核算和单证的缮制。

能力目标

1.信息的查询和收集能力；

2.良好的表达、沟通、协调及应变能力；

3.熟练的业务操作技能；

4.娴熟的制单能力和较强的主观能动性。

德育目标

1.培养学生独立的判断、选择、创新能力；

2.培养学生良好的道德责任感。

学习情境分析

近年来，随着“一带一路”建设的稳步推行，国际多式联运业务逐年增多，厦门汉连物流有限公司根据形势变化，拟增加国际多式联运事业体，并召开了筹建会议。邱丹红也在国际多式联运事业体中轮岗。接下去，她必须做足功课，以期尽快进入角色。

◆ 任务一 ◆
国际陆运及多式联运业务基础

任务导入

相比海运和空运，邱丹红对国际陆运及多式联运业务比较陌生，熟悉铁路货物运输、公路货物运输及多式联运的基础知识是当前的主要任务。

任务分析

国际铁路运输的基础知识主要包括：国际铁路联运的特点、范围、办理的货物种别以及相关的路站知识；国际公路运输的基础知识主要包括：公路运输的特点、运输形式，国际公路货物运输公约和协定以及我国公路口岸与主要对外通道；国际多式联运的基础知识主要包括：开展国际多式联运的条件及其运输的组织形式，国际多式联运经营人的类型和法律范围。

任务实施

模块一　国际铁路货物运输概述

学习思考：国际铁路联运可以办理哪些货物运输？

一、国际铁路货运概述

国际铁路运输是指利用铁路进行进出口货物运输的一种方式，具有安全程度高、运输速度快、运输距离长、运输能力大、运输成本低、不易受天气状况影响等优点。在国际贸易运输中，铁路运输是仅次于海洋运输的主要运输方式，特别是在内陆接壤国家之间，铁路运输起着重要作用。然而，由于不同国家之间的轨距没有统一，原车过轨直通的情况很少，因此，国际多式联运成为国际铁路货物运输的主要形式。

二、国际铁路联运

国际铁路货物联运（International Railway Through Goods Traffic）指使用一份统

一的国际铁路联运单据，由跨国铁路承运人办理两国或两国以上铁路的全程运输，并承担运输责任的一种连贯运输方式。

1.国际铁路联运的特点

(1)速度较快，运量较大，成本较低，安全可靠。

(2)运输条件高，办理手续复杂。

在办理国际铁路货物联运时，货物、车辆、运输单据及相关单证都必须符合国际铁路联运规定，同时还需顾及各参加国铁路的设备条件、运输组织方式和相关法规制度。

(3)一份运单，跨国运输。

无论铁路联运涉及几个国家，均只需使用一份运输单据，即国际货协运单，该运单负责货物联运的全程运输。

(4)参加国铁路承担连带责任。

《国际铁路货物联运协定》的参加国铁路按国际铁路联运运单的要求承运铁路货物，并负责完成货物和随货单据的全程运输，直到在到达站交付货物。

参加国铁路既为铁路货物实际承运人，又行使国际铁路货运代理的部分职能，如内陆运输工具的海关监管职能、边境口岸的货物交接职能、铁路车辆在不同轨距间的换装职能、货物单证的递送职能、到达站通知收货人提取货物和交付的职能、到达站将货物转发到未参加《国际铁路货物联运协定》国家的转运职能。每一运送的铁路自接受附有运单的货物时即认为参加了铁路联运，并承担由此产生的责任。

2.国际铁路联运的范围

(1)我国与其他《国际铁路货物联运协定》参与国的铁路货物联运

《国际铁路货物联运协定》简称《国际货协》，是欧洲和亚洲一些国家办理国际铁路货物联运的主要协定之一，主要包括使用的范围，运输的基本条件，运输合同的缔结、履行和变更，铁路的责任，以及赔偿请求运输的诉讼请求等内容，阐明了铁路运输的托运人、收货人的权利和义务，具有一定的约束力。

我国与其他《国际货协》参与国家，包括已退出《国际货协》但仍采用《国际货协》规定的波兰、捷克、匈牙利、德国等 4 个国家之间的铁路联运，始发站以一份《国际货协》运送票据，由铁路负责人直接或通过第三国铁路将货物运往终到站并交付收货人。

(2)我国与未参与《国际货协》国家的铁路货物联运

我国向未参与《国际货协》的国家出口货物时，发货人在发送路用《国际货协》运送票据办理至参与《国际货协》的最后一个过境路的出口国境站，由该站站长或收货人、发货人委托的收转人转运至最终到站。进口货物与上述程序相反。

(3)通过参与《国际货协》国家的港口向其他国家运送货物

包括两种运输方式：一种是我国通过波兰或德国等港口向芬兰等国发货，这种运输方式为铁/海联运，方法是将《国际货协》运单运至过境铁路港口，由港口收转人办理过海至目的地手续；一种是邻国利用我国港口向日本、东南亚等国发货。这种运输方式为海/铁联运，目前使用较少。

3.国际铁路联运办理的货物种别

根据发货人托运的货物数量、性质、体积、状态等条件，国际铁路联运办理的货物种别分为整车货物、零担货物和集装箱货物。

(1)整车货物是指一份运单托运一批货物，根据其重量、体积或形状的要求，需要单独车辆运送的货物。

(2)零担货物是指一份运单托运一批货物，其重量不超过 5 000 千克，按其体积或种类不需要单独车辆运送的货物。但如有关铁路间另有商定条件，也可不采用《国际货协》整车货物和零担货物的规定。

(3)大吨位集装箱货物是指按一份运单办理的，用于大吨位集装箱运送的货物或空的大吨位集装箱。

4.国际铁路联运路站知识

(1)中朝(中国—朝鲜)铁路间的货物运输

中朝铁路国境有：丹东—新义州，集安—满浦，图们—南阳。

我国铁路主要采用标准轨距(1 435 毫米，以下简称“准轨”)，朝鲜铁路也是准轨。中朝铁路联运货车可以相互过轨，我国进口货物和车辆在我方国境内办理交接，出口货物和车辆则在对方国境站办理交接。

(2)中越(中国—越南)铁路间的货物运输

中越铁路国境有：凭祥—同登，山腰—老街。

越南铁路是米轨(1 000 毫米)，但连接我国凭样的一段铁路为准轨和米轨的混合轨。我国经由凭样通越南铁路的联运货车可以相互过轨，货物和车辆的交接暂在凭样站办理。我国昆明铁路的部分铁路是米轨，经由山腰通越南铁路的联运货车可以相互过轨，我国进口货物和车辆在山腰站办理交接，出口货物和车辆在老街站办理交接。

(3)中俄(中国—俄罗斯)铁路间的货物运输

中俄铁路国境有：满洲里—后贝加尔，绥芬河—格罗迭克沃，珲春—卡梅绍娃亚。

俄罗斯铁路是宽轨(1 524 毫米)。我国进口货物和车辆在我方国境站办理换装和交接，出口货物和车辆则在对方过境站办理换装和交接。

(4)中哈(中国—哈萨克斯坦)铁路间的货物运输

中哈铁路国境有：阿拉山口—德鲁日巴。

哈萨克斯坦铁路是宽轨(1 520 毫米)。我国进口货物和车辆在我方国境站办理换装和交接，出口货物和车辆则在对方过境站办理换装和交接。

(5)中蒙(中国—蒙古国)铁路间的货物运输

中蒙铁路国境有：二连浩特—扎门乌德。

蒙古国铁路是宽轨(1 520 毫米)。我国进口货物和车辆在我方国境站办理换装和交接，出口货物和车辆则在对方过境站办理换装和交接。

模块二 国际公路货物运输概述

学习思考：国际公路运输有哪些运输形式？

国际公路货物运输是指根据相关国家政府的有关协议，经批准通过国家开放的边境口岸和公路进行出入境的汽车运输，也称为国际汽车货物运输。国际公路货物运输的起运地、目的地或约定经停地位于不同国家或地区。根据途经国家数量分为双边汽车运输和多边汽车运输，即根据两个或两个以上国家政府之间签订的汽车运输协定而进行的汽车出入境运输。

一、国际公路货物运输的特点

(1)灵活性强，简洁方便，应急性强，能满足货主要求，实现“门到门”服务。

(2)运距短，单程货多。

(3)鲜活和易腐货物时间要求高，需随产随运，公路货物运输方便做好与空运班机、船舶的衔接运输工作。

(4)适合点多、面广、零星、季节性强的货物运输。

(5)投资小，收效快。

(6)运输成本较高，受天气影响大，对环境污染较大。

(7)风险大，运作复杂。

二、国际公路货物运输的形式

1.国际公路整车货物运输

整车货物运输指托运人一次托运货物重量在 3 吨或 3 吨以上，或虽不足 3 吨但其性质、体积、形状需要一辆 3 吨及以上的货车进行的运输形式。整车运输承运人的责任期间是货物装车至货物卸车。整车货物运输的货物品种单一、数量大、货价较低，一般采用直达的不定期运输，运输组织相对简单，运输时间相对较短，运价相对较低，通常预先签订书面运输合同。

2.国际公路零担货物运输

零担货物运输指托运人一次托运货物重量不足 3 吨，需要和其他托运人货物混装运输的形式。零担货物运输承运人的责任期间是从发运国货运站至到达国货运站这段时间。零担货物运输的货源不确定、货物批量小、品种繁多、质高价贵，定线、定班期发运，运输组织相对复杂，站点分散、运输时间相对较长，运价相对较低，常以托运单或运单作为合同的证明。

3.国际公路集装箱货物运输

公路集装箱货物运输也称集装箱汽车运输或集装箱拖车运输。集装箱拖车由牵引车和挂车两部分组成,称为集装箱牵引列车。集装箱牵引列车分为定挂运输和甩挂运输。定挂运输是指牵引车和挂车不分离的运输形式。甩挂运输是指牵引车与挂车分离并与指定的挂车结合后继续运行的运输形式。目前国际公路集装箱货物运输主要采用定挂运输,甩挂运输在欧美地区和日本等发达国家已成为主流运输方式。

三、国际公路货物运输公约和协定

为了统一公路运输所使用的单证和承运人的责任,联合国所属欧洲经济委员会负责草拟了《国际公路货物运输合同公约》,简称 CMR,于 1956 年 5 月 19 日在日内瓦召开的 17 个欧洲国家参加的会议上一致通过签订。

此外,为了有利于集装箱联合运输的开展,使集装箱能免税地通过经由国,联合国所属欧洲经济委员会成员国于 1956 年缔结了关于集装箱的关税协定。参加该协定的签字国有 21 个欧洲国家和 7 个欧洲以外的国家。协定的宗旨是允许集装箱免税过境。在这个协定的基础上,欧洲经济委员会倡议并缔结了《国际公路车辆运输规定》(Transport International Router,TIR),根据规定,集装箱的公路运输承运人如持有 TIR 手册,在海关签封下,允许从发运地到目的地中途可不受检查、不支付关税、不提供押金。这种 TIR 手册是由有关国家政府批准的运输团体发行的,这些团体大都是参加国际公路联合会的成员,他们必须监督其所属运输企业遵守海关法规和其他规则。协定的正式名称是《根据 TIR 手册进行国际货物运输的有关关税协定》(Customs Convention on the International Transport of Goods under Cover of TIR Carnets)。该协定从 1960 年开始实施。尽管《国际公路货物运输合同公约》和《根据 TIR 手册进行国际货物运输的有关关税协定》有地区性限制,但它们仍为当前国家公路运输的重要国际公约和协定,并对今后国际公路运输的发展有一定影响。

四、我国公路口岸与主要对外通道

近年来,我国大陆周边地区通过公路口岸出入境货物运输发展较快,已开放一、二类边境口岸和临时国境通道 157 个。目前,我国公路对外运输通道主要包括俄罗斯、朝鲜、巴基斯坦、印度、尼泊尔、不丹、越南、缅甸的公路运输口岸,同时还有对港澳地区的公路运输口岸。

模块三　国际多式联运概述

学习思考:开展国际多式联运必须具备哪些条件?

国际多式联运(International Multimodal Transport),简称多式联运,是在集装箱运输的基础上产生和发展起来的。《联合国国际货物多式联运公约》对国际多式联运下的定义是:按照多式联运合同,以至少两种不同的运输方式,由多式联运经营人把货物从一国境内接运货物的地点运至另一国境内指定交付货物的地点。

一、开展国际多式联运的条件

1.必须是跨国境运输

多式联运按照运输范围分为国内多式联运和国际多式联运,而国际多式联运的起讫点必须在两个不同的国家,即跨国境的联合运输。

2.必须是不同运输方式下的联合运输

多式联运必须使用两种或两种以上不同的运输工具,并且必须是不同运输方式下的连续运输。

3.国际多式联运经营人对货物全程负责

国际多式联运经营人是国际多式联运的组织者和主要承担者。国际多式联运经营人以当事人的身份负责将货物从接管地点一直运到指定交付地点,对各分程运输环节、分程运输之间的转运和储存环节全权负责,在接管货物后,不论货物在哪一个运输环节发生灭失或损坏,国际多式联运经营人都要直接承担赔偿责任,不能因为把某一个运输环节委托给其他分承运人而免责。

4.签订一份国际多式联运合同

在国际多式联运业务中,货主必须与国际多式联运经营人签订国际多式联运合同,以书面形式明确双方的权利和义务。需要注意的是,货主只需要与国际多式联运人签订多式联运合同即可,不需要与实际分程承运人签订分合同,与分程承运人签订分合同的是国际多式联运经营人。

5.一次托运、一份运单、一次计费

托运人只需向国际多式联运经营人进行一次托运,从多式联运经营人处获得一份多式联运运单,并进行一次运费计收,无需向多个分程承运人分别托运,也不必向不同分程承运人分别计费和换取运单。

6.一般为集装箱运输

国际多式联运涉及多种运输方式之间的转运，为提高转运效率，集装箱的应用是必然选择，因此国际多式联运以集装箱运输为主，包括整箱货运输以及拼箱货运输。除涉及航空运输时需要换装的航空集装箱外，货物在运输方式之间转运时无须换装。

二、国际多式联运的优越性

国际多式联运是一种比区段运输高级的运输组织形式，是国际运输发展的方向，其优越性主要表现在以下几个方面：

1.简化托运、结算及理赔手续，节省人力、物力和有关费用

在国际多式联运方式下，无论货物运输距离有多远，无论货物由几种运输方式完成，无论运输途中货物经过多少次转换，所有运输事项均由多式联运经营人负责办理。托运人只需办理一次托运，订立一份运输合同，支付一次费用，购买一次保险，从而能减轻托运人办理托运手续的许多不便。同时，由于多式联运采用一份货运单证统一计费，因而也可简化制单和结算手续，节省人力和物力。此外，由多式联运经营人对全程运输负责，也可简化理赔手续，减少理赔费用。

2.缩短货物运输时间，减少库存，降低货损货差事故，提高货运质量

在国际多式联运方式下，各个运输环节和各种运输工具之间配合密切，衔接紧凑，货物所到之处中转迅速及时，大大减少了货物的在途停留时间，从而从根本上保证了货物安全、迅速、准确、及时地运抵目的地，因而也相应地降低了货物的库存量和库存成本。同时，多式联运通过集装箱为运输单元进行直达运输，尽管货运途中须经多次转换，但由于使用专业机械装卸，且不影响箱内货物，因而货损货差事故大为减少，在很大程度上提高了货物的运输质量。

3.降低运输成本，节省各种支出

由于多式联运可实行门到门运输，因此对货主来说，在货物交由第一承运人以后即可取得货运单证并据以结汇，从而提前了结汇时间。这不仅有助于加速货物占用资金的周转，还可以减少利息支出。此外，由于货物是在集装箱内进行运输的，因此，从某种意义上来说，可以相应地节省货物的包装、理货和保险等费用的支出。

4.提高运输管理水平，实现运输合理化

对于区段运输而言，由于各种运输方式的经营人各自为政，自成体系，因而其经营业务范围受到限制，相应地货运量也有限。一旦由不同的经营人共同参与多式联运，经营的范围可以大大扩展，同时可以最大限度地发挥其现有设备的作用，选择最佳运输线路来组织合理化的运输。

5.其他作用

从政府的角度来看，发展国际多式联运具有以下重要意义：有利于加强政府部门对整个货物运输链的监督与管理，保证本国在整个货物运输过程中获得较大的运费收入分配比例；有助于引进新的先进运输技术，减少外汇支出，改善本国基础设施的利用

状况；通过国家的宏观调控与指导职能，保证使用对环境破坏最小的运输方式，达到保护本国生态环境的目的。

三、国际多式联运的运输组织形式

国际多式联运是采用两种或两种以上不同运输方式进行联运的运输组织形式，这里所指的至少两种运输方式可以是海陆、陆空、海空等，其组织形式包括：

1.海陆联运

海陆联运是国际多式联运的主要组织形式，也是远东/欧洲多式联运的主要组织形式之一。海陆联运以海运为主，多式联运经营人一般为航运公司，由其签发联运提单，与航线两端的内陆运输部门开展联运业务，与大陆桥运输展开竞争。海陆联运主要包括海铁联运、海公联运、货车轮渡和滚装运输等。

2.陆桥运输

在国际多式联运中，陆桥运输（Land Bridge Service）起着非常重要的作用。陆桥运输是指采用集装箱专用列车或卡车，把横贯大陆的铁路或公路作为中间“桥梁”，使大陆两端的集装箱海运航线与专用列车或卡车连接起来的一种连贯运输方式。严格地讲，陆桥运输也是一种海陆联运形式，只是因为其在国际多式联运中地位独特，故在此将其单独作为一种运输组织形式。

与水路运输相比，大陆桥运输起到缩短运输里程、降低运输费用、加快运输速度等作用。

（1）欧亚大陆桥（Eurasian Land Bridge）运输

第一欧亚大陆桥以哈巴罗夫斯克（伯力）和符拉迪沃斯托克（海参崴）为起点，通过西伯利亚大铁路及波兰、比利时、德国等国的铁路最后到达荷兰的鹿特丹港，又被称为西伯利亚大陆桥（Siberian Land Bridge，SLB），共经过俄罗斯、中国、哈萨克斯坦、白俄罗斯、波兰、德国、荷兰 7 个国家，全长约 13 000 千米。

第二欧亚大陆桥东起中国连云港，西至荷兰的鹿特丹港，横贯西亚各国以及波兰、俄罗斯、德国、荷兰等 30 多个多家和地区，全长 10 837 千米。与第一欧亚大陆桥相比，它是太平洋至大西洋之间最短的陆上通道，且由于途经中国沿海和大西洋、北海、地中海沿岸多个不冻港，其辐射面积覆盖 30 多个国家和地区。

（2）北美大陆桥（North American Land Bridge）运输

北美大陆桥运输是指利用北美的大铁路从远东到欧洲的“海陆海”联运，该陆桥运输包括美国大陆桥运输和加拿大大陆桥运输。美国大陆桥有两条运输线路：一条是从西部太平洋沿岸至东部大西洋沿岸的铁路和公路运输线；另一条是从西部太平洋沿岸至东南部墨西哥湾沿岸的铁路和公路运输线。加拿大大陆桥与美国大陆桥相似，由船公司把货物海运至温哥华，经铁路运到蒙特利尔或哈利法克斯，再与大西洋海运相接。

（3）其他陆桥运输形式

北美地区的陆桥运输不仅包括上述大陆桥运输，还包括小陆桥运输（Mini-bridge）

和微陆桥运输(Micro-bridge)等运输组织形式。

①北美小陆桥运输。北美小陆桥运输是指从日本出发,经美国太平洋沿岸各港的海铁联运,它与大陆桥运输的区别是其运输终点为美国东海岸,不再下海。采用这样的运输方式,使海运和陆运结合起来,从而达到了运输迅速、降低运输成本的目的。北美小陆桥运输大大缩短了日本、远东到美国、加拿大东部地区与中部地区的运输距离,节省了运输时间。

②北美微陆桥运输。微陆桥运输是指利用陆桥铁路的部分段落进行运输,与小陆桥运输的主要区别仅在于内陆交货不通过整条陆桥,所以又称为"半陆桥运输"。北美微陆桥运输是指经北美东、西海岸及墨西哥湾沿岸港口,到美国、加拿大内陆地区的联运服务。

知识链接

OCP运输(Overland Common Points)为内陆公共点或陆上公共点。OCP运输是使用两种运输方式将卸至美国西海岸的货物通过铁路转运抵美国的内陆公共点地区,并享有优惠运价。它只适用于美国或加拿大内陆地区,货物的最终目的必须属于OCP地区范围。

MLB运输(Mini Land Bridge)称为小陆桥运输,也就是比大陆桥的海/陆/海形式缩短了一段海上运输,形成海/陆或者陆/海形式。主要是货物通过海、陆运输方式将集装箱货物先运至基本港口,再转运至美国西海岸港口,卸船后再由西部港口换装铁路集装箱专列或汽车运抵美国东部港口或加勒比海港口区域以及相反方向运输。

IPI运输(Interior Point of Intermodal)称为内陆点多式联运,是指使用联运提单,经美国西海岸和美国湾沿海港口,利用集装箱拖车或铁路运输将货物运至美国内陆城市。

SLB运输(Siberian Landbridge Traffic)是指使用国际标准集装箱,经西伯利亚铁路进行从远东、日本到欧洲、中近东之间的国际多式联运。主要有铁/铁、铁/海、铁/卡三种类型。

以上除了OCP运输,其他都是国际多式联运方式。

3.海空联运

海空联运又被称为空桥运输(Air Bridge Service),指把空运货物先经由船舶运至拟中转的国际机场所在的港口,然后安排拖车将货物拖至拟中转的国际机场分拨、装板、配载后,再空运至目的地国家的国际多式联运。在运输组织方式上,海空联运与陆桥运输有所不同:陆桥运输在整个货运过程中使用的是同一个集装箱,不用换装;海空的货物通常要在航空港换入航空集装箱。

4.陆空联运

陆空联运是指火车、飞机和卡车的联合运输方式，简称 TAT(Train-Air-Truck)，或火车、飞机的联合运输方式，简称 TA(Train-Air)。

我国空运出口货物通常采用陆空联运方式，因为我国幅员辽阔，国际航空港口岸主要有北京、上海、广州等，虽然省会城市和一些主要城市每天都有班机飞往上海、北京、广州，但班机所带货量有限，费用比较高，如果采用国内包机，费用更贵。因此，在货量较大的情况下，往往采用陆运至航空口岸，再与国际航班衔接，由于汽车具有机动灵活的特点，在运送时间上更可掌握主动，因此，一般都采用“TAT”方式组织出运。

四、国际多式联运经营人

国际多式联运经营人(Multimodal Transport Operator，MTO)是指本人或委托他人以本人的名义与托运人订立一项多式联运合同并以承运人身份承担完成此项合同责任的人。MTO 具有双重身份，一方面以契约承运人的身份与托运人签订一份国际多式联运合同，另一方面它以托运人的身份与各分程的实际承运人签订分运输合同。

1.国际多式联运经营人类型

根据是否拥有运输船舶，国际多式联运经营人可以分为以船舶运输为主的国际多式联运经营人和无船国际多式联运经营人两大类。

(1)以船舶运输为主的国际多式联运经营人。这类国际多式联运经营人在利用自己拥有的船舶提供港至港服务的同时，将他们的服务扩展到包括陆上运输甚至空运在内的门到门服务。一般情况下，他们可以不从事公路、铁路、航空货物运输而是通过与相关承运人订立分合同来安排相关的运输。此外，他们也可能没有场站设施，也不从事装卸与仓储服务，而是与相关场站经营人订立装卸与仓储合同来安排相关的装卸与仓储服务。

(2)无船国际多式联运经营人。根据是否拥有运输工具和场站设施，无船国际多式联运经营人可分为如下三类：

①承运人型。这类国际多式联运经营人没有运输船舶，但却拥有汽车或(和)飞机等运输工具，它与货主订立国际多式联运合同后，除了利用自己拥有的运输工具完成某些区段的实际运输外，自己没有或不经营的运输区段则需要通过与相关的承运人订立分包合同来实现区段的运输。与以船舶运输为主的国际多式联运经营人一样，这类国际多式联运经营人既是契约承运人，又是某个或几个区段的实际承运人。

②场站经营人型。这类国际多式联运经营人拥有货运站、堆场、仓库等场站设施。它与货主订立国际多式联运合同后，除了利用自己拥有的场站设施完成装卸、仓储服务外，还需要与相关的各种运输方式的承运人订立分合同，由这些承运人来完成货物运输。

③代理型。这类国际多式联运经营人没有任何运输工具和场站设施，需要通过与相关的承运人、场站经营人订立分合同来履行与货主订立的国际多式联运合同。

2.国际多式联运经营人的法律责任范围

国际多式联运经营人的责任期是从接受货物之时起到交付货物之时止，在此期间内，国际多式联运经营人对货主负全程运输责任，但在责任范围和赔偿限额方面，目前国际上的做法可以分为以下三种类型：

(1)统一责任制。统一责任制下，多式联运经营人对货主负不分区段运输的统一原则责任，即货物的灭失和损坏，包括隐蔽损失(损失发生的区段不明)，不论发生在哪个区段，多式联运经营人都要按一个统一原则负责并一律按一个约定的限额进行赔偿。这一做法对多式联运经营人来说责任较大，赔偿额较高，所以实践中应用较少。

(2)网状责任制。网状责任制又称"分段责任制"，即多式联运经营人的责任范围以各运输区段原有的责任为限。如海上区段按《海牙规则》处理，铁路区段按《国际铁路运输公约》处理，公路区段按《国际公路货物运输公约》处理，航空区段按《华沙公约》处理。在不适合上述任何一个公约的情况下，按相应的国内法规处理。赔偿限额也是按各区段的国际公约的规定或相应国内法规的规定赔付。不明区段货物隐蔽损失或海上区段的运输，按《海牙规则》处理，或按双方约定的一个原则处理。目前国际上大多采用此制度。根据《中华人民共和国海商法》第 104 条至 106 条的规定，我国国际多式联运经营人也是采用网状责任制。

(3)统一修正责任制。这是介于上述两种责任制之间的责任制，即在责任范围上按统一责任制，在赔偿限额上按网状责任制。也就是说，多式联运经营人在全程运输中对货损事故按统一标准向货主赔偿，但如果该统一赔偿标准低于实际货运事故发生区段的适用法律法规所规定的赔偿标准时，按该区段高于统一赔偿标准的标准，由多式联运经营人负责向货主赔偿。统一修正责任制与统一责任制相比，加大了多式联运经营人的赔偿责任，故实际应用更少。

多式联运经营人不管采用哪种规定，都应在其签发的多式联运提单或提单的背面条款中加以明确。

小贴士

多式联运经营人、无船承运人、货运代理人的区别

比较项目		多式联运经营人	无船承运人	货运代理人
相同之处		均属于运输中间人，主要业务是为供需双方提供运输服务或代理服务，以赚取运费差价或代理费		
不同之处	运输方式	至少2种运输方式	海运	海运、陆运、空运
	法律地位	承运人	承运人	代理人
	资金占用	很大	较大	很少
	是否拥有船舶	必要时可以	不允许	不允许
	是否拥有陆运或空运工具	必要时可以	必要时可以	不允许
	是否拥有提单	有	有	没有
	是否拥有运价表	有	有	有
	收入性质	运费差价	运费差价	代理费

◆ 任务二 ◆
国际陆运及多式联运业务操作

任务导入

了解并熟悉了国际陆运及多式联运业务基础后，邱丹红面临颇有难度的业务操作。由于公司目前还没有该方面的业务可以实操，邱丹红只能通过书本、网络、跟同行了解等渠道进行学习了。

任务分析

国际陆运及多式联运的业务操作主要包括三大方面：业务流程、单据的填制和流转、运费的计算和核收。国际铁路联运、国际公路运输和国际多式联运存在异同，通过对比可以更好地完成本任务的学习。

任务实施

模块一　国际铁路货物运输操作

学习思考：简述国际铁路联运出口业务流程。

一、国际铁路联运出口业务流程

1.托运前的工作

在托运前必须将货物的包装和标记严格按照合同中有关条款、国际货协和议定书的规定办理：

(1)货物包装应能充分防止货物在运输中灭失和腐坏，保证货物多次装卸不毁坏。

(2)货物标记、标志牌及运输标记、货签的内容主要包括商品的记号和号码、件数、站名、收货人名称等，字迹均应清晰不易擦掉，保证多次换装中不脱落。

2.货物托运和承运的一般程序

发货人在托运货物时，应向车站提交货物运单和运单副本，以此作为货物托运的书面申请。车站接到运单后，应进行认真审核，应检查整车货物是否有批准的月度、旬度货物运输计划和日要车计划，检查货物运单各项内容是否正确，如确认可以承运，车站在运单上签证时即写明货物应进入车站的日期和装车日期，表示接受托运。发货人按签证指定的日期将货物搬入车站或指定的货位，并根据铁路货物运单的记载查对实货，认为符合国际货协和有关规章制度的规定后，车站方可予以确认。整车货物装车完毕后，发货站在货物运单上加盖承运日期戳，即为承运。发运零担货物，发货人在托运时，不需要编制月度、旬度要车计划，可凭运单向车站申请托运，车站受理托运后，发货人应按签证指定的日期将货物搬进货场，送到指定的货位上，查验过磅后，即交由铁路保管。车站将发货人托运的货物连同货物运单一同接受完毕，在货物运单上加盖承运日期戳时，即表示货物业已承运。铁路对承运后的货物负保管、装车发运责任。总之，承运是铁路负责运送货物的开始，表示铁路开始对发货人托运的货物承担运送义务，并承担运送时的一切责任。

3.出口货物交接的一般程序

(1)接车准备。联运出口货物交接实际是在接收路国境站进行。出口国境站货运调度根据国内前方站列车预报通知交接所和海关做好接车准备；口岸外运公司接到铁路交接所递交的运送单据后，依据联运运单审核其附带的各种单证是否齐全、内容是否正确，若遇有不符等问题，则根据有关单证或函电通知订正、补充。

(2)报关报验。出口货物列车进站后，铁路会同海关接车，并将列车随带的运送单据送至交接所处理，货物及列车接受海关的监管和检查；运送单证经审核无误后，将出口货物明细单截留三份(易腐货物截留两份)，然后将有关运送单证送至各联检单位审核后放行。

(3)货物的交接。单证手续齐备的列车出境后，交付路在邻国国境站的工作人员会同接收路工作人员共同进行票据和货物交接，依据交接单进行对照检查。交接分为一般货物铁路方交接和易腐货物贸易双方交接。

以上仅是一般货物的交接过程。对于特殊货物的交接，如鲜活商品、易腐、超重、超限、危险品等货物，则按合同和有关协议规定，由贸易双方商定具体的交接方法和手续。属贸易双方自行交接的货物，国境站外运公司则以货运代理人的身份参加双方交接。

4.出口货物的交付

到达站在货物到达后，应通知运单中所记载的收货人领取货物。在收货人付清运单中所记载的一切应付运送费用后，铁路须将货物连同运单正本和货物到达通知单交付收货人。收货人须支付运送费用并领取货物。收货人只有在货物因毁损或腐坏而使质量发生变化，以至部分或全部货物不能按原用途使用时，才可以拒绝领取货物。

二、国际铁路联运进口业务流程

根据《国际铁路货物联运协定》规定，我国从《国际铁路货物联运协定》参与国通过铁路联运进口货物，只要国外发货人向其所在国铁路办理托运，一切手续和规定均按《国际铁路货物联运协定》和该国国内规章办理。我国国内有关订货及运输部门对联运进口货物的运输工作主要包括:联运进口货物在发运前编制运输标志;审核联运进口货物的运输条件;向国境站寄送合同资料;国境站的交接、分拨;进口货物交付给收货人等。

1.联运进口货物运输标志的编制

运输标志一般印制在货物外包装上。我国规定,联运进口货物在订货工作开始前,由经贸部统一编制向国外订货的代号作为收货人的唛头,各进出口公司必须按照统一规定的收货人唛头对外签订合同。

2.审核联运进口货物的运输条件

联运进口货物的运输条件是合同不可缺少的重要内容,因此必须认真审核,使之符合国际联运和国内的有关规章。审核内容主要包括:收货人唛头是否正确、商品品名是否准确具体、货物的性质和数量是否符合到站的办理种别、包装是否符合有关规定等。

3.向国境站寄送合同资料

合同资料是国境站核放货物的重要依据,各进出口公司在贸易合同签字以后,要及时将一份合同中文抄本寄给货物进口口岸的外运分公司。合同资料包括:合同的中文抄本和附件、补充书、协议书、变更申请书、更改书和有关确认函电等。

4.联运进口货物在国境站的交接与分拨

(1)联运进口货物交接的一般程序

联运进口货物的交接程序与出口货物的交接程序基本相同。其做法是:进口国境站根据邻国国境站货物列车的预报和确报,通知交接所及海关做好到达列车的检查准备工作,进口货物列车到达后,铁路会同海关接车,由双方铁路进行票据交接,然后将车辆交接单及随车代交的货运票据呈交给交接所,交接所根据交接单办理货物和车辆的现场交接,海关则对货物列车执行实际监管。

我国进口国境站交接所通过内部联合办公,开展单据核放、货物报关和验关工作,然后由铁路负责将货物调往换装线,进行换装作业,并按流向编组向国内发运。

(2)联运进口货物交接中的几个问题

①进口合同资料。进口合同资料是国境站核放货物的唯一依据,也是纠正并处理进口货物在运输中出现的错乱的重要资料,口岸外运分公司在收到合同资料后,如发现内容不齐全、有错、字迹不清,应迅速联系有关进出口公司修改更正。

联运进口货物抵达国境站时,口岸外运分公司根据合同资料对各种货运单证进行审核,只有单、证、票、货完全相符,才可核放货物。联运进口货物货运事故通常有以下几类:合同资料与随车单证不符;单证与货物不符,包括有票无货、有货无票;货物错经国境口岸;货物混装、短装或超过合同规定的数量;货物不符合《国际铁路货物联运协定》的规定,铁路拒收等。对上述情况,口岸外运分公司应本着以下原则处理:因铁路过失造成的,联系铁路处理;因发货人过失造成的,根据合同资料和有关规定认真细致地查验货物,确有可靠依据的可予以纠正,否则联系有关公司处理。

②联运进口货物变更到站和变更收货人的工作。国际铁路联运货物,根据发货人和收货人的需要,可以提出运输变更。运输变更申请应由发货人或收货人提出。联运进口货物变更到站、收货人,首先应通过有关进出口公司向国外发货人提出,国外发货人不同意办理变更时,可向国境站外贸运输机构申请,在国境站办理变更。联运进口货物变更的受理,应在货物到达国境站前。如由收货人申请变更到站和收货人,则只可在货车开至到达国进口国境站且货物尚未从该站发出时提出变更。

③联运进口货物的分拨与分运。小额订货、合装货物和混装货物,通常以口岸外运分公司作为收货人,因此,在双方国境站办妥货物交接手续后,口岸外运分公司应及时向铁路提取货物,进行开箱分拨,并按照合同编制有关货运单证,向铁路重新办理托运手续。在分运货物时,必须做到货物包装牢固、单证与货物相符,并办完海关申报手续。如发现货损货差,属于铁路责任的,必须由铁路出具商务记录;如属发货人责任,由各有关进出口公司向发货人提出赔偿。

三、国际铁路联运运单

1.国际铁路联运运单的性质与功能

国际铁路联运运单是发货人与铁路之间缔结的运输契约。它规定了发货人和收货人在货物运送中的权利、义务和责任,对发货人和收货人都具有法律效力,它不具有物权凭证的功能,不具有流通性。

运单正本从始发站随同货物附送至终点站一并交给收货人,它不仅是铁路承运货物出具的凭证,也是铁路同货主交接货物、核收运杂费用和处理索赔和理赔的依据。运单副本,在铁路加盖承运日期戳记后发还给发货人,是卖方与银行结算货款的主要单证之一。

2.国际铁路联运运单的构成与流转

《国际铁路货物联运协定》运单的构成、功能及流转程序如表 4-1 所示。

表 4-1 《国际铁路货物联运协定》运单的构成、功能及流转程序

序号	名称	主要用途	周转程序
1	运单正本	运输合同凭证	发货人—发站—到站—收货人
2	运行报单	各承运人间交接、划分责任的证明	发货人—发站—到站—到达铁路
3	运单副本	承运人接收货物的证明,发货人凭此结汇	发货人—发站—发货人
4	货物交付单	承运人合同履行的证明	发货人—发站—到站—到达铁路
5	货物到达通知单	收货人存查	发货人—发站—到站—收货人

3.《国际铁路货物联运协定》铁路联运运单的缮制

《国际铁路货物联运协定》铁路联运单共有98个栏目，其中运单和不带号码的补充运行的报单正面未划粗线的各栏由发货人填写，包括由发货人或车站填写的7个栏目。由海关填写1个栏目，其余由铁路(包括发运路、过境路和到达路)负责填写。

(1)由发货人填写的栏目有：发货人名称及地址、合同号码、发站、发货人特别声明、收货人名称及地址、对铁路无约束力的记载、到达路和到站、记号、标记、号码、包装种类、货物名称、件数发货人确定的重量、共计件数(大写)、共计重量(大写)、发货人签字、互换托盘、种类和类型、所属者及号码、发货人负担过境铁路的费用、办理种别、由何方装车、发货添附的文件、货物的声明、检查标签、附件2等项目。

(2)由发货人或车站填写的栏目有：一般说明、车辆、标记、载重、轴数、自重、封印个数和记号、确定重量方法等项目。

(3)由海关填写海关记载。

(4)其余各栏目由铁路填写(包括发送路、过境路、到达路)。

四、国际铁路联运运费的计算和核收

国际铁路货物联运运送费用的计算和核收遵循《国际货协统一过境运价规程》(以下简称《统一货价》)和中华人民共和国铁道部《铁路货物运价规则》(以下简称《国内价规》)的规定，包括货物运费、押运人乘车费、杂费和其他费用。

(一)运送费用核收的规定

1.参加《国际铁路货物联运协定》各铁路间运送费用核收的原则

(1)发送路的运送费用：在发站向发货人或根据发送路国内现行规定核收。

(2)到达路的运送费用：在到站向收货人或根据到达路国内现行规定核收。

(3)过境路的运送费用：按《统一货价》在发站向发货人核收或在到站向收货人核收。

2.《国际铁路货物联运协定》参加路与非《国际铁路货物联运协定》铁路间运送费用核收的规定

(1)发送路和到达路的运送费用与1(1)、1(2)项相同。

(2)过境路的运送费用，则按下列规定计收：①参加《国际铁路货物联运协定》并实行《统一货价》各过境路的运送费用，在发站向发货人(相反方向运送则在到站向收货人)核收。办理转发送国家铁路的运送费用，可以在发站向发货人核收或在到站向收货人核收。②过境非《国际铁路货物联运协定》铁路的运送费用，在到站向收货人(相反方向运送则在发站向发货人)核收。

(3)非《国际铁路货物联运协定》到站铁路的运送费用按照其参加的国际联运协定计算，向收货人核收。

3.通过过境铁路港口站货物运送费用核收的规定

从参加《国际铁路货物联运协定》并实行《统一货价》的国家，通过另一个实行统一货价的过境铁路港口，向其他国家(不论这些国家是否参加统一货价)和相反方向运送货物时，用《国际铁路货物联运协定》票据办理货物运送，只能办理至过境港口站为止或从这个站起开始办理。

从参加《国际铁路货物联运协定》铁路发站至港口站的运送费用，在发站向发货人核收；相反方向运送时，在到站向收货人核收。在港口站所产生的杂费和其他费用，都在这些港口车站向发货人或收货人的代理人核收。过境铁路的运送费用，按《统一货价》规定计收。

(二)国际铁路货物联运国内段运送费用的计算

根据《国际铁路货物联运协定》的规定，我国通过国际铁路联运的进出口货物，其国内段运送费用的核收应按照我国《铁路货物运价规则》进行计算。运费计算的程序及公式如下：

(1)根据货物运价里程表确定从发站至到站的运价里程。

(2)根据运单上填写的货物品名查找货物品名检查表，确定适用的运价号。

(3)根据运价里程和运价号在货物运价率表中查出相应的运价率。

(4)将《铁路货物运价规则》确定的计费重量与该批货物适用的运价率相乘，算出该批货物的运费。其计算公式为：

$$运费=计费重量\times 运价率$$

式中计费重量的确定除一些特殊规定外，一律按照货车标记载重量计算运费。货物重量超过标记重量的，按货物重量计算。计费重量单位为吨，吨以下四舍五入；零担货物按货物重量计算，计费重量以 10 千克为单位，不足 10 千克时应按 10 千克计算。

(三)国际铁路货物联运过境运费按《统一货价》规定的计算程序

(1)根据运单上载明的运输路线，在过境里程表中，查出各通过国的过境里程。

(2)根据货物品名，在货物品名分等表中查出其可适用的运价等级和计费重量标准。

(3)根据货物运价等级和各过境路的运送里程，在《统一货价》中找出符合该批货物的运费率。

(4)《统一货价》对过境货物运费的计算是以慢运整车货物的运费额为基础的(即基本运费额)，其他种类的货物运费则在基本运费额的基础上分别乘以不同的加成率。其计算公式为：

$$基本运费额=货物运费率\times 计费重量$$

$$运费总额=基本运费额\times(1+加成率)$$

式中的计费重量的确定方法：无论是整车货物还是零担货物，原则上都按货物实际重量计算。计费重量以 100 千克为单位，不足 100 千克时应按 100 千克计算。

加成率是指运费总额应按托运类别在基本运费额基础上所增加的百分比。快运货物运费按慢运运费加100%计算，零担货物加50%后再加100%，随旅客列车挂运整车费，另加200%。

模块二 国际公路货物运输操作

学习思考：公路联运运单和铁路联运运单的异同有哪些？

一、国际公路运输操作流程

国际公路运输操作流程如图4-1所示。

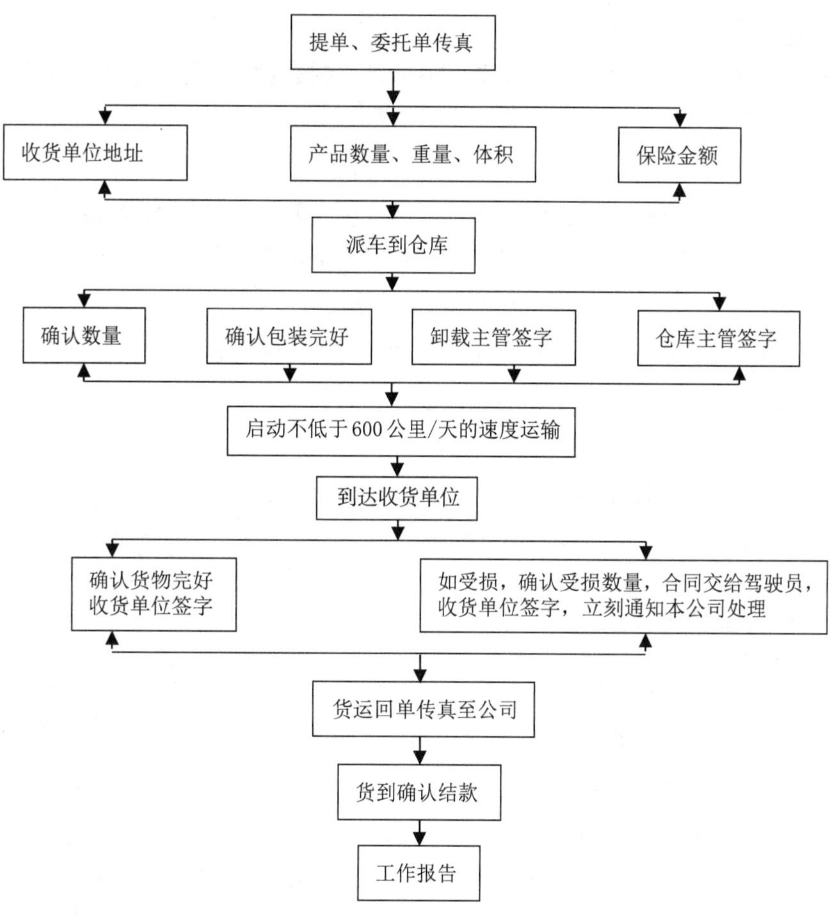

图4-1 国际公路运输操作流程

1.接单

公路运输主管从客户处接收(传真)运输发送计划。公路运输调度人员从客户处接出库提费单证后核对单证。

2.登记

运输调度在登记表上分送货目的地,分收货客户标定提货号码。司机(指定人员及车辆)到运输调度中心拿提货单,并在运输登记本上确认签收。

3.调用安排

填写运输计划:填写运输在途、送达情况,追踪反馈表,计算机输单。

4.车队交接

根据送货方向、重量、体积统筹安排车辆。报运输计划给客户处,并确认到厂提货时间。

5.提货发运

按时到达客户提货仓库;检查车辆情况;办理提货手续;提货并盖好车棚,锁好箱门;办好出厂手续;电话通知收货客户预达时间。

6.在途追踪

建立收货客户档案;司机及时反馈途中信息;与收货客户电话联系送货情况;填写跟踪记录;有异常情况及时与客户联系。

7.到达签收

电话或传真确认到达时间:司机将回单用 EMS 寄回或传真回公司;签收运输单;定期将回单送至客户处;将当地市场的住处及时反馈给客户。

8.回单

按时到达指定卸货地点;货物交接百分之百签收,保证运输产品的数量和质量与客户出库单一致;了解客户产品在当地市场的销售情况。

9.运输结算

整理好收费票据;做好收费汇总表交至客户,确认后交回结算中心:结算中心开具发票,向客户收取运费。

二、国际公路联运运单

国际公路货运业务中,一般认为运单的签发即为运输合同的成立。公路货运公约规定:“运单是运输合同,是承运人收到货物的初步证据和交货凭证。”但是,运单丢失或运单不正规并不影响运输合同的成立或有效性。

运单应签发有托运人和承运人签字的三份正关。第一份交托运人,第二份跟随货物同行,第三份由承运人留存。当货物装在不同车内,或在同一车内装有不同种类的数票货物时,托运人或承运人有权要求对使用的每辆车、每种货或每票货分别签发运单。

1.国际公路运单的性质

(1)运单是运输合同;

(2)运单是货物的收据、交货凭证;

(3)运单是解决责任纠纷的依据;

(4)运单不是物权凭证,不能转让。

2.国际公路运单的内容

缮制国际公路运单时应正确填写的内容有:运单签发日期和地点托运人(发货人)名称和地址、承运人名称和地址、货运接管的地点及日期和指定的交付地点、收货人名称和地址;一般常用的货物品名和包装方法,如属危险货物,应说明通常认可的性能、件数和其特殊标志和号码;货物毛重或以其他方式表示的数量、与运输有关的费用(运输费用、附加费用、关税和从签订合同到交货期间发生的其他费用)、办理海关和其他手续所必需的通知等。

3.缮制国际公路运单的注意事项

(1)一张运单托运的货物必须是同属于一个托运人,承运人只对运单上填写的一个托运人负责。一个托运人可以托运拼装一车的货物或分卸几处的货物,但应将拼装和分卸详情在运单上注明。

(2)易腐、易碎货物,易溢漏的液体货物和危险货物,不得与普通货物填用同一张运单;性质相抵触、运输条件不同的货物,也必须填写两张或多张运单,以便承运人安排理货、仓储、装车,保证安全运输。

(3)一张运单托运的货物,凡不属于同品名、同包装、同规格的,应提交物品清单。

(4)托运集装箱时应注明箱号和封号,接运到港、到站的集装箱,还要注明船名、船次或车站货位与箱位,并提交装箱清单。若集装箱运输贵重、易碎、怕湿等货物,每一张运单至少涉及一箱货物。

(5)轻泡货物应准确填写货物的数量、体积、折算标准、折算重量及其他有关数据。

(6)托运人要求处理装卸车时,经承运人确认后,应在运单内注明。

(7)托运人委托承运人向收货人代递有关文件或单据时,应在“托运人记载事项”栏注明代递文件或单据的名称及份数。

(8)托运人填写运单的各项内容时必须清晰准确,并签字盖章。

三、国际公路运费计算与核收

1.陆运价格计费重量

(1)计量单位

①整批货物运输以吨为单位。

②零担货物运输以千克为单位。

③集装箱运输以标准箱为单位。

(2)重量确定

①一般货物:无论是整批货物还是零担货物,计费重量均按毛重计算。整批货物毛重为吨以下计至100千克,尾数不足100千克的,四舍五入计算。零担货物起码计费重量为1千克,重量在1千克以上,尾数不足1千克的,四舍五入计算。

②轻泡货物:《汽车运价规则》规定的轻泡货物是指每立方米重量不足333千克的

货物。整批轻泡货物的高度、长度、宽度，以有关道路交通安全规定为限度，按车辆核定载重量计算。零担运输轻泡货物以货物包装最长、最宽、最高部位尺寸计算体积，按每立方米折合333千克计算重量。此外，轻泡货物也可按照立方米作为计量单位收取运费。

③包车运输按车辆的核定质量或者车辆容积计算。

④货物重量一般以起运地过磅为准。

⑤散装货物，如砖、瓦、砂、石、矿石、木材等，按重量计算或者按体积折算。

(3)里程确定

在计算公路运费时，除了计费重量，还有计费里程。计费里程，按装货地点至卸货地点的营运里程计算，计费里程以千米为单位，尾数不足1千米的，进整为1千米。在确定计费里程时，国内的货运里程，按照交通部和各地交通行政主管部门核定颁发的《中国公路营运里程图集》执行，《中国公路营运里程图集》未核定的，由承运和托运双方共同测定或者协商按车辆实际运行里程计算；城市市区里程按照实际里程计算，或者按照当地人民政府交通运输主管部门确定的市区平均营运里程计算，具体由各省、自治区、直辖市人民政府交通运输主管部门确定；国际道路货物运输属于境内的计费里程以交通运输主管部门核定的里程为准，境外的里程按有关国家(地区)交通运输主管部门或者有权认定的部门核定的里程确定。

2.陆运价格计算和费用种类

(1)公路运费计算。公路运费的计算方法一般有如下四种：

①整批货物的运费＝整批货物运价×计费重量×计费里程＋车辆通行费＋其他法定收费

②零担货物的运费＝零担货物运价×计费重量×计费里程＋车辆通行费＋其他法定收费

③重(空)集装箱运费＝重(空)箱运价×计费箱数×计费里程＋车辆通行费＋其他法定收费

④包车运费＝包车运价×包用车辆吨位×计费时间＋车辆通行费＋其他法定收费

(2)公路运费的种类。公路运费按使用车辆的不同、货物属性的不同、集装箱的不同及数量的不同分别计费。

①载货汽车按其用途分为普通货车、专用货车两种，专用货车包括罐车、冷藏车及其他具有特殊构造的专门用途的车辆。

②货物按其性质分为普通货物和特种货物两种，特种货物分为大型特型笨重物件、危险货物、贵重货物、鲜活货物四类。

③集装箱按箱型分为国内标准集装箱、国际标准集装箱和非标准集装箱三类，其中国内标准集装箱分为1吨箱、6吨箱、10吨箱三种，国际标准集装箱分为20英尺箱、40英尺箱两种。

④道路货物运输根据营运形式分为道路货物整批运输、零担运输和集装箱运输。其中整批货物运价是指整批普通货物在等级公路上运输的每吨千米运价;零担货物运价是指零担普通货物在等级公路上运输的每千克千米运价;集装箱运价是指各类标准集装箱重箱在等级公路上运输的每箱千米运价。

此外,公路货物运输还包括:调车费、延滞费、装货落空损失费、排障费、车辆处置费、装卸费、通行费、保管费、公路货物运输的运杂费等。

3.起码运费

起码运费是指国际货运代理公司办理一批货物(不论货物的重量或体积大小)所能接受的最低运费,即在两点之间运输一批货物应收取的最低金额。不同的地区有不同的起码运费。

4.有关陆运价格计算的其他规定

各种不同的陆运价格和费用都有下列共同点:

(1)运价是从一站点到另一站点的运输费用,而且只适用于单一方向。

(2)不包括其他额外费用,如提货、报关、交接和仓储费用等。

(3)运价通常使用当地货币公布。

(4)运价一般以公斤或磅为计算单位。

(5)货运单中的运价是出具运单之日所适用的运价。

模块三 国际多式联运操作

学习思考:目前,大多数多式联运全程运费的计收方式是什么?

一、国际多式联运业务流程

国际多式联运经营人及其在各区段的分支机构或代理分工协作,共同完成从发货人处接收货物、与分程承运人交接货物以及将货物交付收货人的全程业务即为国际多式联运业务。

1.接受托运申请,订立多式联运合同

多式联运经营人根据货主提出的托运申请和自己的运输线路等情况,判断是否接受该托运申请。如果能接受,发货人或其代理人双方就货物的交接方式、时间、地点、付费方式等达成协议,填写场站收据,并把其送至多式联运经营人进行编号,多式联运经营人编号后留下货物将其他联交还给发货人或其代理人。

2.空箱的发放、提取及运进

多式联运中使用的集装箱一般由多式联运经营人提供,这些集装箱的来源可能有三种情况:一是多式联运经营人自己购置使用的集装箱;二是向借箱公司租用的集装箱;三是由全程运输中的某一分运人提供。如果双方协议由发货人自行装箱,则多式联运经营人应发提箱单,或由租箱公司或分运人签发提箱单交给发货人或其代理人,由他们在规定日期到指定的堆场提箱并自行将空箱托运到货物装箱地点准备装货。

3.出口报关

若多式联运从港口开始,则在港口报关;若从内陆地区开始,则应在附近内陆地海关办理出口报关事宜,一般由发货人或其代理人办理,也可委托多式联运经营人代为办理,报关时应提供场站收据、装箱单、出口许可证等有关单据和文件。

4.货物装箱及接收货物

货物装箱一般在报关后进行,并请海关人员到装箱地点监装和办理加封事宜。若是货主自行装箱,则将集装箱货物运至双方指定地点,多式联运经营人在指定地点接收货物;若多式联运经营人负责装箱,则多式联运经营人在指定装箱地点接收货物;若是拼箱货物,则多式联运经营人在指定货运站接收货物。

5.订舱及安排货物运送

多式联运经营人在合同订立后,应立即制订该合同涉及的集装箱货物运输计划,该计划应包括货物的运输路线、区段的划分、各区段实际承运人的选择及确定各区间衔接地点的到达、起运时间等内容。

这里所说的订舱泛指多式联运经营人要按照运输计划安排洽定各区段的运输工具,与选定的各实际承运人订立各区段的分运合同,这些合同的订立由多式联运经营人本人或委托的代理人办理,也可请前一区段的实际承运人向后一区段的实际承运人订舱。

货物运输计划的安排必须科学并留有余地,工作中应相互联系,根据实际情况调整计划,避免彼此脱节。

6.办理保险

在发货人方面,应投保货物运输保险,该保险由发货人自行办理,或由发货人承担费用而由多式联运经营人代为办理,货物运输保险可以是全程投保,也可以为分段投保。在多式联运经营人方面,应投保货物责任险和集装箱保险,由多式联运经营人或其代理人向保险公司办理保险或以其他形式办理。

7.签发多式联运提单,组织完成货物的全程运输

多式联运经营人的代表收取货物后,多式联运经营人应向发货人签发多式联运提单,在把提单交给发货人之前,应注意按双方议定的付费方式及内容、数量向发货人收取全部应收费用。

多式联运经营人有完成和组织完成全程运输的责任和义务,在接收货物后,要组织各区段实际承运人、各派出机构及代表人共同协调工作,完成全程中各区段的运输及各区段之间的衔接工作,并做好运输过程中所涉及的各种服务性工作和运输单据、文件及有关信息等组织和协调工作。

8.运输过程中的海关业务

按惯例,国际多式联运的全程运输均应视为国际货物运输,因此,该环节工作主要包括货物及集装箱进口国的通关手续、进口国内陆段保税运输手续及结关等内容,如果陆上运输要通过其他国家海关和内陆运输线路时,还应包括这些海关的通关及保税运输手续。

如果货物在目的地港交付,则结关应在港口所在地海关进行;如果在内陆地交货,则应在口岸办理保税运输手续,海关加封后方可运往内陆目的地,然后在内陆海关办理结关手续。

9.货物交付

当货物运往目的地后,由目的地代理通知收货人提货。收货人需凭多式联运提单提货,多式联运经营人或其代理人需按合同规定收取收货人应付的全部费用,收回提单并签发提货单,提货人凭提货单到指定堆场和地点提取货物。

如果是整箱提货,则收货人要负责至掏箱地点的运输,并在货物掏出后将集装箱运回指定的堆场,此时,运输合同终止。

10.货运事故处理

如果全程运输中发生了货物灭失、损害和运输延误,无论能否确定损害发生的区段,发(收)货人均可向多式联运经营人提出索赔,多式联运经营人根据提单条款及双方协议确定责任并作出赔偿,如能确定事故发生的区段和实际责任者,可向其进一步索赔;如不能确定事故发生的区段,一般按在海运段发生处理;如果已对货物及责任投保,则存在要求保险公司赔偿和向保险公司进一步追索的问题;如果受损人和责任人之间不能取得一致,则需要通过诉讼时效内提起的诉讼和仲裁来解决。

二、国际多式联运单据

1.国际多式联运单据的定义与性质

国际多式联运单据(Multimodal Transport Document,MTD)是证明多式联运合同及证明多式联运经营人接管货物并负责按合同条款交付货物的单据。国际多式联运单据一般分为可转让和不可转让的两种形式。可转让的国际多式联运单据通常称为国际多式联运提单,一般用于第一程是海运的多式联运业务。不可转让的国际多式联运单据通常称为多式联运运单,一般用于第一程为陆运或空运的多式联运业务,与可转让的国际多式联运提单最大的区别在于不具有流通性,因此收货人一栏必须是记名的。

从上述定义可知,国际多式联运单据与海运提单性质和作用基本相似,它是多式联运合同的证明,是多式联运经营人收到货物的收据,是收货人据以提货的凭证。可转让的国际多式联运单据还具有物权凭证的作用。

2.国际多式联运单据的主要内容

多式联运单据是发货人、多式联运经营人、收货人等当事人货物交接的凭证,多式联运单据的内容应准确、完整，其主要内容有：

(1)货物的名称、种类、件数、重量、尺寸、包装等。

(2)多式联运经营人的名称和主要经营场所。

(3)发货人、收货人的名称。

(4)多式联运经营人接管货物的地点、日期。

(5)多式联运经营人交付货物的地点和约定的时间或期限。

(6)表示多式联运为可转让或不可转让的声明。

(7)多式联运经营人或其授权人的签字。

(8)有关运费支付的说明。

(9)有关运输方式和运输线路的说明。

(10)在不违反多式联运单据签发国法律的前提下，双方同意列入的其他事项，多式联运单据一般都列入上述内容，但如果缺少其中一项或几项，只要所缺少的内容不影响货物运输和当事人的利益，多式联运单据仍具法律效力。

3.国际多式联运单据的流转

在实际业务中，多式联运单据和各区段实际承运人运单的缮制大多由多式联运经营人在各区段的分支机构或代理负责，多式联运经营人主要充当全面控制和发布必要指示的角色。流转图如图 4-2 所示(以公—海—铁联运为例)：

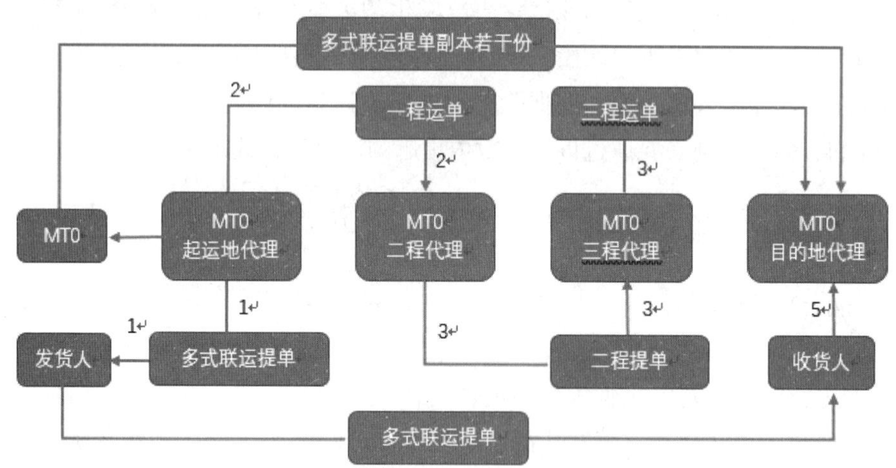

图 4-2 国际多式联运单据的流转

(1)MTO 缮制并签发全程多式联运提单，并将正副本分别交付发货人和各地分支机构或代理。

(2)一程承运人收到货物后向 MTO 或其代理签发公路运单，MTO 起运地分支机构或代理应以最快的通信方式将运单、舱单等寄交 MTO 二程分支机构或代理。

(3)二程承运人收到货物后向 MTO 或其代理签发提单，MTO 二程分支机构或其代理应以最快的通信方式将正本提单、舱单等寄交 MTO 三程分支机构或代理。

(4)三程承运人收到货物后向 MTO 或其代理签发铁路运单，MTO 三程分支机构或其代理应以最快的通信方式将运单、舱单等寄交 MTO 的目的地分支机构或代理。

(5)MTO 目的地分支机构凭铁路运单从承运人或代理处提取货物,并向收货人发出提货通知。收货人付款赎单后取得 MTO 签发的全套正本多式联运提单,凭此全套正本提单可向 MTO 目的地分支机构或代理办理提货手续。MTO 目的地分支机构或代理与 MTO 寄交的副本提单核对,并在收取应收取的运杂费后将货物交付收货人。

4.国际多式联运业务中的其他单据

国际多式联运中使用的单证较多,但根据其用途可以分为两大类:一类是进出口运输所需要的和办理运输有关业务的单证,如多式联运提单、各区段的运单、提单、提辖单、设备交接单、装箱单、场站收据、交货记录等;另一类是向各口岸监管部门申报所使用的单证,如商业发票、进出口许可证、商检、卫生检疫证明、合同副本、信用证副本等。

知识链接

FBL、FWB、FCR 的区别

FBL 国际多式联运提单——可转让的多式联运单据,是多式联运合同的证明,是货物收据和物权凭证。

FWB 国际多式联运运单——不可转让的多式联运运单,是多式联运合同的证明和货物收据。不是物权凭证,不具有流通性,因此收货人一栏必须是记名的。

FCR 货运代理人在 FCR 证明显著位置记载:"我们基于不可撤销的指示将货物置于收货人控制之下或交予收货人。"

三、国际多式联运运费核算

1.国际多式联运的费用构成

(1)运输总成本。主要由集疏运费、港杂费、海运费、集装箱租赁费和保险费构成。

(2)经营管理费。主要包括多式联运经营人与货主、各派出机构、代理人、实际承运人之间信息和单证传递费用、单证成本和制单手续费,以及各派出机构的管理费用。

(3)经营利润。多式联运经营人预期从该线路货物联运中获得的毛利润。

2.多式联运运费的计收方式

国际集装箱多式联运全程运费是由多式联运经营人向货主一次计收,目前多式联运运费计收方式主要有单一运费制和分段运费制两种。

(1)单一运费制。指集装箱从托运到交付,所有运输区段均按照一个相同的运费率计算全程运费

(2)分段运费制。按照组成多式联运的各运输区段,分别计算海运、陆运(铁路、公路)、空运及港站等各项费用,然后合计为多式联运的全程费用,由多式联运经营人向

货主一次计收。各运输区段的费用，再由多式联运经营人与各区段的实际承运人分别结算。目前，大部分多式联运全程运费均采用这种计费方式。

自我测试

一、单项选择题

1. 国际铁路联运运单具有(　　)功能。

A.运输合同证明和物权凭证　　B.运输合同证明和货物收据

C.货物收据和货物凭证　　D.货物收据和流通性

2. 多式联运经营人在统一责任制下对货物承担的运输责任是(　　)。

A.全程　　B.自己运输区段

C.实际承运人区段外的区域　　D.自己控制区段

3. 以下关于国际铁路联运的特点错误的是(　　)。

A.速度较快，运量较大，成本较低，安全可靠

B.运输条件高，办理手续复杂

C.多份运单，跨国运输

D.参加国铁路承担连带责任

4. 以下国际公路运单的性质，错误的是(　　)。

A.运单是运输合同

B.运单是货物的收据、交货凭证

C.运单是解决责任纠纷的依据

D.运单可以转让

5. 以下公路运费的计算方法，错误的是(　　)。

A.整批货物的运费＝整批货物运价×计费重量×计费里程＋车辆通行费＋其他法定收费

B.零担货物的运费＝零担货物运价×计费重量×计费里程＋车辆通行费＋其他法定收费

C.重(空)集装箱运费＝重(空)箱运价×计费箱数×计费里程＋车辆通行费＋其他法定收费

D.包车运费＝包车运价×包用车辆数量×计费时间＋车辆通行费＋其他法定收费

6. 国际多式联运的运费是向托运人(　　)。

A.一次性收取　　B.多次性收取

C.按海陆空分段收取　　D.按段收取外加有关附加费

7. 货运代理在办理出口货物国际铁路联运时，首先要做的工作是(　　)。

A.接受货主委托　　B.办理托运手续

C.报检　　D.报关

8. 国际铁路联运货物运输费用是按(　　)计算。

A.《统一货价》

B.中国铁路《铁路运价规则》

C.我国境内按中铁《铁路运价规则》,境外按当地国家铁路运费

D.《INCOTERM 2010 规则》

二、多项选择题

1. 铁路运费的构成有(　　　　)。

A.国内段运费　　　　B.国境费用

C.国外段费用　　　　D.杂费

2. 国际公路货物运输与其他运输方式相比较,特点包括(　　　　)。

A.机动灵活,简洁方便,应急性强,能深入到其他运输工具达不到的地方

B.适应点多、面广、零星、季节性强的货物运输

C.运距短,单程货多

D.是邻国间边境贸易货物运输的主要方式

3. 多式联运单一费率由(　　　　)组成。

A.运输成本　　　　B.海上运输费用

C.管理费用　　　　D.利润

4. 目前世界主要的大陆桥运输线有(　　　　)。

A.OCP 运输线

B.美国大陆桥运输线和加拿大大陆桥运输线

C.西伯利亚大陆桥运输路线

D.新亚欧大陆桥运输线

5. 以下属于多式联运的是(　　　　)。

A. OCP 运输　　　　B. MLB 运输

C. IPI 运输　　　　D. SLB 运输

三、操作题

(一)案例分析

1. 大连 A 国际货运代理公司与发货人订立多式联运合同,并负责将两个集装箱货物从大连经印度孟买运至新德里。A 国际货运代理公司分别与 B 船公司和 C 铁路运输公司签订运输合同,货物装船后 B 船公司签发清洁海运提单。货物在孟买港卸船时,发现其中一个集装箱外表损坏,A 国际货运代理公司在当地的代理人在将货物通过铁路运往新德里前已告知 C 铁路运输公司。当集装箱到达新德里后,收货人发现外表损坏的集装箱内的货物严重受损。试回答以下问题:

(1)A 国际货运代理公司是否应承担责任,为什么?

(2)B 船公司是否应承担责任,为什么?

(3)C 铁路运输公司是否应承担责任,为什么?

2. 2008 年 6 月，我国 A 进出口公司委托 B 货运代理公司办理 600 个纸箱的男式羽绒滑雪衫出口日本的手续。B 公司将货物装上 C 船公司派来的船舶，并向 A 公司签发了清洁的多式联运提单，提单载明货物数量 600 纸箱，分装在 3 个集装箱内。6 月 29 日，该轮船抵达神户港，当日，集装箱卸到岸上。7 月 7 日，这 3 个集装箱由 B 公司安排卡车运至东京收货人仓库，收货人发现，由于装箱有裂痕，雨水进入箱内造成货物损坏。2009 年 9 月 25 日，收货人以 B 货运代理公司和实际承运人 C 船公司为被告，向法院提起诉讼。请分析：

(1)B 公司的身份是代理人还是承运人，为什么？

(2)依据我国《海商法》的规定，C 公司是否应承担赔偿责任，为什么？

(3)依据《联合国国际货物多式联运公约》的规定，B 公司是否应承担赔偿责任，为什么？

(二)已知起运地、目的地及运输的货物，请为客户选择合适的运输方式

1. 安特卫普—广州：500 千克新鲜水果；

2. 大连—莫斯科：100 套皮革设备机械；

3. 杭州—阿姆斯特丹：10 000 枝玫瑰花；

4. 纽约—布宜诺斯艾利斯：10 套大型医用设备；

5. 上海—温哥华：5 000 件男士纯棉 T 恤；

6. 深圳—纽约：500 箱牛仔裤。

项目五　认识国际物流报关报检

任务描述

进出口申报是国际贸易中不可或缺的环节，一旦申报不顺利出现退运的情况，对委托人造成的损失将是巨大的，对从事国际物流与货运代理的企业而言，则要承担流失客户的风险，因此学习和掌握报关报检的基础知识至关重要。本项目的学习包括报检和报关的概念、进出口申报的一般流程、税费的计算核对、申报过程中遇到的相关单证整理和填制。

学习目标

知识目标

1.理解报检、报关相关专业术语；

2.熟悉进出口报检、报关单证；

3.掌握一般进/出口货物的进出口申报流程。

能力目标

1.利用所学知识，阐述进/出口申报的全流程(沟通与表达能力)；

2.计算核对缴纳税费(计算能力)；

3.缮制进/出口货运重要单证(制单能力)。

德育目标

1.培养学生严谨的工作态度；

2.培养学生的道德感和社会责任感。

学习情境分析

邱丹红在海运和空运事业体实习过后，对公司的货运代理业务已十分熟悉。令她颇为自豪的是，不同于其他小货运代理公司，厦门汉连物流有限公司拥有自己的报关公司——汉连报关公司，该公司于 2005 年经厦门海关总署批准成立，是一家从事代理各进出口货物、监管货物、保税货物的报关业务的专业报关公司。在厦门拥有海空陆等口岸共 7 个报关行，是经海关批准成立的 A 类报关企业，同时也是商检 A 类报检企业，拥有专业报关员 30 名，专业报检员 10 名。想着马上要跟优秀的报关报检员们学习，邱丹红无比激动。

◆ 任务一 ◆
报检

任务导入

刚一到岗，主管就给邱丹红下达了一个任务：作为一名报检员，接受卖方货主的委托办理货物出境报检，该如何进行出境货物的报检工作？接受买方货主的委托办理货物入境报检，应如何填写《入境货物报检单》？

任务分析

要完成该任务，必须了解出入境报检的时间和地点限制，熟悉报检应提供的单据，掌握出入境报检的步骤和相应单证的填写等。

任务实施

学习思考：所有出口货物都要先报检报验后报关吗？

一、认识出入境检验检疫

进出境商品的检验检疫是由检验检疫机构对进出口商品的质量、数量、重量、包装、安全、卫生以及装运条件等进行检验并对涉及人、动物、植物的传染病、病虫害、疫情等进行检疫的工作，通常称为商检。

1.报检的当事人

报检工作要求由报检单位的报检员来负责。

报检单位必须在检验检疫机构注册登记，报检时应填写登记号。报检单位可分为自理报检单位和代理报检单位。自理报检单位一般是出入境货物或其他报检物的收货人和发货人，进出口货物的生产、加工、储存和经营单位等。代理报检单位是经检验检疫机构注册登记，依法接受关系人的委托，为关系人办理报检业务，在工商行政管理部门注册登记的企业法人。

报检员一般具有熟练的报检专业技能，具体负责本单位的报检工作。

2.报检的受理部门

直接负责受理报检工作的是各口岸出入境检验检疫局，简称 C.I.Q，它隶属于国家市场监督管理总局，是为国家进行出入境检验检疫工作的部门。

3.检验检疫的类型

需要报检的情况可分为两种:法定检验和非法定检验。

(1)进出口商品的法定检验

法定检验是对重要的进出口商品由商检机构统一执行的强制性检验。属于法定检验的出口商品,未经检验合格不得出口;属于法定检验的进口商品,未向商检机构报验或检验不合格的不能获海关验放,即使进口也不准销售与使用。

进出口货物是否为法检商品,可以通过查商品编码(H.S. Code)来确定。例:棉制男衬衫的商品编码为62052000.99,如表5-1所示,对应的"监管条件"是AB,"A"表示该商品进口需报检,"B"表示该商品出口需报检。棉制男衬衫属于法检商品,需报检并且检验合格后,由商检机构下发《出/入境货物通关单》,报关时要提交此单,海关才放行。

表5-1 关税税则

税则号列 Tariff Item	商品名称及备注	出口退税	进口税率		增值税率	计量单位	监管条件	Artical Description
			最惠	普通				
62.05	男衬衫							Men's boy's shirts:
6205.2000	——棉制		16	90	17	件/千克	AB	-of cotton
62052000.10	不带特制领的棉制男成人衬衫(含男童8～18号衬衫)	16	16	90	17	件/千克	AB	Men's shorts and boy's, size 8-18, of cotton, without specially made collar
62052000.91	其他棉制男童游戏套装衬衫(不包括长衬衫)	16	16	90	17	件/千克	AB	Boy's shorts of cotton, playsuit, other than long shirts
62052000.99	其他棉制男式衬衫	16	16	90	17	件/千克	AB	Other men's or boys' shirts of cotton

注:《中华人民共和国海关进出口税则》第十一类、第六十二章。

(2)进出口商品非法定检验

非法定检验是商检机构根据对外贸易关系人的申请,对进出口商品实施公证、鉴定的业务,检验鉴定后,商检机构作出公证结论,并签发有关证书。非法定检验的商品主要是法定检验以外的进出口商品,此类商品不需要向海关提交《出/入境货物通关单》等鉴定证明。

在国际贸易中,若合同(或信用证)的条款规定凭中国商检机构的检验结果和出具的商检证书作为双方交接结算和计价结汇的依据,则卖方在出运前必须申请商检机构检验出证,才能报运出口。

二、出口报检

(一)出境货物报检的时限和地点

1.报检时间

出境货物最迟应于报关或出境装运前10天向检验检疫机构申请报检;出境动物应在出境前60天预报,隔离前7天报检;出入境的运输工具应在出境前向口岸检验检疫机关报检或申报。

2.报检地点

出境货物应当向产地检验检疫机构办理报检。有内地运往口岸分批或并批的货物,应在产地办理预检,合格后,方可运往口岸办理出境货物的查验换证手续。对由内地运往口岸后,由于改变国别或地区而有不同检疫要求的、超过检验检疫有效期的、批次混乱货证不符的、经口岸查验不合格的,须在口岸重新报检。

(二)出境报检应提供的单据

(1)对外贸易合同、销售确认书或订单。出口中成药(蜂王浆、蜂王浆剂、中药酒等)时,除提供外贸合同外,还应提供购销合同及中医药管理部门的批准证书。

(2)信用证。非信用证结汇的应在报检单上注明结汇方式。

(3)发票及装箱单。

(4)实施卫生注册及质量许可证管理的货物,应提供出入境检验检疫机构签发的卫生注册/质量许可证副本,并在报检单上注明卫生注册证号或质量许可证号,同时提供厂检合格证。

(5)法定检验检疫的出境货物,外包装(如:纸箱、木箱、麻袋、集装箱、塑编袋等)报检时应提供“出境货物运输包装容器性能检验结果单”正本。

(三)出境报检的步骤

出境报检程序一般包括准备报检资料、电子报检信息录入、现场递交单证、联系配合检验检疫、缴纳费用、签领检验检疫证明等几个环节(如图5-1所示)。

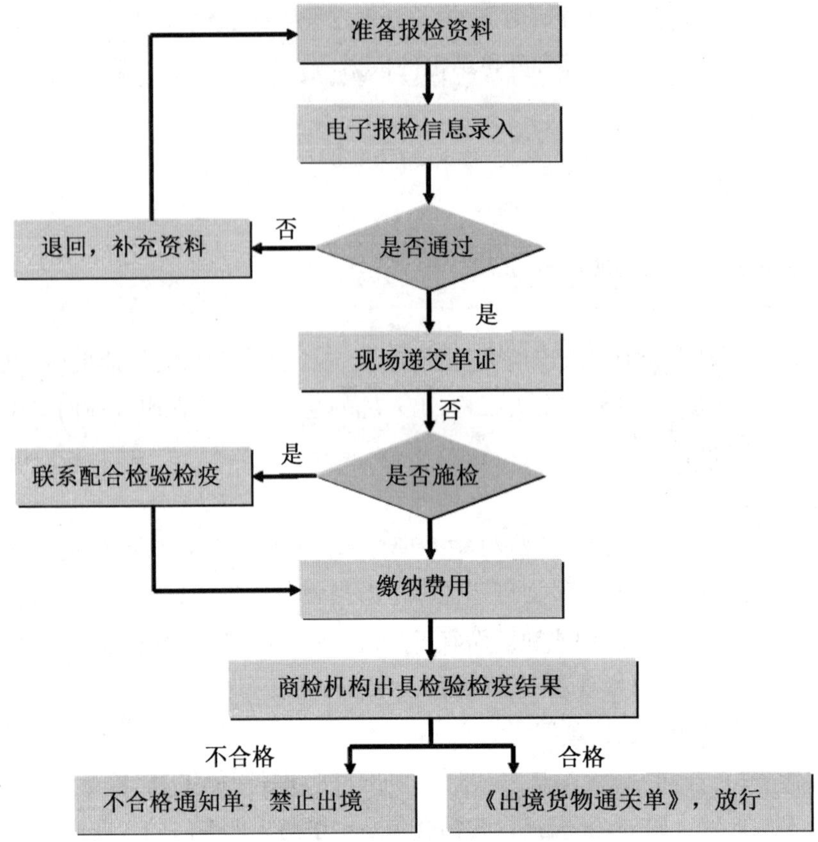

图 5-1 出境报检流程图

1.准备报检资料

能够顺利报检的关键就在于资料的准备是否齐全、真实、有效。需要客户提供的证明,要及早提醒客户在所在地办好。

一般情况下,要求客户备齐的主要单证包括:销售合同、发票、装箱单、原产地证明等,且一定要与客户签署代理报检委托书并加盖公章,然后由报检员根据资料填写出境货物报检单。

报检单的内容应按合同或销售确认书或订单、信用证、有关函电、商业发票、装箱单等单证的内容填写,做到单单相符。出口报检单的缮制要点如表 5-2 所示。

表 5-2 出口报检单的缮制要点

栏目	填写内容及规范
编号	15 位数字形式，由检验检疫机构受理报检人员填写。实行电子报检的，该编号可在电子报检的受理回执中自动生成
报检单位（加盖公章）	填写报检单位的全称，并加盖报检单位公章或已经向检验检疫机构备案的“报检专用章”
报检单位登记号	填写报检单位在检验检疫机构备案或注册登记的代码
联系人	填写报检人员姓名和联系电话
报检日期	检验检疫机构实际受理报检的日期，由检验检疫机构受理报检人员填写
发货人	根据不同情况填写。预检报检的，可填写生产单位；出口报检的，应填写外贸合同中的卖方或信用证的受益人。如需要出具英文证书的，填写中文和英文
收货人	指本批出境货物贸易合同中或信用证中买方名称。如需要出具英文证书的，填写中文和英文
货物名称（中/外文）	按外贸合同、信用证中所列品名及规格填写
H.S.编码	填写本批货物的 10 位数商品编码，以当年海关公布的商品税则编码分类为准
产地	本批货物生产（加工）地，填写省、市、县名
数/重量	填写报检货物的数量和重量，注明数量和重量单位。重量一般填写净重
货物总值	按本批货物外贸合同或发票上所列的货物总值和币种填写
包装种类及数量	填写本批货物运输包装的种类及件数，注明包装的材质
运输工具名称、号码	填写装运本批货物的运输工具的名称和号码
贸易方式	填写本批货物的贸易方式，根据实际情况选填一般贸易、来料加工、进料加工、易货贸易、补偿贸易、边境贸易、无偿援助、外商投资、对外承包工程进出口货物、出口加工区进出境货物、出口加工区进出区货物、退运货物、过境货物、保税区进出境仓储、转口货物、保税区进出区货物、暂时进出口货物、暂时进出口留购货物、展览品、样品、其他非贸易性物品、其他贸易性货物等
货物存放地点	填写本批货物存放的具体地点或厂库
合同号	填写本批货物贸易合同、订单或形式发票的号码
信用证号	填写本批货物对应的信用证编号

续表

栏目	填写内容及规范
用途	填写本批货物的用途。根据实际情况,选填种用或繁殖、食用、奶用、观赏、演艺、伴侣动物、实验、药用、饲用、介质土、食品包装材料、食品加工设备、食品添加剂、食品容器、食品洗涤剂、食品消毒剂、其他
发货日期	填写本批货物出口装运日期,预检报检可不填
输往国家(地区)	外贸合同中买方(进口方)所在的国家或地区,或合同注明的最终输往国家和地区。出口到中国境内保税区或出口加工区的,填写保税区或出口加工区
许可证/审批号	对实施许可证制度或者审批制度管理的货物,报检时填写许可证编号或审批单编号,没有则不填
启运地	填写本批货物离境的口岸/城市地区名称
到达口岸	本批货物抵达目的地入境口岸名称
生产单位注册号	填写本批货物生产/加工单位在检验检疫机构的注册登记编号,如卫生注册登记号等
集装箱规格、数量及号码	货物若以集装箱运输,应填写集装箱的规格、数量和号码
合同、信用证订立的检验检疫条款或特殊要求	填写在合同中特别订立的有关质量、卫生等条款或报检单位对本批货物检验检疫的特殊要求
标记及号码	填写本批货物的标记号码,应与合同、发票等有关单据保持一致。若没有标记号码则填"N/M"
随附单据	按实际向检验检疫机构提供的单据,在对应的"□"内打"√"。对报检单上未标出的,须自行填写提供的单据名称
需要证单名称	按需要检验检疫机构出具的证单,在对应的"□"内打"√",并对应注明所需证单的正副本的数量。对报检单上未标出的,须自行填写所需证单的名称和数量
报检人郑重声明	报检人员必须亲笔签名
检验检疫费	由检验检疫机构计费人员核定费用后填写
领取证单	由报检人员在领取检验检疫机构出具的有关检验检疫证单时填写领证日期及领证人姓名

2.电子报检信息录入

报检员应将整理好的报检数据录入报检单位的企业端电子申报软件,再传入检验检疫综合管理系统,相关检验检疫机构对报检数据的审核采取"先机审,后人审"的程序(如图 5-2 和图 5-3 所示)。

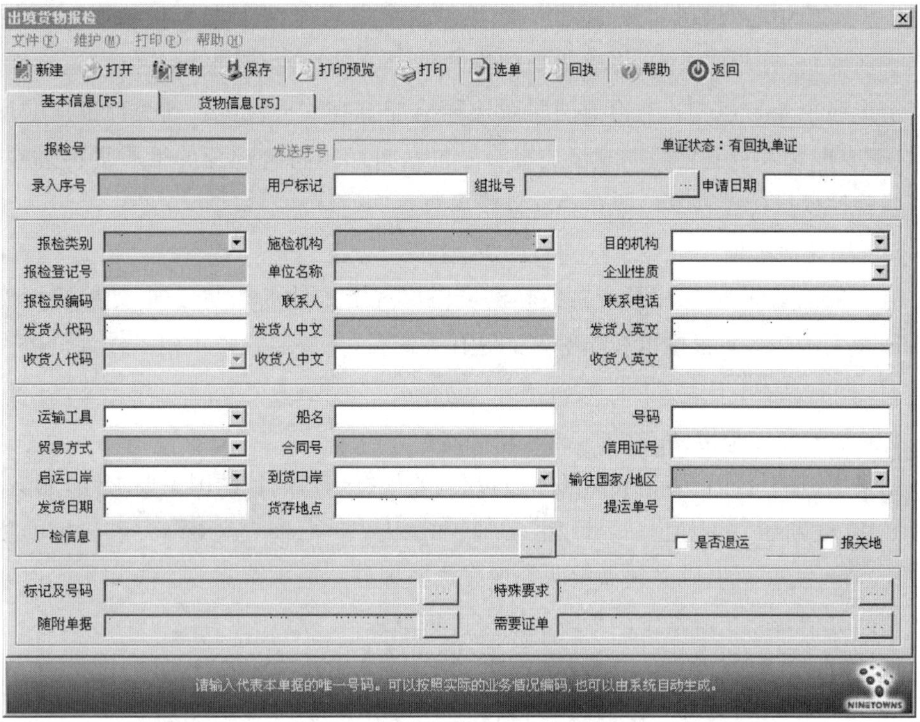

图 5-2 电子报检单(基本信息录入)

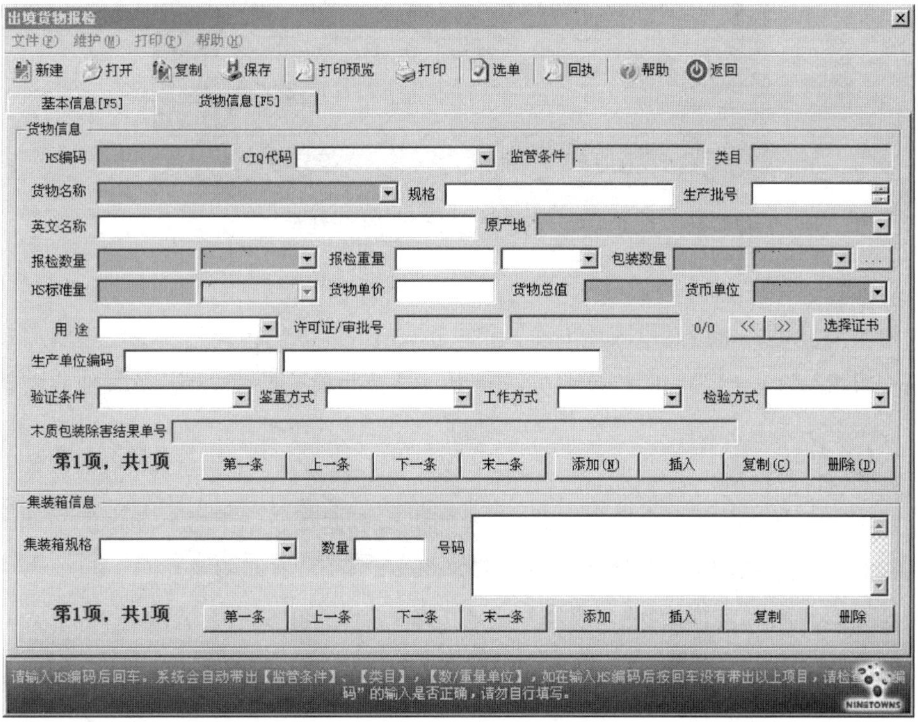

图 5-3 电子报检单(货物信息录入)

电子审单中心对数据进行自动审核，不符合要求的，向报检员反馈错误信息，报检员需重新申报；符合要求的，将成功受理报检信息，同时会反馈报检单位和施检部门，并提示报检企业与相应的施检部门联系检验检疫事宜。报检员收到受理报检的反馈信息（生成预录入号或直接生成正式报检号）后，打印出符合规范的纸质货物报检单，并与检验检疫机构施检部门联系检验检疫事宜。

3.现场递交单证

电子报检受理后，报检员应在检验检疫机构规定的地点和期限内，到检验检疫局的政务大厅递交纸质报检单和随附单证等有关资料，由检验检疫机构工作人员进一步审核。

4.联系配合检验检疫

如果出口的货物包装是天然的木质包装，要根据出口的目的国家要求，加标识 IPPC（如图 5-4 所示），例如出口到欧盟、美国、加拿大、日本、澳大利亚等一些国家的货物如果为针叶木包装的，则必须做熏蒸处理或热处理。一般熏蒸需要 24 小时，所以要在报关前两天将货物运抵指定的堆场或港区进行熏蒸。

图 5-4　印有 IPPC 标识的木质托盘

5.缴纳检验检疫费

检验检疫机构依法对出入境人员、货物、运输工具、集装箱及其他法定检验检疫物实施检验、检疫、鉴定等检验检疫业务，按《出入境检验检疫收费办法》及其他收费标准收费。

6.出具检验结果

对出入境货物检验检疫完毕后，检验检疫机构根据评定结果签发相应的证明。对于法检商品，需要提供《出境货物通关单》（如图 5-5 所示）方能报关出口。目前海关和商检已经形成联网监管，因此，《出境货物通关单》可以直接从系统里查询。

中华人民共和国出入境检验检疫

出境货物通关单

编号：

1. 发货人			5. 标记及号码
2. 收货人			
3. 合同/信用证号	4. 输往国家或地区		
6. 运输工具名称及号码	7. 发货日期		8. 集装箱规格及数量
9. 货物名称及规格	10. H.S. 编码	11. 申报总值	12. 数量或重量、包装数量及种类
13. 证明 上述货物业经检验检疫，请海关予以放行。 本通关单有效期至 年 月 日 签字： 日期： 年 月 日			
14. 备注			

图 5-5 《出境货物通关单》

三、进口报检

(一)入境货物报检的时限和地点

1.报检的时限要求

(1)输入微生物、人体组织、生物制品、血液及其制品或种畜、禽及其精液、胚胎、受精卵的，应当在入境前 30 天报检；

(2)输入其他动物的，应在入境前 15 天报检；

(3)输入植物、种子、种苗及其他繁殖材料的，应在入境前 7 天报检；

(4)入境货物需对外索赔出证的，应在索赔有效期前不少于 20 天内向到货口岸或货物到达地的检验检疫机构报检；

(5)对入境的一般货物或运输工具及人员，应在入境前或入境时向入境口岸或指定的货到达站的检验检疫机构办理报检或申报。

2.报检的地点要求

(1)审批、许可证等有关政府批文中规定检验检疫地点的，在规定的地点报检；

(2)大宗散装商品、易腐烂变质商品、废旧物品及在卸货时发现包装破损、重量或数量短缺的商品，必须在卸货口岸检验检疫机构报检；

(3)需结合安装调试进行报检的成套设备、机电仪产品以及在口岸开件后难以恢复包装的商品，应在收货人所在地检验检疫机构报检并检验；

(4)其他入境货物，应在入境前或入境时向报关地检验检疫机构报检；

(5)入境的运输工具及人员应在入境前或入境时向入境口岸检验检疫机构申报。

(二)入境报检应提供的单据

入境报检时，应填写《入境货物报检单》(如图 5-6 所示)，并随附进口贸易合同、国外发票、提(运)单和装箱单等有关基本单证。报检人对检验检疫有特殊要求的，应在报检单上注明并交付相关文件。

(三)入境报检单的填制说明(与出境货物报检单相同的栏目不再赘述)

(1)收货人：指进出口贸易合同中的买方。中文名称必须准确填写。

(2)发货人：指进出口贸易合同中的卖方。外文名称必须准确填写。

(3)原产国(地区)：指货物生产/加工的国家或地区名称，按进口合同填写。

(4)贸易国别(地区)：指本批货物贸易的国家或地区，按进口合同填写。

(5)提单/运单号：填写所附提单或运单号，有二程提单的，应同时填写。

(6)到货日期：指到达口岸的日期。

(7)起运国家(地区)：指装载本批货物的运输工具开始出发的国家(地区)名称。

(8)许可证/审批号：需办理进境许可证或审批的进口货物应填写相关许可证号或审批号，不得放空。

(9)卸毕日期：按货物实际卸毕的日期填写。

(10)启运口岸：装运本批货物的运输工具的启运口岸名称。

(11)入境口岸：装运本批货物的运输工具进境时首次停靠的口岸名称。

(12)索赔有效期：按进口合同规定的填写，要特别注意截止日期。

(13)经停口岸：指本批货物在启运后、到达目的地前中途停靠的口岸名称。

(14)目的港(地)：指本批货物预定最后抵达的交货港(地)。

(15)外商投资财产：由检验检疫机构报检受理人员填写。

中华人民共和国出入境检验检疫

入境货物报检单

报检单位（加盖公章）：（货代章） *编 号：

报检单位登记号：（货代的报检号） 联系人： 电话： 报检日期： 年 月 日

<table>
<tr><td rowspan="2">收货人</td><td colspan="2">（中文）</td><td colspan="2">企业性质（划“√”）</td><td>□合资 □合作 □外资</td></tr>
<tr><td colspan="5">（外文）</td></tr>
<tr><td rowspan="2">发货人</td><td colspan="5">（中文）</td></tr>
<tr><td colspan="5">（外文）</td></tr>
<tr><td>货物名称
（中/外文）</td><td>H.S.编码</td><td>原产国
（地区）</td><td>数/重量</td><td>货物总值</td><td>包装种类及数量</td></tr>
<tr><td></td><td></td><td></td><td></td><td></td><td></td></tr>
<tr><td colspan="3">运输工具名称号码</td><td>合同号</td><td colspan="2"></td></tr>
<tr><td>贸易方式</td><td></td><td>贸易国别
（地区）</td><td></td><td>提单/运单号</td><td></td></tr>
<tr><td>到货日期</td><td></td><td>起运国家
（地区）</td><td></td><td>许可证/审批号</td><td></td></tr>
<tr><td>卸毕日期</td><td></td><td>起运口岸</td><td></td><td>入境口岸</td><td></td></tr>
<tr><td>索赔有效期至</td><td></td><td>经停口岸</td><td></td><td>目的地</td><td></td></tr>
<tr><td colspan="2">集装箱规格、数量及号码</td><td colspan="4"></td></tr>
<tr><td rowspan="2">合同订立的特殊条款以及其他要求</td><td colspan="3" rowspan="2"></td><td>货物存放地点</td><td></td></tr>
<tr><td>用 途</td><td></td></tr>
<tr><td colspan="2">随附单据（划“√”）或补贴</td><td>标记及号码</td><td colspan="2">*外商投资财产（划“√”）</td><td>□是 □否</td></tr>
<tr><td rowspan="4">□合同
□发票
□提/运单
□兽医卫生证书
□植物检疫证书
□动物检疫证书
□卫生证书
□原产地证
□许可/审批</td><td rowspan="4">□到货通知
□装箱单
□质保书
□理货清单
□磅码单
□验收报告</td><td rowspan="4">N/M</td><td colspan="3">*检验检疫费</td></tr>
<tr><td colspan="2">总金额
（人民币元）</td><td></td></tr>
<tr><td colspan="2">计费人</td><td></td></tr>
<tr><td colspan="2">收费人</td><td></td></tr>
<tr><td colspan="3" rowspan="3">报检人郑重声明：
1. 本人被授权报检；
2. 上列填写内容正确属实。
签名：</td><td colspan="3">领取单证</td></tr>
<tr><td colspan="2">日期</td><td></td></tr>
<tr><td colspan="2">签名</td><td></td></tr>
</table>

图 5-6 《入境货物报检单》

学习思考：获得入境货物通关单就表示货物结束报检了吗？

◆ 任务二 ◆
报关

任务导入

汉连报关公司拥有 30 名专业的报关员，其中国家优秀报关员 4 名，福建省优秀报关员 10 名。邱丹红也很想通过自己的努力，成为一名专业的、优秀的报关员。那么，她应该从哪些方面提高自己呢?

任务分析

要想成为一名优秀的报关员，必须具备一定的学识水平和实际业务能力，必须熟悉与货物进出口业务有关的法律法规和对外贸易知识，必须精通海关法规、规章并具备办理海关手续的技能。

任务实施

学习思考:一般进出口货物就是一般贸易货物吗?

一、认识进出境报关

报关是进出口货物的收货人或发货人、进出境运输工具的负责人、进出境物品的所有人或其代理人向海关办理货物、物品或运输工具进出境手续及相关事务的全过程。所有进出口的货物、进出境物品和进出境运输工具在进出境时都必须在设有海关的地点办理报关手续，否则就是走私。

1.报关的当事人

报关工作由报关单位的报关员来负责。

报关单位是依法在海关注册登记的进出口货物收货人、发货人和报关企业。其中，进出口货物收货人和发货人是依法直接进口或者出口货物的中华人民共和国关境内的法人、其他组织或者个人。进出口货物收货人和发货人可以在中国全关境内为自己的货物报关，即自理报关，所以，进出口货物的收货人和发货人也是一个自理报关单位。报关企业，是按照规定经海关准予注册登记，接受进出口货物收货人或发货人的委托，以进出口货物收货人或发货人的名义或者以自己的名义，向海关办理代理报关业务，从事报关服务的境内企业法人，报关企业包括报关行、国际货运代理等。报关企业可以在本关区内开展代理报关业务，所以它也叫代理报关单位。

报关员一般具有熟练的报关专业技能，具体负责本单位的报关工作。

2.报关的受理部门

海关是世界各国在政府部门里设立的监督管理进出口事务和征收关税的专门机构。报关就是要向海关办理手续。

3.申报方式

我国采用电子数据申报与纸质申报结合的方式，一般要求报关单位先采用终端申报、EDI 申报或者网上申报的形式提交电子申报数据，海关审核后，再提交纸质报关单和随附单证。

4.进出境货物的分类

根据海关监管要求的不同，可以将进出境货物划分为两大类：一般进出口货物和非一般进出口货物，后者又可根据其进出境的目的细分为：保税货物、特定减免税货物、暂准进出境货物、出料加工货物等等。所有进出口货物都需经历进出口申报阶段，这一阶段由四个环节构成；而在进出口申报阶段没能缴交全额税款或无法提供必须单证的非一般进出口货物还需额外进行前期报关和后续监管，如表 5-3 所示。

表 5-3 不同类型货物的报关程序

<table>
<tr><th>报关程序
货物类别</th><th>前期阶段
（货物在进境前办理）</th><th>进出口阶段
（货物在进出境时办理的 4 个环节）</th><th>后续阶段
（进出关境后需要办理才能接结关）</th></tr>
<tr><td>一般进出口货物</td><td>不需要办理</td><td rowspan="4">申报（海关审单）
↓
配合查验（查验）
↓
缴纳税费（征税）
↓
提取、装运货物（放行）</td><td>不需要办理</td></tr>
<tr><td>保税进出口货物</td><td>备案、申请登记手册</td><td>办理申请核销手续</td></tr>
<tr><td>特定减免税货物</td><td>特定减免税申请
申领免税证明</td><td>办理解除海关监管手续</td></tr>
<tr><td>暂准进出境货物</td><td>展览品备案申请</td><td>办理销案手续</td></tr>
</table>

不难发现，由于涉及税费征收，海关对非一般进出口货物的监管尤为严苛，与之相应的报关手续也更为复杂，需要长时间的经验累积。邱丹红打算从学习最简单的一般进出口货物入手。

二、一般进出口货物的报关

（一）认识一般进出口货物

在货物进出境环节缴纳了应征的进出口税费，并办结了所有必要的海关手续，海关放行后不再进行监管的进出口货物，称为一般进出口货物。

知识链接

一般进出口货物 VS.一般贸易货物

一般进出口货物是按照海关监管方式划分的进出口货物，是海关的一种监管制度的体现，是相对于保税货物、暂准进出口货物、特定减免税货物而言。而一般贸易货物是按照国际贸易方式划分的进出口货物，也就是说一般贸易是属于国际贸易方式的一种贸易方式。

1.一般进出口货物的特征

(1)在进出境时缴纳进出口税费；

(2)进出口时提交相关的许可证件；

(3)海关放行即办理结关手续。

2.报关的时限和地点

(1)报关的时间要求

进口货物的报关要求在运载进口货物的运输工具申报进境之日起(运输工具报关之日的第二天开始算)14 天内，超过 14 天需征收滞报金，超期 3 个月由海关变卖处理(运输工具申报进境之日起)；不宜长期保存的货物，经直属海关或授权的隶属海关关长批准可提前变卖。

出口货物的报关要求在货物运抵海关监管区装货的 24 小时之前。

申报日期指的是申报数据被海关接受的日期。无论以电子数据报关单方式申报，还是以纸质报关单申报，海关接受申报数据的日期即为申报日期。

(2)报关的地点要求

一般情况下，进口货物应当在进境地海关申报，出口货物应当在出境地海关申报。进境地指的就是货物运抵我国的第一个地点；出境地则为货物离开我国的最后一个口岸。

当涉及转关运输时，经过收货人或发货人申请，海关同意后，进口货物可以在指运地申报；出口货物可以在启运地申报。

存在二次申报的，如保税货物、特定减免税货物、暂准进境货物，因故改变使用目的从而改变货物的性质为一般进口货物时，应向货物所在地主管海关申报。

(二)报关的步骤

一般进出口货物的报关流程可以绘制成图 5-7，进出口申报阶段的四个环节为图中的关键节点。

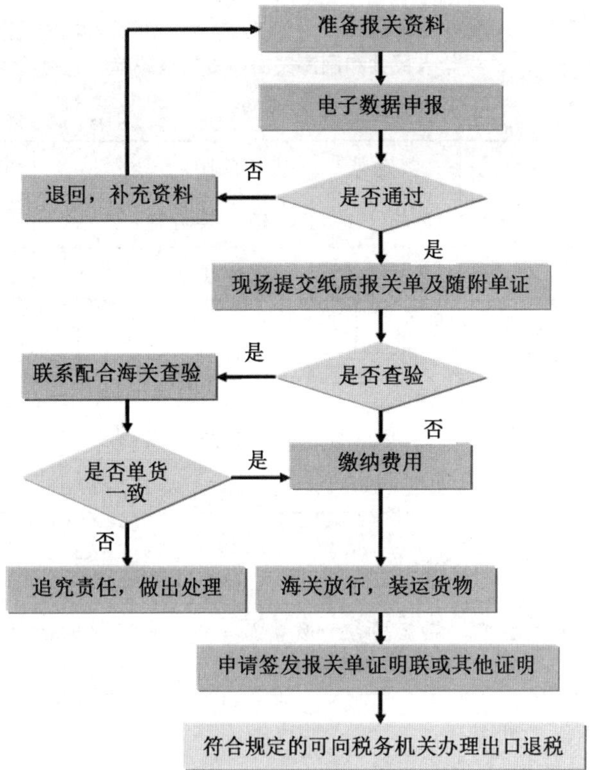

图 5-7 货物报关流程图(一般进出口货物)

1.申报

在这一环节中，报关员做好准备单证的工作，要求报关单填制必须真实、准确、完整；随附单证(基本单证、特殊单证)必须齐全、有效、合法；报关单与随附单证数据必须一致。

为了确定进口货物的品名、规格、型号，了解货物的状况从而便于正确申报，可以由收货人或发货人提出申请，海关同意后派员进行现场监管，完成申报前的看货取样。海关开具取样记录和取样清单，取样后收货人要在取样记录和取样清单上签字确认。

报关员根据货主提供的材料完成电子数据申报，在获得海关“现场交单”或“放行交单”通知之日起 10 日内，提交纸质报关单和随附单证(如：发票、装箱单、提运单等)，完成申报环节。

(1)出口货物报关单的填制(如图 5-8 所示)

中华人民共和国海关出口货物报关单

预录入编号： 海关编号：

<table>
<tr><td colspan="2">出口口岸</td><td colspan="2">备案号</td><td colspan="2">出口日期</td><td>申报日期</td></tr>
<tr><td colspan="2">经营单位</td><td colspan="2">运输方式</td><td colspan="2">运输工具名称</td><td>提运单号</td></tr>
<tr><td colspan="2">发货单位</td><td colspan="2">贸易方式</td><td colspan="2">征免性质</td><td>结汇方式</td></tr>
<tr><td>许可证号</td><td colspan="2">运抵国(地区)</td><td colspan="3">指运港</td><td>境内货源地</td></tr>
<tr><td>批准文号</td><td>成交方式</td><td colspan="2">运费</td><td colspan="2">保费</td><td>杂费</td></tr>
<tr><td>合同协议号</td><td>件数</td><td colspan="2">包装种类</td><td colspan="2">毛重(千克)</td><td>净重(千克)</td></tr>
<tr><td>集装箱号</td><td colspan="3">随附单据</td><td colspan="3">生产厂家</td></tr>
<tr><td colspan="7">标记唛码及备注</td></tr>
<tr><td colspan="7">项号 商品编号 商品名称 规格型号 数量及单位 最终目的国(地区) 单价 总价 币制 征免</td></tr>
<tr><td colspan="7"></td></tr>
<tr><td colspan="7"></td></tr>
<tr><td colspan="7"></td></tr>
<tr><td colspan="7"></td></tr>
<tr><td colspan="7"></td></tr>
<tr><td colspan="7">税费征收情况</td></tr>
<tr><td colspan="2">录入员 录入单位
报关员
单位地址
邮编 电话</td><td colspan="3">兹声明以上申报无讹并承担法律责任
申报单位(签章)
填制日期</td><td colspan="2">海关审单批注及放行日期(签章)
审单 审价
征税 统计
查验 放行</td></tr>
</table>

图 5-8 出口货物报关单

报关单的内容应按合同、商业发票、装箱单、货运单等随附单证的内容填写，必须做到单单相符、单证相符、单货相符，如表 5-4 所示。

表 5-4 出口报关单的缮制要点

序号	栏目	填写内容及规范
1	出口口岸	货物实际进出口我国关境口岸海关的名称。此栏填隶属海关的名称和代码
2	备案号	备案号是进出口企业在海关办理加工贸易合同或办理征税、减税、免税审批备案等手续时，海关给予的各种登记手册或者备案批准的编号。一般进出口货物免填
3	出口日期	运载所申报货物运输工具办结出境手续的日期
4	申报日期	海关接受进(出)口货物收货人、发货人或其代理人申请办理货物进(出)口手续的日期
5	经营单位	对外签订并执行进出口贸易合同的中国境内企业、单位或者个人。此栏目应填报经营单位中文名称及经营单位编码
6	运输方式	进口填货物运抵我国关境第一口岸时的运输方式；出口填货物运离我国关境最后一口岸时的运输方式。此栏填写运输方式名称或代码
7	运输工具名称	载运货物进出境的运输工具的名称或运输工具编号
8	提运单号	此栏填进出口货物提单或运单的编号
9	发货单位	出口货物在境内的生产或销售单位。此栏目应填报发货单位的中文名称及海关注册编码
10	贸易方式	根据进出口货物的交易方式及海关的监管方式判断是何种贸易方式。贸易方式与备案号、征免性质、用途、征免、项号这几栏有对应关系
11	征免性质	海关对进出口货物实施征税、减税、免税管理的性质类别
12	结汇方式	此栏填结汇方式的名称或代码
13	许可证号	应申领进(出)口许可证的货物，在此栏填写进(出)口货物许可证的编号，主要填《进(出)口许可证》《两用物项和技术进(出)口许可证》的编号
14	运抵国(地区)	出口货物直接运抵的国家(地区)，即发票上买家所在国。本栏填国别的中文名称或代码
15	指运港	出口货物运往境外的最终目的港
16	境内货源地	出口货物在我国关境内的产地或原始发货地。按《国内地区代码表》选择国内地区名称或代码
17	批准文号	进出口货物报关单均免于填报

续表

<table>
<tr><th>序号</th><th>栏目</th><th>填写内容及规范</th></tr>
<tr><td>18</td><td>成交方式</td><td>在发票的单价中找到贸易术语，但是不能直接填写该贸易术语。11个贸易术语与应填写的成交方式的对应关系如下：
<table>
<tr><th>组别</th><th>发票中的贸易术语</th><th>报关单中应填写的成交方式</th><th>成交方式代码</th></tr>
<tr><td>E组</td><td>EXW</td><td rowspan="2">FOB</td><td rowspan="2">3</td></tr>
<tr><td>F组</td><td>FCA、FAS、FOB</td></tr>
<tr><td rowspan="2">C组</td><td>CFR、CPT</td><td>CFR</td><td>2</td></tr>
<tr><td>CIF、CIP</td><td rowspan="2">CIF</td><td rowspan="2">1</td></tr>
<tr><td>D组</td><td>DAT、DAP、DDP</td></tr>
</table></td></tr>
<tr><td>19</td><td>运费</td><td>进出口货物从始发地至目的地的国际运输所需要的各种费用。填报格式：货币代码/价格/标记</td></tr>
<tr><td>20</td><td>保费</td><td>格式同运费格式</td></tr>
<tr><td>21</td><td>杂费</td><td>成交价格以外的，应计入完税价格或应从完税价格中扣除的费用，如手续费、佣金、回扣等。格式同运费格式</td></tr>
<tr><td>22</td><td>合同协议</td><td>此栏目填合同号</td></tr>
<tr><td>23</td><td>件数</td><td>有外包装的进(出)口货物的实际件数</td></tr>
<tr><td>24</td><td>包装种类</td><td>根据进出口货物的实际外包装种类，选择填报相应的包装种类</td></tr>
<tr><td>25</td><td>重量(千克)</td><td>货物的毛重和净重</td></tr>
<tr><td>26</td><td>集装箱号</td><td>此栏目填报集装箱编号，非集装箱货物填报0。格式：集装箱号/规格/自重</td></tr>
<tr><td>27</td><td>随附单据</td><td>随进(出)口货物报关单一并向海关递交的单证或文件。但是合同、发票、装箱单、进出口许可证等必备的随附单据不在本栏目填报。格式："监管证件的代码"+"监管证件的编号"</td></tr>
<tr><td>28</td><td>生产厂家</td><td>可不填</td></tr>
<tr><td>29</td><td>标记唛码及备注</td><td>唛头；多个监管证件的，填写除第一个监管证件以外的其余监管证件和代码；涉及多个集装箱的，填写除第一个集装箱以外的其余的集装箱号</td></tr>
<tr><td>30</td><td>项号</td><td>申报货物在报关单中的商品排列序号。一般进出口商品，备案号为空时，项号填报报关单中的商品序号。有征免税证明或登记手册的商品分两行填报：第一行填写报关单中的商品排列序号(01、02、03……)；第二行征免税货物填写征免税证上一致的商品的项号</td></tr>
<tr><td>31</td><td>商品编号</td><td>此栏填H.S.商品编码</td></tr>
</table>

续表

序号	栏目	填写内容及规范
32	商品名称、规格型号	商品名称是进出口货物规范的中文名称。规格型号是反映商品性能、品质和规格的一系列指标，如品牌、等级、成分、含量、纯度、大小、长短、粗细等
33	数量及单位	“数量及单位”分三行填报：法定第一计量单位及数量应填报在本栏目第一行；第二计量单位填在本栏第二行。没有第二计量单位，则第二行空着；以成交计量单位申报的，则成交单位及数量填在本栏第三行。如果成交计量单位与法定计量单位一致，则本栏目第三行为空
34	最终目的国	已知的出口货物的最终实际消费、使用或进一步加工制造的国家或地区
35	单价、总价、币制	根据发票填写
36	征免	海关对进出口货物进行征税、减税、免税或特案处理的实际操作方式。征免栏与贸易方式有相对固定的对应关系
37	税费征收情况	由海关填写
38	录入员和录入单位	录入员负责将该份报关单内容录入海关计算机系统并打印预录入报关单，需由该实际操作人员签名确认。录入单位填报经海关核准，允许其将有关报关单内容输入海关计算机系统的单位
39	申报单位	本栏目包括申报单位、报关员、申报单位的地址、邮政编码、电话号码等项目。自理报关的，本栏目填报进出口企业的名称及海关注册编码；委托代理报关的，本栏目填报经海关批准的报关企业名称及海关注册编码
40	海关审单批注放行日期(签章)	由海关填写

(2)进口货物报关单的填制(如图 5-9、表 5-5 所示)

中华人民共和国海关进口货物报关单

预录入编号：　　　　　　　　　　海关编号：

<table>
<tr><td colspan="2">进口口岸</td><td>备案号</td><td colspan="2">进口日期</td><td>申报日期</td></tr>
<tr><td colspan="2">经营单位</td><td>运输方式</td><td colspan="2">运输工具名称</td><td>提运单号</td></tr>
<tr><td colspan="2">收货单位</td><td>贸易方式</td><td colspan="2">征免性质</td><td>征税比例</td></tr>
<tr><td>许可证号</td><td colspan="2">起运国(地区)</td><td colspan="2">装货港</td><td>境内目的地</td></tr>
<tr><td>批准文号</td><td>成交方式</td><td>运费</td><td>保费</td><td colspan="2">杂费</td></tr>
<tr><td>合同协议号</td><td>件数</td><td>包装种类</td><td>毛重(千克)</td><td colspan="2">净重(千克)</td></tr>
</table>

续表

<table>
<tr><td>集装箱号</td><td>随附单据</td><td colspan="2">用途</td></tr>
<tr><td colspan="4">标记唛码及备注</td></tr>
<tr><td colspan="4">项号　商品编号　商品名称　规格型号　数量及单位　原产国(地区)　单价　总价　币制　征免</td></tr>
<tr><td colspan="4"></td></tr>
<tr><td colspan="4">税费征收情况</td></tr>
<tr><td>录入员　　录入单位</td><td rowspan="2">兹声明以上申报无讹并承担法律责任

申报单位(签章)

填制日期</td><td colspan="2">海关审单批注及放行日期(签章)</td></tr>
<tr><td rowspan="3">报关员
单位地址
邮编　　电话</td><td>审单</td><td>审价</td></tr>
<tr><td></td><td>征税</td><td>统计</td></tr>
<tr><td></td><td>查验</td><td>放行</td></tr>
</table>

图 5-9　进口货物报关单

表 5-5　进口报关单的缮制要点(与出口报关单相同的栏目此处不再赘述)

序号	栏目	填写内容及规范
1	进口口岸	指货物实际进入我国关境口岸海关的名称,这栏一般从所给出的单据或中文补充资料中能找到相应的内容。本栏应填隶属海关的名称和代码
2	进口日期	指运载所申报货物运输工具申报进境的日期;无实际进境的情况,以海关接受申报的日期为准。本栏应填8位数字,顺序为年(4位)、月、日各2位
3	申报日期	指海关接受进口货物收货人或其代理人申请办理货物进口手续的日期。进口货物申报日期不得早于进口日期(格式同进口日期)
4	经营单位	指对外签订并执行进出口贸易合同的中国境内企业、单位或者个人。本栏目应填报经营单位中文名称及经营单位编码
5	收货单位	指进口货物在境内使用或销售的单位,包括自行进口货物的单位和委托进出口企业进口货物的单位
6	征税比例	进口报关单此栏放空
7	许可证号	应申请进口许可证的货物,在此栏目填报外经贸部及其授权发证机关签发的进(出)口货物许可证的编号。一份报关单只允许填报一个许可证号,非许可证管理商品此栏放空

续表

8	起运国（地区）	指进口货物起始发运的国家（地区），填写中文名称或代码。发生运输中转的货物，如中转地未发生任何商业性交易，那么起运国（地区）不变；如中转地发生商业性交易，以中转地作为起运国（地区）填报
9	装货港	指进口货物在运抵我国关境前的最后一个境外装运港，填写中文名称或代码。如果在运输的途中有中转或者是换船的情况，最后一个中转港就是装运货港
10	境内目的地	指进口货物在国内消费地、使用地或最终运抵地
11	批准文号	进口报关单此栏放空
12	运费、保费	进口报关单中，若货物的成交方式为 CIF 进口，则运费、保费栏目不填；若成交方式为 CFR 进口，则运费栏不填，保险费栏要填；若成交方式为 FOB 进口，则运费栏、保险费栏要填。填写格式如出口报关单
13	原产国	指进口货物的生产、开采或加工制造的国家（地区）。经过几个国家加工制造的进口货物，以最后一个对货物进行经济上可以视为实质性加工的国家作为该货物的原产国，填写国家（地区）名称或代码

2.配合查验

海关查验货物时，首先，要求收货人、发货人或其代理人（一般是报关员）必须到场配合查验，报关员要负责现场搬运货物和开箱、封箱，并回答提问，提供有关单证；其次，协助海关提取需要做进一步检验、化验或鉴定的货样；再次，收取海关开具的取样清单；最后，在《海关进出境货物查验记录单》签字确认。

3.缴纳税费

海关对进口货物缴纳的税费包括关税、进出口环节增值税、进出口环节消费税；对出口货物则仅征收出口关税。

海关审核报关单并查验货物无误后，根据申报的货物计算税费并且打印纳税缴款书和收费票据。报关员应凭海关签发的缴税通知书和收费单据在限定的时间内（收到缴款书后 15 日内）向指定银行缴纳税费，或在网上进行电子支付。

除此之外，船舶吨税也由海关代收，但由于船舶吨税针对的是运输工具，在此不做赘述。

4.提取或装运货物

在此环节，应首先明确海关进出境现场放行和货物结关两者的区别，即放行和结关的区别。

（1）放行：海关对进出口货物作出结束海关进出境现场监管的决定，允许进出口货物离开海关监管场所的工作环节。方式：由海关在提货凭证或出口装货凭证上加盖海关放行章。实行无纸通关的海关，货物的收货人或发货人根据海关发出的海关放行报文，自行打印放行凭证。

（2）结关：货物办结海关手续，结束海关监管（表示已经履行完与进出口有关的一切义务)。

一般进出口货物在海关放行后就可以进入生产和流通领域,放行就是结关;而保税货物、暂准进口货物、特定减免税货物,放行并不等于结关,海关在一定时期内还需进行监管。

在此环节,进口货物应凭加盖有海关放行章戳记的进口提货凭证提取货物;出口货物则凭加盖有海关放行章戳记的出口装货凭证办理货物装上运输工具离境的手续。

5.申请签发证明联

经历上述四个环节,一般进出口货物的报关就基本完成,但货主有要求海关签发证明的,报关员应向海关提出申请,海关在签发证明的同时通过电子口岸执法系统向有关单位传送相关数据进行备案,常见证明如下:

(1)申请签发报关单证明联主要有:进口付汇证明、出口收汇证明、出口退税证明联;

(2)办理其他证明手续:出口收汇核销单、进口货物证明书。

三、进出口税费

海关征收的关税、进口环节增值税、进口环节消费税等税费一律以人民币计征,起征点为人民币 50 元。完税价格、税额采用四舍五入法计算至分。

进口货物的成交价格及有关费用以外币计价的,计算税款前海关按照该货物适用税率之日起所适用的计征汇率折合人民币计算完税价格。

海关每月使用的计征汇率为上一个月第三个星期三(第三个星期三为法定节假日的,顺延采用第四个星期三)中国人民银行公布的外币对人民币的基准汇率。以基准汇率币种以外的外币(除日元、美元、港币以外的)计价的,采用同一时间中国人民银行公布的现汇买入价和现汇卖出价的中间值。

(一)关税

关税是由海关依据国家制定的关税政策和有关法律、行政法规的规定,对准许进出关境的货物和物品向纳税义务人征收的一种流转税,是国家保护国内经济、实施财政政策、调整产业结构、发展进出口贸易的重要手段。

关税的征收主体为国家(由海关代表国家征收),关税的课税对象是进出关境的货物和物品,纳税义务人包括进口货物的收货人、出口货物的发货人、进(出)境货物的所有人。

1.进口关税

(1)计征方法

进口关税计征方法包括:从价税、从量税、复合税、滑准税等。

①从价税——以货物、物品的价格作为计税标准,价格和税额成正比例。

计算公式:

从价税应征税额=货物的完税价格×从价税税率

②从量税——以货物、物品的计量单位作为计税标准。

计量单位:如重量、数量、容量等。

计算公式:

从量税应征税额=货物计量单位总额×从量税税率

我国目前征收从量税的进口商品包括冻鸡、石油原油、啤酒、胶卷等。

③复合税——一个税目中的商品同时使用从价、从量两种标准计税,合并计征。

计算公式:

复合税应征税额=从价部分的关税额+从量部分的关税额
=货物的完税价格×从价税税率+货物计量单位总额×从量税税率

我国目前征收复合税的进口商品包括录像机、放像机、摄像机、非家用型摄录一体机、部分数字照相机等。

④滑准税——当商品价格上涨时采用较低税率,价格下跌时则采用较高税率。例如,关税配额外进口一定数量的棉花,实行5%～40%的滑准税。滑准税率低于5%的进口棉花按0.570元/千克计征从量税。

(2)进口关税的种类

从征税的主次程度来划分,进口关税可分为:进口正税和进口附加税。

①进口正税:是按海关税则法定进口税率征收的进口税。

②进口附加税:是对进口货物征收除正税之外的进口税。进口附加税一般具有临时性,具体包括:反倾销税、反补贴税、保障措施关税、报复性关税等。只有符合反倾销、反补贴条例规定的反倾销税和反补贴税才可以征收。

(3)一般进口货物完税价格的审定

一般进口货物完税价格由海关以该货物的成交价格为基础来审查确定,包括货物运抵中华人民共和国境内输入地点起卸前的运输的相关费用(装运费、搬运费等)和保险费。海关确定进口货物完税价格的方法包括以下六种:进口货物成交价格法、相同货物成交价格法、类似货物成交价格法、倒扣价格法、计算价格法、合理方法。

注意:这六种方法必须依次采用,但如果进口货物纳税义务人提出要求,经海关同意,可以调换倒扣价格法和计算价格法的适用次序。

(4)计算例题

【例1】境内某公司与香港某公司签约进口韩国产彩色超声波诊断仪1台,直接由韩国运抵上海,成交价格CIF上海10 000美元/台。设1美元=7元人民币,亚太贸易协定税率为4.5%,应征进口关税税额为多少?

解析:韩国是亚太贸易协定的成员国之一,适用协定税率;特惠税率的进口货物有暂定税率的,应当从低适用税率。则:

应征进口关税税额=10 000×7×4.5%=3 150(元)

【例2】某公司从香港购买一批日本产富士彩色胶卷8 000卷(宽度35毫米,长度2米之内),成交价格为CIF上海HKD 12/卷。设外汇折算价为1港元=1.2元人民币，以上规格胶卷 0.05 平方米/卷。该批商品的最惠国税率为 30 元人民币/平方米，请计算应征进口关税税额。

解析：应征进口关税税额＝货物的数量×单位税额＝8 000×0.05×30＝12 000(元)

2.出口关税

出口关税指海关以出境货物和物品为课税对象所征收的关税，其目的主要是限制、调控某些商品的出口。出口关税比较简单，只有从价税一种计征方法。

出口货物的完税价格，由海关以该货物的成交价格为基础来审查确定，包括货物运至中华人民共和国境内输出地点装载前的运输的相关费用和保险费。出口货物确定完税价格应按 FOB 价格(离岸价)计算(不包含出口关税)。

出口货物的成交价格指该货物出口销售前，卖方为出口该货物向买方直接收取和间接收取的价款总额。

出口关税的计算公式：

$$出口关税＝出口货物完税价格×出口关税税率$$

$$出口货物完税价格＝FOB价－出口关税＝\frac{FOB价}{1＋出口关税税率}$$

【例】某公司出口甲苯 4 500 桶，重量为 100 千克/桶，每吨售价 CFR 香港 7 610 港币，运费为 850 元/吨。汇率：1 港币＝1.1 元人民币。出口税率为 30％。请计算出口关税。

解析：

CFR 价＝7 610×1.1×450＝3 766 950(元)

运费＝850×450＝382 500(元)

FOB 价＝3 766 950－382 500＝3 384 450(元)

出口关税＝$\frac{3\ 384\ 450}{1+30\%}$×30％＝781 026.92(元)

(二)进口环节税

1.增值税

增值税是以商品的生产、流通和劳务服务各个环节所创造的新增价值为课税对象的一种流转税。进口环节税由海关征收，其他环节的增值税由税务机关征收。基本税率为 17％，还有一档低税率 13％。按 13％征收增值税的商品有以下几种类别：

①粮食、食用植物油；

②自来水、暖气、冷气、热水、煤气、石油液化气、天然气、沼气、居民用煤炭制品(注意：石油、汽油、柴油不按 13％进行征税)；

③图书、报纸、杂志(纸质)；

④饲料、化肥、农药、农机、农膜(与农业生产有关)；

⑤国务院规定的其他货物。

计算公式：

$$增值税税额＝应纳增值税税额＝组成计税价格×增值税税率$$

组成计税价格＝关税完税价格＋关税税额＋消费税税额

【例】境内某公司与香港某公司签约进口韩国产彩色超声波诊断仪1台，直接由韩国运抵上海，成交价格 CIF 上海 10 000 美元/台。设1美元＝7元人民币，亚太贸易协定税率为4.5%，消费税免征收，应征进口增值税税额为多少？

解析：彩色超声波诊断仪不属于低税率范畴，故可判断应按17%增收增值税。

则：应征进口增值税税额＝(10 000×7＋10 000×7×4.5%)×17%＝12 435.5(元)

2.消费税

消费税是以消费品或消费行为的流转额作为课税对象而征收的一种流转税。与增值税一样，消费税由税务机关征收，进口环节的消费税由海关征收。消费税是典型的价内税，因而，它的组成计税价格包含它本身。区别于增值税普遍征收，消费税针对少数消费品征收，征收的范围包括：

第一类：一些过度消费会对人的身体健康、社会秩序、生态环境等方面造成危害的特殊消费品。

第二类：奢侈品等非生活必需品。

第三类：高能耗的高档消费品。

第四类：不可再生和替代的资源类消费品。

计算公式：

(1)按从价定率征收，公式为：

$$应纳税额=消费税组成计税价格\times 消费税税率$$

$$消费税组成计税价格=\frac{关税完税价格+关税税额}{1-消费税税率}$$

(2)按从量定额征收，公式为：

$$应纳税额=应征消费税消费品数量\times 单位税额$$

(3)按从价从量定率、定额征收，公式为：

$$应纳税额=应征消费税消费品数量\times 单位税额+组成计税价格\times 消费税税率$$

自我测试

一、请画出进/出口货物申报的流程图

二、单项选择题

1. 进口货物以 FOB 境外口岸成交，在计算进口关税时，应将 FOB 价格换算成(　　)。

A. FOB＋运费　　B. FOB＋保险费

C. FOB＋相关费用　　D. FOB＋运保费＋相关费用

2. 进口货物以 CFR 成交的计算进口关税时，应将 CFR 价格换算成(　　)。

A. CFR＋运费　　B. CFR＋保险费＋相关费用

C. CFR＋相关费用　　D. CFR＋运保费＋相关费用

3. 海关于某年9月15日(周五)填发税款缴纳书,纳税人最迟应于(　　)缴纳税款。

A. 9月29日　　B. 10月8日

C. 9月30日　　D. 10月16日

4. 纳税义务人缴纳税款的最后期限为2005年1月5日,但纳税义务人于2005年1月15日才缴纳税款,滞纳金天数为(　　)。

A. 10天　　B. 11天　　C. 8天　　D. 9天

5. 某公司进口一批货物,到岸价折合人民币8 500元,关税税率10%,增值税税率为17%,该批货物应征消费税,税率10%,增值税为(　　)。

A.人民币850元　　B.人民币1 038.89元

C.人民币1 766.13元　　D.人民币10 389元

6. 某公司进口一批商品CFR价格是1万美元,保费为200美元,已知外币折算率是1美元=8.2人民币,关税税率是5%。应纳多少进口关税?(　　)

A. 4 100元　　B. 4 182元　　C. 3 280元　　D. 4 000元

三、学生4～5人为一小组,根据以下资料,以小组为单位完成单证的填制

根据以下资料填制报关单:

资料一:

上海进出口贸易公司(3109242686)持C230951005973登记手册进口一项料件梅花扳手(Double Offset Ring Spanner,非法检商品,法定计量单位为千克),梅花扳手随同其他货物同批进口,单独向海关申报。

资料二:

COMMERCIAL INVOICE

INV. NO:TY034

DATE:Arp.20.005

S/C NO.: RT05342

L/CNO.:31173

TO:

SHANGHAI TOOL IMPORT & EXPORT CO., LTD.

31, GANXIAN ROAD SHANGHAI, CHINA

FROM BARCELONA TO SHANGHAI VIA ZURICH

MARKS & NOS	DESCRIPTION OF GOODS	QUANTITY	U/PRICE	AMOUNT
M. E SHANGHAI C/NO.1—515	(1)9PC Extra Long Hex key set (2)8PC Double Offset Ring spanner (3)12PC Double Offset Ring spanner (4)12PC Combination Spanner (5)10PC Combination Spanner MANAFACTURE: GERMENY	1 200SET 1 200SET 800SET 1 200SET 1 000SET	USD 1.76 USD 3.10 USD 7.50 USD 3.55 USD 5.80	USD 2 112.00 USD 3 720.00 USD 6 000.00 USD 4 260.00 USD 5 800.00 USD 21 892.00 CIP SHANGHAI

资料三：

PACKING LIST

MESSER：SHANGHAI TOOL IMPORT & EXPORT CO.，LTD.

DATE：Arp. 20.005

NO：INV. NO：TY034

MAMUT ENTERPRISESAV

TARRAGONA75-3ER

BARCELONA，SPAIN

SHIPPING FROM：BARCELONA TO SHANGHAI VIA ZURICH

BILL OF LADING NO：CSC04118

DESCRIPTION OF GOODS	CTNR	CTNS	QTY (PCS)	G.W (KGS)	N.W (KGS)
(1)9PC Extra Long Hex key set	COSU1234501	120	1 200	20/CTN	18/CTN
(2)8PC Double Offset Ring Spanner (3)12PC Double Offset Ring Spanner	COSU1234502	75 100	1 200 800	20/CTN 19/CTN	18/CTN 17/CTN
(4)12PC Combination Spanner (5)10PC Combination Spanner	COSU1234503	120 100	1 200 1 000	19/CTN 18/CTN	17/CTN 16/CTN
TOTAL	3	515	5 400	9 880	8 850

TOTAL：SAY FIVE HUNDRED AND FIFTEEN CARTONS ONLY.

CONTAINER NO.	SEAL	TARE	TYPE
COSU1234501	054209	2 277	20
COSU1234502	054216	2 297	20
COSU1234503	054272	2 260	20

中华人民共和国海关进口货物报关单

预录入编号：　　　　　　　　海关编号：

<table>
<tr><td colspan="2">进口口岸</td><td>备案号</td><td colspan="2">进口日期</td><td>申报日期</td></tr>
<tr><td colspan="2">经营单位</td><td>运输方式</td><td colspan="2">运输工具名称</td><td>提运单号</td></tr>
<tr><td colspan="2">收货单位</td><td>贸易方式</td><td colspan="2">征免性质</td><td>征税比例</td></tr>
<tr><td>许可证号</td><td colspan="2">起运国(地区)</td><td colspan="2">装货港</td><td>境内目的地</td></tr>
<tr><td>批准文号</td><td>成交方式</td><td>运费</td><td colspan="2">保费</td><td>杂费</td></tr>
<tr><td>合同协议号</td><td>件数</td><td>包装种类</td><td colspan="2">毛重(千克)</td><td>净重(千克)</td></tr>
<tr><td>集装箱号</td><td colspan="3">随附单据</td><td colspan="2">用途</td></tr>
<tr><td colspan="6">标记唛码及备注</td></tr>
<tr><td colspan="6">项号　商品编号　商品名称　规格型号　数量及单位　原产国(地区)　单价　总价　币制　征免</td></tr>
</table>

续表

<table>
<tr><td colspan="3"></td></tr>
<tr><td colspan="3">税费征收情况</td></tr>
<tr><td>录入员　　录入单位

报关员
单位地址
邮编　　电话</td><td>兹声明以上申报无讹并承担法律责任

申报单位(签章)
填制日期</td><td>海关审单批注及放行日期(签章)

审单　　审价
征税　　统计
查验　　放行</td></tr>
</table>

请根据以上资料,选择以下栏目正确选项:

1. “备案号”栏:(　　)。

A. B×××××××××××　　B. C××××××××××××

C. Y××××××××　　D.此栏为空

2. “经营单位”栏:(　　)。

A.上海进出口贸易公司　　B. 3109242686

C.上海进出口贸易公司 3109242686　　D.MAMUT ENTERPRICESAV

3. “运输方式”栏:(　　)。

A.远洋运输　　B. 1　　C. 2　　D. 3

4. “提运单号”栏:(　　)。

A. COSU1234503　　B. TY034

C. RT05342　　D. CSC04118

5. “征免性质”栏:(　　)。

A.一般征税　　B.来料加工

C.进料加工　　D.自有资金

6. “起运国”栏:(　　)。

A.西班牙　　B.瑞士　　C.香港　　D.德国

7. “装货港”栏:(　　)。

A.汉堡　　B.巴塞罗那　　C.苏黎世　　D.香港

8. “境内目的地”栏:(　　)。

A.中国上海　　B.上海浦东新区

C. 3109242686　　D.上海其他

9.“成交方式”栏:(　　)。

A. CIP　B. C&F　C. CIF　D. FOB

10.“件数”栏:(　　)。

A. 3　B. 2 000　C. 515　D. 175

11.“包装种类”栏:(　　)。

A.集装箱　B.纸箱　C.组　D.木箱

12.“毛重”栏:(　　)。

A. 3 400　B. 9 880　C. 39　D. 8 850

13.“集装箱号”栏:(　　)。

A. 0　B. COSU1234501/20/2277

C. COSU1234502/20/2297　D. COSU1234503/20/2260

14.“项号”栏:(　　)。

A. 01　B. 001　C. 02　D. 002

15.“数量及单位”栏:(　　)。

A. 3 050 千克[第一行]　2 000 套[第三行]

B. 2 000 套[第一行]　3 050 千克[第三行]

C. 8 850 千克[第一行]　5 400 套[第三行]

D. 3 050 千克[第一行]　2 000 套[第二行]

16.“原产国(地区)”栏:(　　)。

A.西班牙　B.瑞士　C.德国　D.空

17.“总价”栏:(　　)。

A. 9 720　B. 21 892　C. 10.60　D. USD 9 720

18.“征免”栏:(　　)。

A.照章征税　B.一般征税　C.全免　D.随征免性质

参考文献

[1]赵加平,张益海.国际货运及代理实务[M].北京:中国海关出版社,2017.

[2]王明严,陈广.国际货物运输实务[M].北京:中国经济出版社,2016.

[3]刘文歌,刘丽艳.国际物流与货运代理[M].北京:清华大学出版社,2012.

[4]弓永钦,王文娟.国际航空货运代理实训教程[M].北京:机械工业出版社,2016.

[5]何银星.货代高手教你做货代[M].北京:中国海关出版社,2017.

[6]刘丽艳.集装箱运输与多式联运[M].北京:清华大学出版社,2017.

[7]王慧.铁路集装箱运输与多式联运[M].北京:北京交通大学出版社,2017.

[8]弓永钦,张洋.国际货运代理实训教程[M].北京:机械工业出版社,2014.

[9]崔爱平.国际物流与货运代理运作[M].上海:复旦大学出版社,2013.

[10]顾永才,高倩倩.国际物流与货运代理[M].北京:首都经济贸易大学出版社,2016.

[11]王永红.报关报检实务[M].北京:对外经济贸易大学出版社,2018.

[12]王桂英,牛淑梅.出入境报检实务[M].北京:中国海关出版社,2017.

[13]顾永才,王斌义.报检与报关实务[M].北京:首都经济贸易大学出版社,2018.

[14]张援越.报关基础与实务[M].北京:中国海关出版社,2017.

[15]杨占林.国际货运代理实务精讲[M].北京:中国海关出版社,2016.

[16]姚大伟,朱惠茹.国际货运代理实务[M].北京:高等教育出版社,2017.